FLENSBURGER HEFTE

Erneuerung der Religion

Die Christengemeinschaft
Sakramente
Kirche und Kultus

LIEBE LESERINNEN UND LESER!

Die Bedeutung des Themenkomplexes, der in dem vorliegenden Heft 14 behandelt wird, veranlaßte uns, diese dritte Auflage noch einmal zu überarbeiten und stark zu erweitern. Auch die große Nachfrage nach dieser Ausgabe der FLENSBURGER HEFTE kann jedoch nicht darüber hinwegtäuschen, daß in weiten Kreisen der Bevölkerung eine tiefgreifende Entfremdung von der Religion und eine Abwendung von den Kirchen stattgefunden hat. Religiöse Bedürfnisse haben zunehmend ihren Bezug zum Kultus und zum Leben in den Religionsgemeinschaften verloren und sind in andere Lebensbereiche abgelenkt worden, um dort unbewußt ihre Befriedigung zu erlangen. Wenn ein Zugang zum religiösen Leben eröffnet werden soll, bedarf es seiner Erneuerung, die aus den Kräften des Kultus und der Sakramente hervorgehen kann. Es bedarf aber auch der Wegbereitung, das religiöse Leben denkend erfassen und vertiefen zu können. Denn es mangelt heute ganz sicher nicht an den religiösen Bedürfnissen – sie gehören zum Wesen des Menschen –, sondern an den Möglichkeiten eines sinnvollen Verstehens und Ausübens der Religion. Daher bemühen wir uns um eine möglichst konkrete Sprache und deutliche Charakterisierungen und Erklärungen.

Die Christengemeinschaft hat sich zur Aufgabe gesetzt, eine «Bewegung zur religiösen Erneuerung» zu sein; ohne die Anthroposophie wäre sie nicht entstanden. Insofern steht die Christengemeinschaft im Mittelpunkt der thematischen Betrachtungen dieses Heftes. Wir lassen jedoch auch einen evangelischen Pastor und einen katholischen Theologen zu Wort kommen, um eine vielschichtige Betrachtung des Kultus und der Sakramente zu geben. Wir wollen niemanden beurteilen oder gar missionieren, zu irgendeiner Religionsgemeinschaft bewegen oder dergleichen, sondern lediglich das Thema «Erneuerung der Religion» als Erkenntnisgegenstand völlig freilassend Ihrer Aufmerksamkeit empfehlen.

Es grüßt Sie
Ihre
FLENSBURGER HEFTE-Redaktion

When I'm sixty-four

INTERVIEW MIT JOHANNES LENZ ZUR CHRISTENGEMEINSCHAFT

von Wolfgang Weirauch

Vor 64 Jahren – am 16. September 1922 – wurde die Christengemeinschaft begründet. An ihrem Urbeginn stand das Sakrament: die Menschenweihehandlung, der Gottesdienst der Christengemeinschaft. Die drei Frauen und 42 Männer, welche 1922 die erste Priesterschaft bildeten, standen damals vor schwerwiegenden Aufgaben: der Ausbreitung der Christengemeinschaft in den Städten des damaligen Deutschlands. Wirtschaftlich gesehen war es die Zeit der Inflation und Arbeitslosigkeit, politisch die Zeit der Unruhen der Weimarer Republik und des ständig wachsenden Faschismus, welcher auch der Christengemeinschaft einen entscheidenden Schlag versetzte: Am 09. 06. 1941 wurden alle Priester der Christengemeinschaft verhaftet.

Die wirtschaftlichen und politischen Schwierigkeiten sowie die Anfangsmühen in den einzelnen Gemeinden erscheinen heute jedoch in einem anderen Licht, wenn man zum

Johannes Lenz

Beispiel an die zahlreichen Kirchenbauten oder die ständig zunehmenden Gemeindebegründungen in der ganzen Welt denkt. – Trotzdem ist das Sein und Werden der Christengemeinschaft nicht sorgenfrei. Durch die viel zu kleine Zahl der Priester und die damit verbundene Arbeitsüberlastung entstehen Fragen, auf welche Weise die heutigen Probleme innerhalb der Christengemeinschaft und in der Begegnung mit den Zeitgenossen gelöst werden können.

Einige dieser Sorgen und Probleme werden im nachstehenden Interview mit Johannes Lenz, Oberlenker der Christengemeinschaft, bewegt: Fragen nach dem Kultus, der Priesterweihe, dem Gemeindeleben, der Hierarchie innerhalb der Christengemeinschaft ergänzen das Interview, um dem interessierten Leser somit einen möglichst breiten Einblick in das heutige Leben dieser Religionsgemeinschaft zu ermöglichen.

Johannnes Lenz *wurde in Prag geboren, erlebte dort die ersten Jahre der Prager Gemeinde der Christengemeinschaft - sein Vater Eduard Lenz war Mitbegründer dieser Gemeinde -und besuchte später bis zu ihrem Verbot die Rudolf-Steiner-Schule in Dresden. «Das Verbot der Rudolf-Steiner-Schule war für mich als 13, 14jähriger eine entscheidende Grunderfahrung - genauso wie das Verbot der Christengemeinschaft, die Verhaftung des Vaters, die Untersuchungen der Gestapo in unserer Familie, die Beschlagnahme der Bücher -, so daß ich, als ich mit 15 Jahren als Luftwaffenhelfer zur Verteidigung der Stadt Dresden eingezogen wurde, bereits ein entschiedener jugendlicher Gegner des Nationalsozialismus gewesen bin.»*

Johannes Lenz geriet später - nach den Jahren als Luftwaffenhelfer und der Zeit im Reichsarbeitsdienst - als Soldat an der Ostfront bei den Schlußkämpfen um Berlin für viereinhalb Jahre in sowjetische Gefangenschaft, «und das hat nun direkt dazu beigetragen, daß ich meinen Lebensentschluß, Priester der Christengemeinschaft zu werden, gefaßt habe. Nach der Rückkehr aus der Kriegsgefangenschaft ging ich zunächst auf die Universität, später auf das Priesterseminar der Christengemeinschaft und war dann als Pfarrer in den Gemeinden Stuttgart und München tätig. 1972 begann meine Tätigkeit als Lenker für die Arbeitsgebiete Bayern und Österreich, Südamerika und das der Schweiz; seit Mai 1979 bin ich in dem Amt eines Oberlenkers der Christengemeinschaft, besitze aber noch die Funktion eines Lenkers in der Schweiz und in Südamerika. Ich habe also mehrere Funktionen in meinem Herzen zusammenzubringen.»

Wolfgang Weirauch: Mit dem Erzoberlenker Rudolf Frieling verstarb in diesem Jahr einer der letzten großen Theologen aus der Urpriesterschaft der Christengemeinschaft. Welche Veränderungen sind von dem neuen Erzoberlenker Taco Bay zu erwarten?

Johannes Lenz: Der Tod von Rudolf Frieling ist tatsächlich ein wichtiger Einschnitt, da die Begründungszeit für die Werdegeschichte der Christengemeinschaft ihren Abschluß findet und nunmehr in der Leitung der Christengemeinschaft ausschließlich Persönlichkeiten sind, die nicht Zeugen des Anfangs waren. Für die jetzige Generation stellt sich eine doppelte Aufgabe: Anknüpfung an den historischen Beginn sowie der Anschluß an die fortwährende Begründung, die aus der geistigen Welt zu leisten ist. Es sind also weniger Veränderungen, als vielmehr Fortentwicklungen zu erwarten.

Die Hierarchie in der Christengemeinschaft

W.W.: Es heißt, unter den Priestern der Christengemeinschaft gäbe es keine Hierarchie, wie zum Beispiel in der katholischen Kirche. Trotzdem ist eine Hierarchie in der Christengemeinschaft vorhanden; welches sind die Unterschiede?

J. Lenz: Die Hierarchie in der Christengemeinschaft beinhaltet, daß die Priesterschaft in sich in eine Stufenfolge von Ämtern hierarchisch gegliedert ist: in das Amt eines Pfarrers, eines Lenkers, eines Oberlenkers und in das einmalige Amt eines Erzoberlenkers. Ein entscheidender Unterschied zu den traditionellen Formen kirchlicher Hierarchien besteht unter anderem darin, daß nicht die Weihevollmacht hierarchisch gestuft ist: Mit der Priesterweihe in der Christengemeinschaft erhält jeder Priester die ihn den anderen gleichstellende Weihevollmacht, alle Rituale und Sakramente zu vollziehen. Demgegenüber bedarf es zur Ordnung der Christengemeinschaft auf Erden einer gegliederten Verantwortung – dies ist Sinn und Aufgabe der Hierarchie der Christengemeinschaft.

W.W.: Demzufolge könnte also jeder Priester der Christengemeinschaft einen Priesterkandidaten weihen?

J. Lenz: Jawohl, das ist richtig verstanden! – der Weihe nach.

W.W.: Welche Aufgabenfelder haben Lenker, Oberlenker und der Erzoberlenker inne?

J. Lenz: Ich darf vielleicht noch den Pfarrer hinzufügen. Der Pfarrer wird in eine Gemeinde entsandt, in welcher er dann verantwortlich arbeitet. Der Lenker hat eine regionale Verantwortung über einen – den Wachstumsverhältnissen der Christengemeinschaft entsprechenden – Verbund von Gemeinden. Er sorgt dafür, daß alle Altäre in diesen Gemeinden besetzt sind. Seine Verantwortung tritt in Kraft, wenn ein Priester durch Krankheit oder Schicksal ausfällt, indem er für die Neubesetzung Sorge trägt. Der Lenker ist in diesem Gebiet der Repräsentant der Hierarchie und hat also spezifische Belange zu verantworten, die der internen Arbeitsordnung der Priesterschaft unterliegen.

W.W.: Und die Aufgaben von Oberlenker und Erzoberlenker?

J. Lenz: Der Oberlenker hat der Idee nach keine regionale Verantwortung mehr. Der Konzeption nach ist er ein Drittel in einer Dreiheit, welche gemeinsam die Oberlenkung bildet. Einer von ihnen trägt das Amt des Erzoberlenkers. Diese Ämter erscheinen durch kultische Zeichen sinnenfällig im Kultus vor der Gemeinde: Lenker, Oberlenker und Erzoberlenker tragen verschieden lange «Kragen». – Im Entscheidungsprozeß für bestimmte Fragen der Christengemeinschaft liegt die letzte Entscheidungsbefugnis beim Erzoberlenker, wobei in den jeweiligen Organen immer Einmütigkeit angestrebt wird.

W.W.: Wie wird der Erzoberlenker eingesetzt bzw. bestimmt?

J. Lenz: Für alle Ämter gilt das Prinzip der Kooptation, d.h. der Erzoberlenker bestimmt seinen Nachfolger, welcher nach dem Tod des Vorgängers in das Amt eingesetzt wird. Er stimmt seine Entscheidung mit den Mitoberlenkern und weiteren vier Lenkern ab, die als Siebenerkreis die Leitung darstellen.

W.W.: Liegt in der Tatsache, daß nur ein Mensch seinen Nachfolger bestimmt, nicht die Gefahr der Einseitigkeit, Veräußerlichung oder der Machtinteressen – wenn wir einmal auf die nächsten Jahrhunderte schauen, um es von den derzeit lebenden Personen zu lösen?

J. Lenz: Das könnte man so sehen – aber er vollzieht diese Kooptation nicht ohne Beratung: zum Beispiel für das Amt des Erzoberlenkers im Kreis der Oberlenker, für das

Amt eines Oberlenkers in dem entsprechenden Organ. Aber da die Befugnisgewalt sehr eingeschränkt ist und sich von den bisherigen Formen der Hierarchie unterscheidet, ist auf dem Felde eine Machtausübung – von der Einrichtung her – nicht denkbar. Darüber hinaus ist in der gesamten Priesterschaft ein lebendiger Sinn für Freiheit und gegliederte Verantwortung wirksam, der so etwas unmöglich macht.

W. W.: Stimmt die Priesterschaft zu, wenn ein Erzoberlenker nach seiner Einsetzung seinen Nachfolger bestimmt oder wird diese Wahl vor der Priesterschaft geheimgehalten?

J. Lenz: Nein – es wird der Priesterschaft mitgeteilt, aber sie ist nicht in den Entscheidungsprozeß einbezogen. Beratungen und Befragungen sind natürlich möglich.

W. W.: Es gibt ja ein Einsetzungsritual für den Erzoberlenker. Soweit mir bekannt ist, soll Rudolf Steiner nicht angegeben haben, daß dieses Einsetzungsritual nur unter Priestern vollzogen wird; warum geschieht es nicht in der Öffentlichkeit?

J. Lenz: Bisher ist es Praxis, daß es intern in der Priesterschaft gehalten wird; auch jetzt beim Amtsantritt von Herrn Bay. Wir fühlen uns als zweite Generation daran gebunden, weil die Gründergeneration bei der Einsetzung von Emil Bock und Rudolf Frieling ebenso gehandelt hat.

W. W.: Welches ist der tiefere Sinn, daß dieses Einsetzungsritual bisher nicht in der Öffentlichkeit celebriert wurde?

J. Lenz: Weil das Spezifische dieses Amtes mit der Art und Weise zusammenhängt wie die Priesterschaft als sozialer Organismus in sich gegliedert und differenziert ist. Seine entscheidende Bedeutung entfaltet sich innerhalb derselben.

W. W.: Muß ein Priester den Weisungen der Oberlenkung Folge leisten? Was passiert zum Beispiel, wenn er sich weigert, in eine bestimmte Gemeinde zu gehen?

J. Lenz: Lieber wäre mir die Unterscheidung *Pfarrer* und Lenker, Oberlenker usw. – denn Priester sind alle. Das Priestertum ist das Gemeinsame sämtlicher Amtsträger – das Unterscheidende ist das Amt, und da gilt die Bezeichnung Pfarrer, Lenker usw.

In bezug auf den Arbeitsort gilt in der Priesterschaft in Anknüpfung an das Urchristentum das Prinzip der Entsendung. Daß sich ein Pfarrer weigert, tritt im allgemeinen nicht ein, allerdings wird er auch nicht versandt wie ein Postpaket. Die Entsendung ist das Ergebnis von Gesprächen, die mit ihm geführt werden, so daß er alle Argumente, die er zu dieser Entsendung zu sagen hat, einbringen kann; nur daß er nicht selber darüber entscheidet. Es liegt ja in der Intention des Ganzen, daß der Priester freudig und bejahend am Ort der Entsendung seinen Dienst verrichtet.

W. W.: Nun können aber doch gewisse Differenzen auftreten …

J. Lenz: … die können auftreten …

W. W.: … und da stehen Sie doch in der Oberlenkung in einer ungeheuren Verantwortung bezüglich der Entscheidungen, die Sie fällen müssen. Wie halten Sie diese aus? Mit dem Hintergrund der permanenten Gefahr, daß ein neues Papsttum nie ganz ausgeschlossen ist!

J. Lenz: Nun, das neue Papsttum ist insofern keine Gefahr, als die engste Leitung der Christengemeinschaft immer eine Dreiheit ist, d. h. es muß schon bei Entscheidungen ein sozialer überindividueller Prozeß geleistet werden. Denn einer ist in Fragen der Lehre nie unfehlbar, zwei können eine unfruchtbare Dualität bilden, wenn aber ein Beschluß in einer Dreiheit angegangen wird, so ist die Chance und Aussicht, daß er sozial positiv wirksam ist, ungleich größer, als wenn er bei einem alleine steht. Also insofern verhindert eigentlich die Art der Einrichtung die Sorge, die Sie beschreiben.

Ein Priester kann Träger eines überpersönlichen Elementes werden

W.W.: Wer entscheidet, ob ein Weihekandidat zum Priester der Christengemeinschaft geweiht wird?

J. Lenz: Die Ausbildung wird am Priesterseminar geleistet. An einem bestimmten Entwicklungspunkt der Ausbildung stellt die Leitung des Priesterseminars den Antrag an die Führung der Bewegung (Christengemeinschaft). Den Weihebeschluß hat dann der sogenannte Siebenerkreis zu verantworten. Das ist ein Organ, welches sich aus den drei Oberlenkern – von denen der eine Erzoberlenker ist – und einer Vierheit von Lenkern zusammensetzt.

W.W.: Ist bei allen diesen Entscheidungen die Möglichkeit des Irrtums eingeschlossen?

J. Lenz: Die ist eingeschlossen! Wir sind alle Menschen und damit dem Irrtum unterworfen. Aber wenn man sich verdeutlicht, daß ein Organ – eine Mehrzahl von Persönlichkeiten, die die Seminarleitung zu verantworten haben sowie eine Siebenheit von Priestern – den Entscheidungsprozeß zu fällen hat und der Kandidat selbst – und das über einen langen Zeitraum hinweg – so sind die Möglichkeiten, sich voll zu irren, so gering wie möglich gehalten.

W.W.: Wozu muß sich ein Priester der Christengemeinschaft vor der Weihe verpflichten, zum Beispiel bei der Angelobung?

J. Lenz: Er entscheidet sich zum einen dafür, daß er diesen Dienst ohne andere Berufe oder Nebenbeschäftigungen leisten will. Zweitens entscheidet er sich dafür, die innere Ordnung der Priesterschaft und ihre Lebensgesetze anzuerkennen, und er entschließt sich zu einer Lebensführung, die durch die esoterischen Mittel, die mit dem Priestertum verbunden sind, bestimmt ist. Er gibt sich Gott.

W.W.: Was geschieht mit einem Weihekandidaten während der Priesterweihe, was verändert sich gegenüber einem Normalsterblichen?

J. Lenz: Das ist nicht leicht zu beantworten, weil man Gott nicht vordenken kann, was er einem Menschen gegenüber tut. Auf jeden Fall läßt sich aber sagen, daß er in den Augenblicken der Amtsausübung das Persönliche zurückstellt und Träger eines überpersönlichen Elementes werden kann. Das kommt schon dadurch zum Ausdruck, daß er als Gewandträger vor den Altar tritt, wenn die Priesterweihe vollzogen wird. Er wird Träger eines Geistes; des Geistes, der in dieser Gemeinschaft wirkt. Das Christentum nennt ihn den Heiligen Geist.

W.W.: Kann einem Priester auch wiederum die Erlaubnis zu celebrieren entzogen werden?

J. Lenz: Sie kann ihm nicht entzogen werden, da er immer das Recht hat – wenn er nicht selber eine Trennung vollzieht –, an einem Altar zu celebrieren. Allerdings kann ihm die Funktion entzogen werden, dies innerhalb einer Gemeinde zu tun.

W.W.: Wer entscheidet das?

J. Lenz: Das entscheidet der Siebenerkreis auf Antrag des zuständigen Lenkers.

W.W.: Was muß vorliegen, damit es überhaupt geschieht?

J. Lenz: Das ist schwer zu beantworten: Es kann eine gravierende Schicksalssituation eintreten, es kann eine Krankheit verhindern, daß die Funktion vor der Gemeinde ausgeführt wird u.ä. Jeder Fall ist aber ganz individuell und muß in langen Verhandlungen entsprechend beurteilt werden.

W.W.: Das Motiv, welches während der Priesterweihe anklingt – daß die Gemeinde dem Priester folgen solle, wenn er vor dem Altar steht –, dies bezieht sich ausschließlich auf den Bereich des sakramentalen Lebens?

J. Lenz: Ganz recht. Es bezieht sich auf das Folgen in der Anerkennung des Weiheträgers.

W.W.: ... und ist nicht auf Bereiche anzuwenden, in denen der Priester als Mensch spricht?

J. Lenz: Insofern er Träger des Gemeindegeistes ist – das ist er, wenn er für die Gemeinde kultisch handelt –, ist er darauf angewiesen, daß die Glieder der Gemeinde eine helfende und anerkennende Haltung einnehmen. Insofern er Mensch unter Menschen ist, ist auch er ein Irrender und bedarf der Ergänzung und Korrektur des Gespräches und Austausches wie jeder andere Mensch auch.

W.W.: Sehen Sie aber nicht die Gefahr in Ihren Gemeindezusammenhängen, daß des Priesters Wort außerhalb des kultischen Bereiches *mehr* gilt – und zwar unangemessen mehr –, weil der Priester sich eine höhere Position zumißt bzw. die Gemeinde diese auf ihn projiziert?

J. Lenz: Darin kann man eine Gefahr sehen, obwohl eine reife Gemeinde auch an erkennen würde, daß das Wort dessen, der sich existentiell mit seinem ganzen Leben in eine Aufgabe hineinstellt, etwas anders wiegt als das eines Menschen, welcher einen anderen Beruf hat und ratend oder urteilend mitspricht.

Die Gefahr der Überhöhung – da wo sie nicht angebracht ist –, zeigt sich auch in anderen Berufen, etwa beim Chefarzt oder Fabrikleiter. Es ist eine allgemeine menschliche Angelegenheit, daß man anderen Podeste unterschiebt. Das Problem würde erst dann auftreten, wenn der Priester es kraft Privilegiums in Anspruch nähme. In mündigen Gemeinden ist die Gefahr gering.

Aktivitäten von Gemeindemitgliedern

W.W.: Gibt es Aufgabenbereiche im Gemeindezusammenhang, die im Gegensatz zu früher – wo doch alle wesentlichen Aktivitäten vom Pfarrer ausgingen – von Gemeindemitgliedern übernommen werden können?

J. Lenz: Das ist heute so! Am Anfang der Christengemeinschaft mußte notwendigerweise viel von den Gründern – den Pfarrern selber – getan werden. In dem Maße, in welchem die sozialen Organismen der Gemeinden heranwuchsen, gliederten sich die Aufgaben.

Als zentral wichtig erscheint es mir, daß es schon konstitutiv zum Begriff des Sakramentes der Christengemeinschaft gehört, daß es nicht nur *vor* den Mitgliedern der Gemeinde gehalten wird, sondern *mit* ihnen. Diejenigen also, die es bejahen, vollziehen die Sakramente im Sinne des allgemeinen Priestertums mit. Die vornehmste Aufgabe aller Gemeindemitglieder würde also darin bestehen mitzutaufen, mitzukonfirmieren, die

Menschenweihehandlung mitzufeiern, bei der Priesterweihe anerkennend und die Substanz bildend beteiligt zu sein, bei einer Trauung die Zeugenschaft derer zu bilden, die helfend das Schicksal der Ehe begleiten wollen, oder angesichts des Todes das letzte Geleit – nicht nur im Sinne eines formalen konventionellen Aktes, sondern im Sinne einer Mitverantwortung für die Substanz, die durch das Ritual möglich wird – mitzuverantworten.

Das zweite sind Tätigkeiten, die im sozialen Organismus einer Gemeinde auftreten. Die Gemeinden verwalten sich wirtschaftlich selbst; im allgemeinen gibt es einen Wirtschaftskreis, Mitglieder also, die für eine bestimmte Zeit in ein Organ gewählt werden und mit den Pfarrern gemeinsam die Haushaltsführung einer Gemeinde verantworten. Ein dritter Bereich ist der caritative: Sozialarbeit innerhalb der Gemeinden. Es entstehen Kindergärten – wir haben heute neben dem Pfarrer etwa 65 bis 70 Berufe in der Christengemeinschaft.

W. W.: 65 bis 70 verschiedene Berufe?

J. Lenz: Ja, 65 bis 70 verschiedene Berufsarten, wenn man die Heime mit Koch und Heimleitung, Geschäftsführer und Masseur usw. mit hinzunimmt; und das ist in einer ständigen Aufbauentwicklung.

W. W.: Wie ist es mit dem Religionsunterricht?

J. Lenz: Ja, Religionsunterricht wird heute auch von beruflich oder nebenberuflich tätigen Menschen verantwortet, die zu den Pfarrern als Religionslehrer hinzutreten. Es gibt dafür auch Ausbildungsformen – so ist in Nordrhein-Westfalen eine Gruppe von Menschen durch eine mehrjährige Ausbildung gegangen, um dort als Religionslehrer tätig zu sein. Der Unterricht findet für Kinder der Unterstufe und Jugendliche in der Oberstufe statt.

Der Gemeinderat

W. W.: Wie steht es zum Beispiel mit wirtschaftlichen Entscheidungen innerhalb einer Gemeinde, wer entscheidet?

J. Lenz: Das unterscheidet sich von Gemeinde zu Gemeinde – je nachdem, in welchem Entwicklungstande sie ist. Im allgemeinen haben die größeren Gemeinden Wirtschaftskreise: eine bestimmte Anzahl von Mitgliedern sowie ein oder mehrere Pfarrer bilden ein gemeinsames Organ, das über Fragen des Haushaltes entscheidet.

W. W.: Kann der Wirtschaftskreis bzw. Gemeinderat in diesen Fragen entgegen der Meinung des Pfarrers etwas beschließen?

J. Lenz: Angestrebt wird eigentlich immer, daß in die Beschlußfassungen Einmütigkeit einfließt. Natürlich kann der Gemeinderat für gewisse Bereiche auch sagen: «Auch wenn Sie als Pfarrer diese Meinung tragen, die Gemeinde sieht sich für diese oder jene Dinge nicht in der Lage, sie zu verwirklichen!» Doch ist der Pfarrer im allgemeinen derjenige, der mit seiner ganzen Existenz und seiner Familie durchträgt, was wirtschaftlich möglich oder nicht möglich ist.

Gemeindebildung

W. W.: Der Gemeinderat ist ja der von der Mitgliederversammlung gewählte Vertreter der gesamten Gemeinde. Kommt es vor, daß der Gemeinderat entgegen der Mitgliederversammlung Beschlüsse durchdrückt?

J. Lenz: Das wird ihm schwerfallen, da er jährlich auf der Mitgliederversammlung der Gemeinde Rechenschaft schuldig ist und zusätzlich – je nach Rechtsstruktur des Landes – von Zeit zu Zeit neu gebildet wird. Er wird also nicht gut beraten sein, wenn er entgegen der großen Mehrheit der Gemeinde handelt. Er wird die Einsicht der Mitgliedschaft in das Notwendige zu bewirken suchen.

W. W.: Ist es eigentlich noch zeitgemäß, daß die Gemeindeabende oder Mitgliederversammlungen im wesentlichen von den Priestern gestaltet, thematisiert und geleitet werden? Sehen Sie Möglichkeiten, das hier Gemeindemitglieder wesentlich mitgestalten?

J. Lenz: Durchaus! Diese Möglichkeit sehe ich und kenne sie. Es hängt davon ab, ob in einer Gemeinde genügend Menschen in der Lage sind, vor oder mit einer Gemeinde zu sprechen. – Ich erinnere eine ganze Folge von Abenden in der Münchener Gemeinde, die durch Mitglieder mit dem Pfarrer geplant und im wesentlichen von diesen Gemeindemitgliedern durchgeführt wurden. Wir führen Eheseminare mit Ärzten und Juristen durch, um ein weiteres Beispiel zu nennen.

W. W.: Was ist Gemeindebildung, welche Elemente gehören dazu?

J. Lenz: In der innersten Schicht, daß sich Menschen durch das Wort des Sakramentes so angesprochen fühlen, daß sie sich – so wie es der Begriff ecclesia (Gemeinschaft der Herausgerufenen) nahelegt – aus den sonstigen Bezügen, in denen sie in der Welt stehen, für den religiösen Bereich herausrufen lassen, und zwar in eine Gemeinschaft, deren wesentliche Aufgabe es ist, durch aktives Hören das Wort aufzunehmen und unter sich wirken zu lassen und für die Welt fruchtbar zu machen. Ein Mensch kann dann den Entschluß fassen, einer derartigen Gemeinde beizutreten, womit zusätzlich die Bereitschaft bekundet wird, auch bis in die soziale Sphäre hinein mit der persönlichen Tragekraft Verantwortung zu übernehmen.

W. W.: Gibt es bei diesem Wirken bis in die soziale Sphäre einer Gemeinde hinein neue Formen im Gegensatz dazu, wie es bisher im wesentlichen gelaufen ist?

J. Lenz: Selbstverständlich, nach vorne ist die Entwicklung vollständig offen und kann je nach Seele eines Volkes, je nach Land, je nach Stilelement, je nach Möglichkeiten der Mitgliedschaft entwickelt werden.

W. W.: Könnten Sie ein Beispiel bezüglich einer Gemeinde nennen, welche neuen Formen zum Beispiel möglich wären?

J. Lenz: Die Münchener Gemeinde hat sich zum Beispiel entschlossen, im Rahmen des Sozialwerkes der Christengemeinschaft zwei Jugendhäuser einzurichten, in denen Jugendliche, die aufgrund von Spannungsverhältnissen nicht mehr zu Hause leben können, eine neue Heimat finden, und zwar auch ohne in ein bindendes Verhältnis zur Christengemeinschaft einzutreten. Die Gemeinde bietet also Heimstatt für heimatlose Jugendliche.

Ist die Öffentlichkeits-Sprache der Christengemeinschaft noch zeitgemäß?

W. W.: Ist der Vorwurf, den man der Christengemeinschaft macht, berechtigt, daß die Sprache in verschiedenen Bereichen der Christengemeinschaft – in der Monatsschrift, in Vorträgen oder Vortragsankündigungen – zu süßlich und nicht mehr ganz zeitgemäß ist?

J. Lenz: Mit der Vokabel «süßlich» kann ich mich nicht so ganz befreunden ... Meiner Ansicht nach liegt hier ein Doppelproblem vor. Zum einen, daß ein bestimmter Teil der

Sprache nicht zeitgemäß sein kann, denn es muß die Sprache einer möglichen Zukunft sein, und die übrige Sprache, die der Zeit entspricht, wird sich – wie das früher immer war – an der Kultursprache, die ein Vorgriff auf die Zukunft ist, heranentwickeln. Goethe und Hegel haben auch nicht nur gesprochen, wie *man* damals in Weimar oder Berlin sprach, sondern haben sprachschöpferisch für die Sprachentwicklung Zukunft gesetzt, und daran hat sich die allgemeine Sprache heranentwickelt – zu dem Stand, den die deutsche Sprache etwa heute hat.

Nach einer anderen Seite ist es ein grundsätzliches Problem, ob die Vokabeln, die im Bereich des religiösen Lebens verwandt werden, bei den Zeitgenossen ankommen können. Das betrifft allerdings nicht so sehr die Kultussprache als vielmehr das, was Sie auch anführten: Zeitschrift, Sprechen des Pfarrers mit anderen Menschen usf. Da müßte es selbstverständlich das Ziel sein, daß es zwar eine gute Sprache ist, aber eine Sprache, die ankommen kann. Süßlich sollte sie auf keinen Fall sein.

W.W.: Ich meinte auch nicht den Bereich des Kultus – das ist schon klar, daß die Sprache für eine gewisse Zeit dort so sein muß, wie sie erschaffen worden ist –, vielmehr meinte ich ausschließlich das Wirken seitens der Christengemeinschaft in der Öffentlichkeit. Um ein Beispiel zu geben: Wenn man in einer großen Stadt die Titel öffentlicher Vorträge zum Beispiel «Des Blutes lebendiger Quell» oder «Der Herr der Himmelskräfte» nennt bzw. ähnliche religiöse Begriffe verwendet, so wird man sie zwar im Bereich der Christengemeinschaft verstehen, woanders aber doch wohl kaum. Wahrscheinlich müssen sie sogar abstoßend wirken. Schneidet sich hier die Christengemeinschaft nicht – wenn nicht eine gewisse Wandlungsfähigkeit Platz greift – von den Menschen ab, die heute nun einmal so sind wie sie sind: nämlich so, daß sie diese Christengemeinschafts-Sprache nicht mehr verstehen?

J. Lenz: Da berühren Sie ein echtes Problem, nur ist die Christengemeinschaft als Ganzes nicht der richtige Adressat, weil jeder Priester lehrfrei ist. Was er sagt und wie er es sagt, ist zunächst seine Verantwortung, und er wird daran merken müssen und seine Korrektur erfahren, wenn er sowohl in Themenwahl als auch im Wie der Sprache derart spricht, daß niemand kommt und ihn hört. Er wird dann mit sich zu Rate gehen müssen, was er tun kann, um so zu sprechen, daß es bei den Menschen ankommt. Aber die Christengemeinschaft im Ganzen ist auf diesem Felde nicht weisungsberechtigt oder befugt, sie kann höchstens den Prozeß einer Selbstbefragung befördern oder anregen ...

W.W.: Aber es könnte ja auf Synoden über dieses Problem gesprochen werden ...

J. Lenz: Richtig ...

W.W.: ... da man sieht, daß Begriffe wie «Gnade» oder «Sünde» und vieles mehr von der heutigen Jugend keineswegs mehr verstanden werden können. Daraus folgt aber, wenn seitens des Pfarrers in einem Vortrag entsprechende Begriffe verwendet werden, ohne daß sie exakt erklärt werden, daß die jugendlichen Zuhörer – aber auch viele Erwachsene – mit diesen Begriffen gänzlich andere Inhalte verbinden; und der Vortrag geht ins Leere.

J. Lenz: Da haben sie recht; es wäre also ein gewisses Ideal, daß voraussetzungslos der Inhalt eines Beitrages so entwickelt wird, daß jeder die verwandten Begriffe im Augenblick mitvollziehen kann – auch dann, wenn er sie bisher nicht gekannt hat bzw. nur als traditionelle Vokabel ohne jede weitere Berechtigung. Obwohl sich das nach den Ländern sehr unterscheidet. Sie können heute unter Jugendlichen in Leningrad über Gnade sehr konkret sprechen.

W.W.: In welchen Ländern – speziell im Osten?

J. Lenz: Ja, im Osten, aber auch in Südamerika sind viele religiöse Begriffe vertraut. Wenn sie dann mit neuem Leben, mit neuen Inhalten gefüllt werden, kommen sie an. – Das müßte man also methodisch sehr differenziert und bewußt anschauen. Es hat sich unter den Jugendlichen enorm viel geändert: Vor 40 Jahren konnten sie von einem Buddha oder Bodhisattva niemanden etwas sagen, heute sind es Straßenbegriffe.

W.W.: Aber nicht mit dem notwendigen Inhalt, und das ist das Entscheidende.

J. Lenz: Genau. Die Deckung durch konkreten geistigen Inhalt ist immer nötig.

W.W.: Und so wird es zunehmend deutlicher, daß immer mehr Begriffe – gerade im okkulten Bereich – in die moderne Welt treten, aber mit einem ganz korrumpierten Inhalt. Da läge doch eine dringende Aufgabe der Pfarrer oder anderer Anthroposophen, diese Begriffe mit einem lebendigen, geist- und zeitgemäßen Inhalt zu füllen?

J. Lenz: Da liegt eine echte Aufgabe vor, Begriffe nicht nur als Worthülsen oder Formel zu gebrauchen, sondern wirklich mit neuem Inhalt und neuem Leben zu füllen, und zwar immer wieder neu. Denn dies ist eine Aufgabe, die nicht ein für alle Male geleistet werden kann, sondern die sich praktisch von Jahrzehnt zu Jahrzehnt stellt.

W.W.: Ich sehe heute ein viel größeres Problem für die Anthroposophie darin, daß man immer häufiger von seelisch-geistigen Phänomenen oder okkulten Praktiken redet, aber etwas ganz anderes meint, als wie aus der Anthroposophie mit einer gesicherten Erkenntnis gesprochen werden müßte – im Gegensatz dazu, wie es noch vor wenigen Jahren war, wo man Mühe hatte, in der Öffentlichkeit überhaupt von geistigen oder religiösen Dingen zu sprechen. Nehmen wir als Beispiel für heute den Begriff «Reinkarnation» – alle Welt gebraucht ihn, aber kaum einer gebraucht ihn so, wie man ihn aus der Anthroposophie erklären müßte. Das heißt aber: Sitzen Menschen, die diesen Begriff mit anderem Inhalt gefüllt haben, in einem anthroposophischen Vortrag, wo dieser Begriff fällt, so meinen Redner und Zuhörer, sie verständen sich, aber verstehen sich gerade nicht!

J. Lenz: Das ist ein ganz umfassendes Problem, so wie zum Beispiel unter dem Begriff des «Friedens» in Moskau, Washington und Bonn etwas ganz Verschiedenes verstanden wird, so muß auch im Bereich des geistigen Lebens und der Religion alles mit der Qualität des Lebendigen und mit konkretem Erkenntnisinhalt gefüllt werden, bis Verständigung unter den Menschen eintritt.

Der zusätzliche Schritt der Christengemeinschaft zur Jugend

W.W.: Kann es ein, daß die Jugend bis hin zu den 35jährigen, im Rahmen der Christengemeinschaft so spärlich geblieben ist – und ich meine jetzt nicht die, die von ihrer Kindheit an am Leben der Christengemeinschaft teilgenommen haben, sondern diejenigen Menschen, die auch Kräfte mitgebracht haben, zur Anthroposophie und/oder zur Christengemeinschaft zu finden –, weil man nur den in der Christengemeinschaft heute hauptsächlichen Blickwinkel hat, die heute übliche Sprache – vom Priesterseminar bis zum Sommerfest –, vielleicht aber viel zu wenig das Bemühen hat, zu sehen, wie Umwelt und Zeitverhältnisse inzwischen geworden sind, wie die Sprache und Denkweise der Jugend sich wandelt, wo ihre Probleme liegen usw.?

J. Lenz: Das kann schon sein, obwohl man auch im Bewußtsein haben muß, daß die Christengemeinschaft – was ihre Initiativen und verantwortlichen Träger betrifft – ein ganz kleiner Kreis von Menschen ist, der im allgemeinen mit dem letzten Einsatz seiner Kräfte tätig ist. – Ich glaube aber schon, daß auch die heutige Jugend ein Gefühl dafür hat, daß etwa ein Jazzkeller in der Kirche oder eine Profanisierung des religiösen Bereiches auf das Niveau einer Diskothek abgelehnt wird, daß man in der Jugend im Grunde schon erwartet, daß das religiöse Leben mit einem gewissen Anspruch – der dem Jugendlichen auch etwas zumutet – gerechtfertigt ist. Natürlich muß es bewußtseinsmäßig noch auf der Ebene einer echten Kommunikation liegen.

W. W.: Aber kann es nicht sein, daß bei sehr vielen Jugendlichen heute, die den Weg zur Christengemeinschaft finden könnten, dieser Weg durch die Zivilisationserscheinungen verschüttet ist? Ich will in keiner Weise in Abrede stellen, daß auch nur irgendein Pfarrer sich nicht genügend einsetzt, nur daß man sich gegebenenfalls der Illusion hingibt, daß man mit allen in der Gemeinde anstehenden Aufgaben so sehr viel zu tun habe – denn man kann ja nicht alles bewältigen, was zu tun ist –, daß man meint, zu nichts anderem mehr Kraft zu haben. Wäre es da nicht ein neuer Weg, daß viele Pfarrer einen Teil ihrer Kraft zu Lasten der Gemeinde für diese Jugendlichen einsetzen, denen der potentiell veranlagte Weg zur Christengemeinschaft verschüttet ist? Und ich meine nicht Mission, aber daß man doch den Schritt macht, ein wenig aus der Gemeinde herauszugehen – wie Sie vorhin das Beispiel der zwei Münchener Jugendhäuser nannten –, weil man sieht, die Zivilisation ist fast schon so geworden, daß der Mensch kaum noch von alleine zur Christengemeinschaft kommen kann?

J. Lenz: Das wäre ausgesprochen zu begrüßen, ist aber dann noch eine Frage des Charismas oder der Befähigung der jeweiligen Pfarrer, ob sie die Möglichkeit haben, initiativ auf Jugendliche außerhalb des Umkreises der Gemeinde zuzugehen. Wenn sie diese Fähigkeit haben, steht ihnen alle Möglichkeit und Förderung dazu offen!

W. W.: Wird das angestrebt, auch seitens der Oberlenkung?

J. Lenz: Ja!

W. W.: Könnten Sie das konkretisieren?

J. Lenz: Das wird dadurch angestrebt, daß auf den jährlich stattfindenden Jugendlagern – die vom Verband der Sozialwerke organisiert werden – immer ein beträchtlicher Anteil Jugendlicher ist, die dort ihre Erstbegegnung mit der Christengemeinschaft haben, weil sie zum Beispiel von Freunden mitgebracht werden. Ferner wird es durch Jugendtagungen angestrebt, die im allgemeinen in der Pfingstzeit, aber auch sonst, gemäß der Initiative von dafür geeigneten Pfarrern, veranstaltet und ergriffen werden. Diese Aktivitäten genießen immer die Förderung der Gesamtbewegung, bis hinein in die Finanzierung.

W. W.: Ich will das keineswegs in Abrede stellen, aber sind nicht gerade die Jugendlichen, die Sie erwähnen, doch einer gewissen Gruppierung harmloser und unproblematischer Jugendlicher zuzuordnen, die auch meist schon irgendeinen Kontakt zur Christengemeinschaft haben? – Ich meinte an sich die Jugendlichen, wo dieser Kontakt vollständig fehlt, die nie auf Jugendlagern und -tagungen erscheinen würden, auch durchaus ältere Jugendliche, Jugendliche, die einen Weg zur geistigen Welt suchen, aber auf dieser Suche auf verschiedene materialistische Gegenbilder und okkulte Praktiken hereinfallen und die geistige Welt nicht finden können, weil sie die Gegenbilder aufsaugen, die ihnen die sogenannte zivilisierte Welt vorgesetzt hat. Sind das nicht diejenigen Kreise von jüngeren Menschen, die wirklich leiden und die man gerade in erster Linie ansprechen sollte?

J. Lenz: Dies wäre zu wünschen, wenn sich die Möglichkeiten der Ansprache, der Begegnung, des Austausches ergeben würden. Das muß aber jeweils vor Ort durch die geleistet werden, die in Berlin, München, Flensburg oder New York tätig sind.

Das Hoffnungsbild einer im Volkstum verwurzelten Glaubensgemeinschaft

W.W.: Welche Menschenkreise hatte Rudolf Steiner eigentlich im Auge, die von der Christengemeinschaft im wesentlichen angesprochen werden sollten?

J. Lenz: Ich vermute, daß er im Auge hatte – bei der Anfangskonstellation, wo es darum ging, ob Dr. Friedrich Rittelmeyer und der Hauptpastor Christian Geyer aus Nürnberg die Führung der Christengemeinschaft übernehmen sollten – und die Hoffnung hatte, daß ein Teil der Menschen, die bis dahin in den Gemeinden der evangelischen Kirche in Deutschland waren, in die Bewegung für religiöse Erneuerung (Christengemeinschaft) überwechselten. – Durch die Tatsache, daß Herr Geyer nicht mitgegangen ist, hat sich das von Anfang an etwas verändert, möglicherweise auch reduziert, so daß das ursprüngliche Hoffnungsbild einer breiten – wenn Sie das Wort erlauben – im Volkstum verwurzelten Glaubensgemeinschaft sich nicht erfüllt hat.

W.W.: War die Blickrichtung speziell auch auf Arbeiter gerichtet?

J. Lenz: Durchaus! Es hat auch in der Frühphase der Christengemeinschaft im Ruhrgebiet eine eigene Arbeiterbildungsschule der Christengemeinschaft gegeben: Es sind Pfarrer wie zum Beispiel Heinrich Ogilvie in den Schacht eingefahren, um Kontakt zu den Kumpels zu bekommen ... Das ist aber alles durch das Aufkommen des Nationalsozialismus erstickt worden.

W.W.: Wird es nicht nötig, diese Arbeit wieder aufzugreifen? Wenn man zum Beispiel sieht, wie die großen Kirchen caritativ wirken – für Alkoholiker, sozial Gescheiterte, Obdachlose, die doch dadurch wenigstens etwas Rückhalt bekommen, auch wenn sie nicht zu der entsprechenden Religionsgemeinschaft gehören ... Wäre nicht in dieser Richtung sowie in der der Arbeiterbildungsschule für die heutige Zeit eine Möglichkeit vorhanden, mit diesen Menschengruppen von der Christengemeinschaft aus einen Kontakt zu bekommen?

J. Lenz: Die Möglichkeiten dazu gibt es, aber die Kräfte reichen zur Zeit nicht aus! Es ist ein ernstes Problem, vor dem wir stehen! Wir hoffen auf eine weitere Entfaltung der Arbeit, die allerdings auch mehr Nachwuchs für das Priestertum erfordert.

Anthroposophen in der Christengemeinschaft

W.W.: Es ist bekannt, daß es 1922/23 Probleme gab, als sich die Anthroposophen in der Christengemeinschaft ausbreiteten. Nun ist es vom Ansatz her ja sicher richtig, wenn man feststellt, daß ein Mitglied der Christengemeinschaft nicht Anthroposoph sein muß.

Andererseits gibt es viele Anthroposophen in den einzelnen Gemeinden der Christengemeinschaft, die sowohl am Leben der Anthroposophischen Gesellschaft als auch an dem der Christengemeinschaft aktiv teilnehmen, was genauso individuell berechtigt ist. – Meine Frage wäre, ob ein religiöses Leben in Zukunft überhaupt noch ohne Anthroposophie möglich ist.

J. Lenz: Wenn Sie die Frage so stellen, würde ich «Ja» sagen. Denn das religiöse Leben im christlichen Sinne beinhaltet zunächst, daß ich zu Gott eine Beziehung suche und sie pflege. Das ist auch ohne Anthroposophie möglich.

W. W.: Selbstverständlich habe ich im Auge, daß es eine Gruppe von Menschen in der Christengemeinschaft gibt, für die die Anthroposophie weder eine Notwendigkeit noch Lebenswirklichkeit ist. Wenn wir jetzt aber einmal auf die Anthroposophen in der Christengemeinschaft schauen, die ja keineswegs eine kleine Gruppe sind, in vielen Gemeinden vielleicht sogar die Überzahl haben.

Als Beispiel zur Verdeutlichung wähle ich einen Gesprächskreis oder Vortrag der Christengemeinschaft, unter den Zuhörern befinden sich überwiegend Anthroposophen. Wenn nun zum Beispiel anhand eines Evangelientextes allgemeiner Gesprächstenor ist, anthroposophische Erkenntnisse über diesen Evangelientext auszuklammern, weil man angeblich in der Christengemeinschaft keine anthroposophischen Erkenntnisse pflegen soll – wird es da nicht eintreten, daß sich die Anthroposophen von den Bereichen der Christengemeinschaft, die nicht dem sakramentalen Leben zuzurechnen sind, also überall dort, wo Religionserkenntnis gepflegt werden kann, abwenden, weil es ihnen mit der Zeit schlicht und ergreifend zu flach ist?

J. Lenz: Eigentlich wäre dies wieder eine Frage, die örtlich zu beantworten wäre ... Die Anthroposophie wird nicht ausgeschlossen – aber methodisch muß es immer das Ziel sein, so in einer Gemeinde zu sprechen, daß alle in den Mitvollzug dessen, was mitgeteilt wird, eintreten können, und zwar ohne Voraussetzungen. Das heißt, es darf nicht vorausgesetzt werden, daß die Anwesenden alle Anthroposophen sind und bestimmte Erkenntnisvoraussetzungen mitbringen. Ob der Anthroposoph nun bereit ist, das mitzutragen, ist eine individuelle Frage. Oder man hat die Möglichkeit in einer Gemeinde zu gliedern, so daß man einen Arbeitskreis schafft, dessen Thematik und Methodik eben bestimmte anthroposophische Voraussetzungen erwarten lassen, und einen anderen, der voraussetzungslos ist. Dies ist eine Frage der Differenzierung der Arbeit.

W. W.: Das wäre der Ansatz, den ich mir wünschte! Denn oft erlebt man in solchen Arbeitskreisen der Christengemeinschaft durch die Kenntnis der Teilnehmer, daß es alles Anthroposophen sind, so daß es einfach gekünstelt wirkt, wenn dann im Gespräch anthroposophische Erkenntnissse nicht vorausgesetzt werden. – Denn wenn diese zwei vom Ansatz her verschiedenen Gesprächskreise – so wie Sie sie eben erwähnten – nicht eingerichtet werden, so gibt es für die Anthroposophen auf dem Felde der Religionserkenntnis und Religionsvertiefung nur noch wenig Raum in der Christengemeinschaft.

J. Lenz: Richtig! So daß jeder individuell deutlich geltend macht, wo seine Fragen und Bedürfnisse liegen, damit man gemeinsam die Arbeitsmöglichkeiten schafft. Allerdings ist das Wichtigste, der Kultus, für alle Menschen gleich.

W. W.: Vielleicht können wir aus dem Besprochenen ein Fazit ziehen: Liegt in der derzeitigen Wirkensweise der Christengemeinschaft eine doppelte Gefahr bzw. Tendenz, sich nach zwei Seiten hin potentielle Mitträger eines erneuerten religiösen Lebens abzuschneiden: von den Anthroposophen, die auf dem Felde der Religionserkenntnis entsprechenden Tiefgang vermissen, sowie von Jugendlichen, Arbeitern und gesellschaftlichen Randgruppen, die die Sprache der Christengemeinschaft nicht mehr verstehen? Übrig bleibt ein bürgerliches harmloses Mittelfeld!

J. Lenz: «Abschneiden» ist ein hartes Wort – denn die Christengemeinschaft möchte auf alle Menschenkreise zugehen! Ich fühle auch die Verantwortung, daß man das global anschaut, denn diese Fragestellung stellt sich in Argentinien, Brasilien und New York sehr anders. Dort ist zum Beispiel eine ungleich größere Identität der Vertreter der beiden Bewegungen gegeben, als das hier in Mitteleuropa aufgrund der Differenzierungen der beiden Bewegungen im allgemeinen der Fall ist. Gemeinsam ist wohl das Problem, daß aufgrund der Kräfteverhältnisse die Möglichkeit zu einem initiativen oder gar offensiven, auf die Expansion in Menschenkreise zielenden, Vorgehen der Christengemeinschaft heute schwer möglich ist.

W. W.: Anthroposophen – so wollte es Rudolf Steiner – könnten «Rater und Helfer» der Christengemeinschaft sein. Was ist damit gemeint?

J. Lenz: Vertreter der Christengemeinschaft freuen sich, wenn sie qualifizierten Rat bekommen, und sie freuen sich erst recht, wenn man ihnen bei ihren Problemen hilft.

W. W.: Aber in welchem Bereich soll der Anthroposoph raten und helfen, im kultischen Bereich, in Erkenntnisfragen, im Gemeindezusammenhang, bei Vorträgen ...?

J. Lenz: Im Bereich der Erneuerung des Geisteslebens, in dem der tätige Anthroposoph darinnensteht – also an einem anderen Ort einer gemeinsamen Front. Wenn hier Austausch, Erfahrungsauswertung, wechselseitige Beratung erfolgt, kann das nur gedeihlich sein. Die Zeit ist zu ernst, um sich anderes als fruchtbares Miteinander bei differenzierter Aufgabenstellung zu leisten.

W. W.: Aber wie muß ein Anthroposoph bestellt sein, wenn er einem Priester, der ja doch intensiv mit dem Kultus verbunden ist, im ganzen sakramentalen Leben tief darinnensteht, wenn er in diesem Bereich dem Priester auch noch raten soll?

J. Lenz: (lachend) Es ist jetzt nicht meine Aufgabe, das Idealmodell eines solchen Anthroposophen zu entwickeln. Es könnte aber auch sein, daß der Anthroposoph im Priester den Priester berät.

W. W.: ... im Priester?

J. Lenz: Ja, der Priester ist ja selber im allgemeinen auch Anthroposoph, und insofern er Anthroposoph ist, ist er ja auch im Gespräch mit sich selbst. Zusätzlich wird er sich freuen, wenn er an dem Ort, an dem er wirkt, in den tätigen Anthroposophen der verschiedenen Verantwortungsbereiche ratende und helfende Gesprächspartner findet, die in Gemeinsamkeit an dem günstigen Klima zur Erneuerung des geistigen Lebens insgesamt beitragen.

Zukunftsaufgaben in der Forschung

W. W.: Es herrscht überall ein offenkundiger Mangel an exakten und umfangreichen anthroposophischen Forschungsergebnissen, so auch im gesamten Umfeld dessen, was Aufgabe der Christengemeinschaft ist. Wäre es nicht ratsam, für jedes wichtige Sachgebiet, für brennende Probleme der Zeit – Fragen zur Geburt und Abtreibung, Ehe, Tod und Sterbehilfe, Sakramente und ihre Wirkung, Fragen zum Religionsunterricht, Jugendsekten, okkulten Praktiken, Seelsorge usw. – jeweils denjenigen Priester, für ein halbes Jahr etwa, freizustellen, der für das jeweilige Sachgebiet am prädestiniertesten ist, um fundiert aufzuarbeiten, was jeweilig nötig ist? Solche exakten wissenschaftlichen Arbeiten würden dann allen Priestern – wie natürlich auch allen anderen interessierten Menschen –, zugutekommen.

J. Lenz: Sie haben recht, es ist eine Zukunftsmöglichkeit und Zukunftshoffnung, anfangsweise ist es aber auch schon Gegenwart. Wir haben das Priesterseminar in eine Freie Hochschule verwandelt und sind dabei, die offizielle Anerkennung dafür anzustreben. – Ferner streben wir an, daß es innerhalb der Pfarrerschaft einen sogenannten Akademieaustausch gibt, daß also diejenigen, die sich bestimmte Sachgebiete qualifiziert erarbeiten, in einen Austausch mit anderen treten, die entsprechende Studien leisten.

Wir haben auch bisher schon im Einzelfall einen Sonderurlaub gewährt, um ein bestimmtes Arbeitsgebiet – etwa die Situation der Kreuzzüge oder der Templer – durchzuarbeiten und würden das auch immer fördern, wenn es kräftemäßig möglich wäre, dann Vertretung zu schaffen. Das entscheidende Problem liegt im Kräftemangel der Pfarrerschaft.

W. W.: Ich meine die wissenschaftliche Aufarbeitung verschiedenster Fachgebiete noch konkreter: daß alles bis in Buchform vorliegt, mit der Aufarbeitung alles dessen, was Rudolf Steiner und andere Anthroposophen zu dem jeweiligen Fachgebiet ausgesprochen haben, mit der Anknüpfung an die Zeitverhältnisse, der Einbeziehung praktischer Erfahrungen und als Werk geschrieben in einer Sprache, die jedermann zugänglich ist. Und daß dies nicht so etwas wird wie der Stockmeyer-Waldorflehrplan – der ja doch ein ziemliches Nebeneinander sich teils widersprechender Äußerungen Rudolf Steiners darstellt –, sondern daß alles in einen lückenlosen Zusammenhang gestellt wird.

Wenn sich zum Beispiel jemand über das Verhältnis von Anthroposophischer Gesellschaft und Christengemeinschaft informieren will – es gibt ja nichts für die Öffentlichkeit – oder wenn sich jemand für die Wirkung des Kultus auf die Erde interessiert, wenn jemand Eheprobleme hat, vielleicht möchte sich auch jemand umfassend über Verstorbene informieren, oder ein anderer hat in seinem Bekanntenkreis jemand, der in einer Jugendsekte verschwindet oder sich in spiritistischen Sitzungen mit angeblichen Toten unterhält; in solchen Fällen bleibt bisher den meisten Menschen nichts anderes übrig, als sich mit einem Priester, soweit er Bescheid weiß, oder einem fachkundigen Anthroposophen zu unterhalten, oder sich mühsam einzuarbeiten, was letztlich gar nicht zu leisten ist. Wäre so ein wissenschaftliches Werk über alle Bereiche, die die Christengemeinschaft betreffen, nicht eine sehr bald anzustrebende Arbeit?

J. Lenz: Wir sehen das Problem und suchen es zu ändern. Wenn Sie ein kleines Beispiel erlauben, auf dem Feld der Ehe ist jetzt ein Buch erschienen, «Lebensgemeinschaft und Trauung», das ich selbst verfaßt habe (Buchbesprechung siehe: FLENSBURGER HEFTE, Sonderheft Nr. 1 «Partnerschaft und Ehe»; W. W.). Pfarrer Wolfgang Gädeke in Kiel hat sich viele Jahre als Eheberater qualifiziert und umfassend über dieses Lebensgebiet gearbeitet. Er wird jetzt auch zu überörtlichen Kursen herangezogen und wir hoffen, daß es eines Tages auch in Buchform zur Verfügung steht.

Aber es ist ein schweres Feld, weil in dem Frühstadium der Christengemeinschaft die Pfarrer noch zu viele Dinge verantworten müssen und die Sozialisierung, Differenzierung, die Sie im Auge haben – bis hin zu einer Freistelle, um dieses oder jenes fundierte Werk zu schreiben –, schwer ist. Allerdings haben wir auch einen Pfarrer beauftragt, der die Jugendlichen beobachtet, der die Gegnerfragen bearbeitet und dann auf den Synoden die Ergebnisse der Priesterschaft referiert. Möglicherweise wird das dann eines Tages auch in Buchform umgemünzt.

W.W.: Was ich vermisse, das betrifft jetzt keineswegs die Christengemeinschaft allein, sondern alle Anthroposophen, uns alle: Der Gesprächs- und Materialaustausch untereinander könnte sehr viel ökonomischer, zielgerichteter und häufiger sein. Nehmen wir den Pfarrer, den Sie nannten, als Beispiel: Zwar kenne ich ihn, aber die meisten Nichtangehörigen der Pfarrerschaft werden nicht einmal wissen, wer er ist oder daß überhaupt jemand die Jugendsekten und Gegner bearbeitet. Als Außenstehender hat man auch gar keine Möglichkeit, ohne weiteres an das Material heranzukommen, das er bearbeitet. Es sei denn, man ruft ihn, aber es kann ja kaum in seinem Sinne sein, wenn alle Welt ihn anruft, um Informationen über Jugendsekten und Gegner zu erhalten. Das ist nicht ökonomisch!

Was ich vermisse, ist zum Beispiel die Zusammenarbeit aller Anthroposophen in Sachfragen, daß nicht zehn verschiedene Menschen irgendwo sitzen, Material über die Gegner sammeln, sich aber nicht austauschen können, da sie gar nichts voneinander wissen. Wäre es nicht eine sinnvolle Sache, alles Material zusammenzutragen und es der Öffentlichkeit zugänglich zu machen, ähnlich wie der «Materialdienst der EZW»? Daß jeder interessierte Mensch Zugang zu allen Sachgebieten hat, die gut ausgearbeitet sind – liegen hier nicht Zukunftsaufgaben?

J. Lenz: Da liegen ganz sicher Zukunftsaufgaben! Soweit es möglich ist, tauschen wir uns mit den Verantwortungsträgern der anthroposophischen Arbeit aus; aber da haben Sie recht, in Zukunft wird es in unserem Bereich so etwas wie den «Materialdienst der EZW» geben müssen. Und es ist sicherlich ein Versäumnis, daß unter den Anthroposophen, auch in der Christengemeinschaft nicht genügend gewußt wird, wer für was bereits eine Verantwortung im Sinne des Durcharbeitens eines Lebensgebietes übernommen hat. Dann könnte man den Betreffenden mit Material füttern, Beobachtungen zur Verfügung stellen usw.

W.W.: Alles andere wäre Energieverschwendung – wenn man gar nicht weiß, wer an welchem Gebiet arbeitet. Wenn man dies wenigstens bekanntgeben könnte, so daß man sich gegenseitig mit Material unterstützt, könnte überall viel konzentrierter gearbeitet werden.

J. Lenz: Ich werde über Ihre Anregungen nachdenken.

Die Transsubstantiation

W.W.: Wir können ja im Hinblick auf das eben Besprochene einmal so ein mögliches Forschungsgebiet herausgreifen: die Sakramente, speziell die Transsubstantiation. Es wird viel von der Wandlung gesprochen, daß sich während der Menschenweihehandlung Brot und Wein in Leib und Blut Christi vewandeln, aber wenn man genauer bei sich nachfaßt, so wird man wohl doch häufig feststellen: Eigentlich verstehe ich das gar nicht! Was geschieht während der Wandlung, was wandelt sich in was um?

J. Lenz: Zunächst würde ich sagen, daß sich hier ein echtes Problem stellt, ob für ein Phänomen wie das der Wandlung mit der Bewußtseinsart, wie sie sich in der Neuzeit entwickelt hat, die Erkenntnisvoraussetzungen überhaupt gegeben sein können. Möglicherweise wird sich auf religiösem Felde die Frage so stellen, daß durch die Andachtsübungen im Kultus, durch die Übungen der Verehrungskräfte, durch das Sich-im-Einklang-Fühlen mit dem Altargeschehen, die Erkenntnisvoraussetzungen im Menschen – auch verstehend diesen Prozeß zu begleiten – erst hervorgerufen werden. Ich glaube also nicht, daß mit diesen Erkenntnismitteln – in ihrer heutigen unverwandelten Gestalt – das Phänomen der Wandlung verstanden werden kann.

Für diese Anschauung spräche, daß dort, wo heute Wandlung im natürlichen Sinne geschieht – wenn zum Beispiel aus den Stoffen und Substanzen der Erde auf dem Nahrungswege Leib und Blut des Menschen gebildet werden –, der größte Teil dieser Prozesse bis heute nicht verstanden wird. Oder ein anderes Beispiel: Wenn draußen in der Natur aus den Substanzen der Erde auf dem Wege einer kosmisch orientierten Wandlung Korn oder Wein gebildet werden, so dürfte man kaum jemanden finden, der mit Gültigkeit sagen kann: Ich habe verstanden, warum aus diesem Stück meraner Erde sowie deren Säften und Kräften, die dort wirken, nun der Saft der Weintraube bzw. die Weintraube selber werden.

Insofern gehört zum Verständnis der Wandlung schon in der ersten Stufe eine Wandlung des Erkenntnisvermögens des Menschen. Das ist kein Zustand, sondern eine Hoffnung und ein Ziel. Die durch die Anthroposophie auf dem Wege der Schulung erübte Erkenntnismöglichkeit wird ein taugliches Mittel sein, um auch das Mysterium der Wandlung in Zukunft zu verstehen. Für den Zeitgenossen kommt meines Erachtens nur das Feld der Ahnung und der durch Andacht erübten Vertrauensbildung in den Prozeß der Transsubstantiation in Frage.

W. W.: Was Sie ausführen, ist ja doch sehr auf die Zukunft gerichtet – aber können wir nicht so übereinstimmen, daß ein Anthroposoph mit lebendigem Denken schon heute die Möglichkeit besitzt, ganz genau zu verstehen, was während der Transsubstantiation vor sich geht?

J. Lenz: Der Anthroposoph könnte es ja auch mir verständlich machen, im Sinne eines Rates!

W. W.: Es geht ja um einen Prozeß aus Ihrem Wirkensbereich. Aber ich habe auch die Frage, ich rede über die Wandlung und verstehe sie trotzdem nicht!

J. Lenz: Für die Wandlung in der Natur haben wir ja auch nur anfängliche Verständnisgrundlagen. Eine sehr wesentliche Verständnishilfe ist die Idee der Metamorphose, wie sie Goethe in das Erkenntnisleben eingeführt hat und damit wenigstens für den botanischen, biologischen Bereich dem Menschen eine Erkenntnishilfe an die Hand gegeben hat, Wandlungsvorgänge im Bereich des Pflanzlichen verstehend und erkenntnismäßig erlebend zu begleiten.

Ich glaube, für den sakramentalen Bereich ist es die erste Frage, was denn überhaupt Brot ist: Was sehe ich, was nehme ich war, was erlaubt mir, den Begriff Brot mit dem zu verbinden, was als Erscheinungsbild vor mich hintritt? Auf der anderen Seite: Was ist

Jesus Christus als Mensch gewesen, wie hat er sich durch Tod und Auferstehung verwandelt, was berechtigt mich, von seiner Gegenwart auch im Sinne einer Leiblichkeit des Auferstandenen zu sprechen? Schließlich, wie kann ich dann die Wandlung des Brotes in die Leiblichkeit Jesu Christi – d.h. aber jetzt des Auferstandenen und heute Gegenwärtigen – auf dem Felde der Erkenntnis nachvollziehen?

W.W.: Jetzt stellen Sie sich selbst die Fragen, die ich an und für sich noch anbringen wollte!

J. Lenz: Ja, ich scheue mich, diesen Bereich in die Ebene des Interviews hereinzuziehen!

W.W.: Wenn ich aber trotzdem noch etwas zu diesem Komplex fragen darf ... In der Gegnerschrift «Anthroposophie – eine Alternative?» von Vera Pierott (Neuhausen-Stuttgart, 1983) stellt sie aufgrund der Äußerungen Rudolf Steiners dar, daß während des Mysteriums von Golgatha Christus als Auferstandener sich mit der Erde verbunden habe und die Erde zum Leib Christi geworden sei, und meint, daß es ein Widerspruch sei, wenn beim Kultus der Christengemeinschaft von einer zusätzlichen Wandlung der Erdensubstanz Brot in die Leiblichkeit Christi gesprochen werde (S. 188). Wie läßt sich dieser scheinbare Widerspruch auflösen?

J. Lenz: Ich habe nicht vor mir, was Frau Pierott geschrieben hat, entnehme aber aus Ihren Worten, daß sie aus einem evangelischen Hintergrund spricht. Sämtliche sakramental orientierten christlichen Glaubensgemeinschaften würden immer voraussetzen, daß durch das Sakrament noch etwas zu dem Prozeß hinzutreten muß, der durch die Verbindung des Christus mit der Erde geschehen ist.

W.W.: Können Sie beschreiben, was durch das Sakrament hinzukommt?

J. Lenz: Ein Wandlungsgeschehen muß vor dem Bewußtsein der Menschen so vollzogen werden, daß die Teilhabe der Menschen an diesem Vorgang möglich wird. Es ist für die Zukunft keine Frage, was damals geschehen ist, sondern es ist die Frage, ob die Menschen oder Menschengemeinschaften bereit sind, an diesem Geschehen bewußten Anteil zu haben.

W.W.: Rudolf Steiner spricht im «Pastoral-Medizinischen Kurs» (GA 318) davon, daß der sakramentale Prozeß sich vor dem Bewußtsein der Menschen vollziehen muß, weil er sonst Suggestion sei ...

J. Lenz: Richtig ...

W.W.: ... aber trotzdem ist es doch so, daß die meisten Menschen, die an dem Kultus der Christengemeinschaft teilnehmen, zwar wach sind, die Gestik beobachten, aber die sakramentalen Prozesse nicht verstehen!?

J. Lenz: Ich würde nicht sagen, daß sie es nicht verstehen – sie wachsen in das Verständnis hinein. Da würde ich in großen Zeiträumen denken.

Elementarwesen und neue Gruppenseelen

W.W.: Kann man wirklich sagen, daß die Menschen da hineinwachsen? Kann es nicht genauso sein, daß die Menschen wieder den Kontakt zum Kultus verlieren, weil ihnen von anthroposophischer Seite die Verständnishilfen dessen fehlen, was im Kultus konkret geschieht?

Rudolf Steiner spricht davon, daß durch einen Kultus, der auf einem richtigen Erfassen der geistigen Welt beruht, einzig harmonische Elementarwesen geschaffen werden (GA 93, S. 217ff.); daß diese Elementarwesen aus diesem Kultus ihre Nahrung ziehen und daß diese Elementarwesen durch die Mithilfe der im «richtig verstandenen Kultus» wirkenden Menschen eine wesentliche Zukunftsaufgabe tragen werden (GA 215/6/ S. 96ff.). Fernerhin spricht Rudolf Steiner von neuen Gruppenseelen, die sich mit denjenigen Menschen verbinden, die aus Freiheit zusammenkommen und ihre Gefühle zusammenklingen lassen. (GA 102/11/ S. 195.f.). Vieles mehr könnte man anführen.

Nun sind dergleichen Tatsachen als Sinngebung des Kultus den meisten Menschen ja nicht sehr geläufig. Ist es nicht Zeit, davon zu sprechen? Wäre dies nicht auch ein konkreter Ansatzpunkt für Menschen, die die Meinung tragen, sie brauchten den Kultus nicht für sich, zu sehen, daß in der Schaffung von Elementarwesen, in der Verbindung mit höheren Gruppenseelen u.v.m. ein viel höherer Sinn des Kultus liegt – für die Erde, für die geistige Welt – als in der egoistischen Bedeutung für den Menschen selbst?

J. Lenz: Da teile ich Ihre Anschauung, daß das ein konkreter Ansatzpunkt ist. Die Frage «brauche ich den Kultus, brauche ich ihn nicht» ist ein rein subjektiver Standpunkt, den zwar jeder für sich so einnehmen kann, aber die Erkenntnisfrage lautet eigentlich: Braucht die Welt das Sakrament und wenn ja, was bewirkt es für die verschiedenen Bereiche der Welt? Was bewirkt es für die Lebenskräfte der Erde, wenn durch das Sakrament neues Leben in die Lebenssphäre der Erde einfließt, was bewirkt es für die elementarische Welt, für die herangezogenen Elementarwesen, für das Schaffen und Erlösen von guten Elementargeistern sowie für ihre Verwandlung?

Was bewirkt es auf dem seelischen Schauplatz, wenn über die individuelle Seelenhaltung des Einzelmenschen sich Seelen zu einer Gemeindeseele heraufheben lassen und damit ein seelischer Schauplatz entsteht, auf dem geistige Wesen mitwirken können? Was bewirkt es für die geistige Welt? Das ist natürlich ein echtes Erkenntnisfeld, das für jeden dieser Bereiche nach eigenen Methoden beantwortet werden muß.

W.W.: Welche Gestik, welche Zeremonien in der Menschenweihehandlung bewirken, daß Elementarwesen hereingerufen werden?

J. Lenz: Das tritt schon ein mit dem Entzünden der Kerzen, mit dem Aufbrennen der Flammen, der damit bewirkten Bildung von Licht und Wärme, aber auch durch den entstehenden Rauch. Die Räucherung ist ein entscheidendes Element! Das Mischen von Wasser und Wein – alle Prozesse, die im Substanzbereich vollzogen werden, haben ihre Auswirkung im Elementarischen; um so mehr, je intensiver und je inniger eine Gemeinde an dem Vorgang Anteil nimmt.

W.W.: Wo gehen diese Elementarwesen hin?

J. Lenz: Die steigen zum Beispiel bei der Räucherung mit dem Rauche auf und werden damit von ihrer Hinorientierung aus dem niederen Bereich in einen höheren gehoben.

W.W.: Gehen sie auch in den Menschen hinein?

J. Lenz: Sie können auch in den Menschen hineingehen.

«Ein automatisches Handeln ist für einen Priester der Christengemeinschaft von der Idee her nicht möglich»

W.W.: Ist es jetzt wichtig, daß der sakramentale Prozeß – nehmen wir die Substanzenweihe – durch den Priester, der ihn vollzieht, voll verstanden wird?

J. Lenz: Einmal ist es wichtig, welchen Bewußtseinsanteil der Priester hat, zum anderen ist ihm aber auch – insofern er Priester ist – das entsprechende Weihewort anvertraut, also die Möglichkeit, durch das celebrierte Wort den entsprechenden Vorgang auszulösen und zu bewirken.

W.W.: Also, wenn der Priester bei der Substanzenweihe völlig bewußtseinsdunkel, fast automatisch, diese Prozesse vollziehen würde, dann wäre das ja fast das gleiche Sakramentsverständnis wie bei der katholischen Kirche!?

J. Lenz: Ja – aber ein Priester der Christengemeinschaft dürfte das nicht. Die ständige Aufhellung seines Bewußtseins, seine aktive Bewußtseinsanteilnahme, ist wichtig. Ein automatisches Handeln ist für einen Priester der Christengemeinschaft der Idee nach nicht möglich.

W.W.: Es könnte also durchaus sein, daß eine Materieverwandlung bei der Substanzenweihe während einer Bewußtseinsverdunkelung des Priesters nicht stattfindet? Ist dies prinzipiell möglich?

J. Lenz: Ich würde zunächst meinen, daß sie stattfindet – weil der überindividuelle Geist der Christengemeinschaft immer beteiligt ist. Aber es ist für den, der es vollzieht und zu verantworten hat, nicht gut.

W.W.: In welcher Weise?

J. Lenz: In der Weise, daß es sein Ideal sein muß, aktiv daran zu bilden, daß seine Bewußtseinsverhältnisse dem, was er tut, zunehmend gewachsen sind. Jede Form des Automatismus, jede Herabdämpfung des Bewußtseins ginge in eine ungute Entwicklung.

W.W.: Aber wo liegt jetzt der Unterschied zu dem Sakramentsverständnis der katholischen Kirche?

J. Lenz: Daß sie ein objektives Sakramentsverständnis hat! Extrem formuliert: ganz unabhängig von der Verfassung des handelnden Priesters; während für die Christengemeinschaft durch das Brevier, durch die Schulung, die der Priester macht, das Ideal und der Weg so sind, daß das Bewußtsein des Priesters auf dem Wege der Bewußtseinserweiterung und Bewußtseinsvertiefung immer mehr dem gewachsen ist, was er kraft seines Auftrages auszuführen hat. Dabei ist mit seinem Handeln der Geist der Christengemeinschaft im Ganzen verbunden, deren Glied er ist.

W.W.: Der Priester der Christengemeinschaft steigt also prozessual immer tiefer in das Sakramentsgeschehen ein. Aber letztlich geht es ja um das Faktum: Vollzieht sich eine Wandlung oder nicht? Wie ist hier der Unterschied zur katholischen Kirche zu sehen?

J. Lenz: Bei der Christengemeinschaft kommt noch hinzu, daß auch das tätige Mitglied das Sakrament mitvollzieht. Die Bewußtseinskraft einer betenden Gemeinde kann durch den Träger ihres Gemeindegeistes – also den Priester – das Gesamtfeld tätig mitverantworten, während es bei der katholischen Kirche vor der Gemeinde allein geschieht, auch jeweils unabhängig von der Würde oder Bewußtseinsverfassung des handelnden Priesters.

W.W.: Es ergibt sich daraus natürlich die Frage, was bei einer aktiven wachen Gemeinde mehr geschieht als bei einer schlafenden!

J. Lenz: Ich glaube, es war die vorchristliche Haltung, daß es der Herr den Seinen im Schlafe gab, heute gibt es der Herr den Seinen im Wachen – und je intensiver das Wachen zu einem Erwachen im Geistigen hintendiert, um so größer ist die Wandlungspotenz und Wandlungsmöglichkeit gegeben.

Die Frömmigkeit in heilpädagogischen Zusammenhängen

W.W.: Wie ist es bei einer Sonntagshandlung mit seelenpflegebedürftigen Kindern, die diese Bewußtseinspotenz in dem Sinne ja nicht aufbringen können? Kann ein Betreuer dieses Bewußtsein stellvertretend oder stützend aufbringen?

J. Lenz: Die Erfahrung lehrt, daß Behinderte – etwa in den heilpädagogischen Zusammenhängen – mit einer unglaublichen Frömmigkeitskraft am Kultus teilnehmen können und daß sie auch über Bewußtseinsformen verfügen, die nicht ganz identisch mit dem sind, was wir als unser intellektuelles Tagesbewußtsein bezeichnen. Dieses müßte durch den Erzieher oder erwachsenen Begleiter ersetzt werden, aber es wäre ganz falsch zu meinen, daß behinderte Menschen nicht geistig gesund und hochbewußt sein können; ähnlich wie ein Säugling, der getauft wird, auch nicht bewußt ist im Sinne der Kategorie eines wachen Tagesbewußtseins, aber trotzdem ein Bewußtseinsorgan zur Verfügung hat, das eine Teilhabe an den Wirkungen des Sakramentes möglich macht.

W.W.: Gilt dies auch für die Menschenweihehandlung?

J. Lenz: Die Erfahrung zeigt, daß dort, wo die Weihehandlung in der Mitte einer Behinderten-Dorfgemeinschaft gehalten wird, eine unglaublich starke, manchmal sogar eine über die Bewußtseinsartung einer normalen Gemeinde hinausführende Möglichkeit des Mitvollzugs des Sakramentes gegeben ist, nur nicht im Sinne des intellektuellen Wachbewußtseins.

Ein Sakrament setzt einen Vorbereitungsprozeß voraus

W.W.: Wenn im Kultus der Christengemeinschaft das Motiv anklingt, daß das Sakrament nicht zum Tode sein solle, läßt einen das aufhorchen. Ist es möglich, daß ein Sakrament schädlich wirken kann?

J. Lenz: Das ist wiederum ein schweres Problem, aber wenn Sie eine Analogie erlauben: So wie wir Licht und Wärme der Sonne das Leben auf der Erde verdanken, so kann es andererseits sein, wenn man sich ungeschützt und unvorbereitet der Sonne aussetzt, daß man einen Sonnenbrand oder gar einen Sonnenstich bekommt; es kann sogar bis zur Tödlichkeit des Wirkens der Sonne führen. Sie schafft Wüste. – So setzt das Sakrament, konkret gesagt die Weihehandlung, eigentlich bei dem Teilnehmenden voraus, daß er einen Prozeß der Vorbereitung leistet, der durch das Gebet des einzelnen der Teilhabe und Teilnahme an der Weihehandlung entgegenwächst, so daß wir uns nicht unvorbereitet den Kräftewirkungen aussetzen, die von der Weihehandlung in jedem Fall ausgehen.

W.W.: Man kann also keineswegs davon sprechen, daß in der Christengemeinschaft ein Sakrament, zum Beispiel die Taufe, immer seine guten Wirkungen habe, quasi wie eine Medizin?

J. Lenz: Das wäre ein Grad zu naiv, denn auch eine Medizin wirkt ja nicht immer heilend. Es hängt von der Dosis ab, ebenfalls von dem Vertrauensbezug zum Arzt, ob die Medizin wirklich ein Heilmittel ist. Sie könnte auch andere Wirkungen auslösen, die keineswegs der Heilung dienen.

Seelsorge und Okkultismus

W.W.: Es gibt eine ausführliche Arbeit des Doktors der evangelischen Theologie, Kurt E. Koch, «Seelsorge und Okkultismus»; dieser hat sich über Jahrzehnte mit allen Formen des Okkultismus – Totenerscheinung, Glasrücken, Trancereden, Telepathie, Hellsehen, Kartenlegen, Pendeln, schwarze Magie usw. – beschäftigt. Bei vielen tausenden von Personen, die okkult praktiziert haben und zu ihm in die Seelsorge gekommen sind, hat er festgestellt, daß sie Ekel vor der Kirche spürten, die Kraft zum Beten verloren, Depressionen bzw. Selbstmordgedanken hatten u.v.m. Haben Sie in Ihrer seelsorgerischen Tätigkeit ähnliche Phänomene bei Menschen bemerkt, die verschiedenste Formen des Okkultismus angewendet haben?

J. Lenz: Zunächst möchte ich bemerken, daß es auch im Evangelischen – etwa bei Johann Friedrich Oberlin oder Christoph Blumhardt – Kreise gegeben hat, in welchen durchaus zum christlich-evangelischen Weltbild eine konkrete Geisterkunde dazugehört hat. Denken Sie an Oberlins «Bleistätten der Toten». Diese Menschen würden die verschiedenen Formen des Okkultismus wahrscheinlich sehr viel anders beurteilen als es heute unter dem Einfluß der naturwissenschaftlichen Denkweise der Fall ist.

Ich glaube, es stellt sich grundsätzlich die Frage, ob ein Weltbild so geartet ist, daß das, was zum Beispiel beim Schamanismus auf eine alte atavistische Weise vorhanden ist, noch einen Platz hat und damit einbezogen und beurteilt werden kann. Auch Paulus spricht von einem dritten Himmel; es geht also auch darum, wieviel Seinsstufen es innerhalb des Himmlischen gibt.

Für das Weltbild der Christengemeinschaft, das im Einklang mit den Grundtatsachen des Christentums steht und natürlich durch die Befruchtung dank der Anthroposophie in Fortentwicklung begriffen ist, wäre es das methodische Ziel, alle diese okkulten Bereiche – ob es das Pendeln ist, die Wünschelrute, ob es schamanische Praktiken sind etc. – zu beurteilen und zu sehen, in welcher Weise sie fruchtbar zu machen sind bzw. nicht, weil sie Reste einer vergangenen Bewußtseinsstufe darstellen. Eine Entfremdung von der Christengemeinschaft als Kirche habe ich bislang nicht beobachtet. Es hat auch nicht dazu geführt, daß sich die Menschen dem Kultus entfremdet haben. Im Gegenteil: der Kultus war für diese Menschen eine Hilfe und ein Mittel, jenes stärker in das Bewußtsein heraufzuheben, was in andersartigen Bewußtseinszuständen – auch halbtrüber oder halbdunkler Art – erlebt und erlitten worden ist.

W.W.: Das würde also bedeuten, daß die Menschen, die Dr. Koch beschreibt – also solche, die nach okkulten Praktiken Stimmungen des Lebensüberdrusses erlebten bzw. das Interesse an der Kirche verloren –, in der evangelischen Seelsorge keine genügenden Antworten bezüglich der okkulten Kräfte bekommen haben, mit denen sie umgegangen sind?

J. Lenz: Ich kenne leider das Buch von Dr. Koch nicht und erlaube mir deswegen kein Urteil, aber ich vermute – nach dem, wie Sie es darstellen –, daß es in diese Richtung geht. Wenn durch ein reiches sakramentales Leben die objektive Möglichkeit der Teilhabe an den Kräften der übersinnlichen Welt gegeben ist, so ist dies gleichzeitig ein Heilmittel für den Bereich, der sonst in einer Zwischenregion verharren muß.

W. W.: Zu Ihnen in die Seelsorge sind auch Personen gekommen, die das gesamte umfangreiche Spektrum des Okkultismus – sei es nun Magie, Schamanismus, Hellsehen, Besprechen, Spiritismus usw. – abdecken?

J. Lenz: Ja, so ziemlich, bis hin zur «Weißen Frau», die auch Justinus Kerner beschreibt, ist mir in der Seelsorge fast alles begegnet.

W. W.: Und sie haben wirklich bei niemandem eine Abkehr vom religiösen Leben bemerkt?

J. Lenz: Nein, im Gegenteil: ich habe eine spezifische Möglichkeit der Hilfestellung anwenden und erleben können kraft der Mittel, die der Christengemeinschaft anvertraut sind. Natürlich kommen zu einem Pfarrer der Christengemeinschaft nur Menschen, die schon mit der Frage eine Hoffnung oder ein Vertrauen haben, hier Rat und Hilfe zu erhalten.

W. W.: Kann man bei dem starken Zustrom der Menschen zu den okkulten Praktiken nicht ein intensives, wenn auch korrumpiertes Bedürfnis nach einer geistigen Welt ausmachen, und wäre es an dieser Stelle für die Christengemeinschaft nicht wichtig, über die Hintergründe und Gefahren dieser Praktiken zu sprechen?

J. Lenz: Das glaube ich auch. Ich werte es zunächst als eine latent vorhandene tiefe Sehnsucht nach der Welt des Übersinnlichen, und wenn sie einem nicht in einer reinen, lauteren Form begegnet, greift man zu anderen Mitteln, die man oft nicht überschaut. Es kann deshalb für die Christengemeinschaft durchaus ein legitimes Mittel sein, diesen Bereich darzustellen.

W. W.: Um noch einmal auf das Gespräch über den Sakramentalismus zurückzukommen: Haben wir in den Menschen, die sich den okkulten Praktiken hingeben, nicht Menschen, die über die geistige Welt und geistige Wesen sprechen wollen, ja die teilweise sogar bewußt mit geistigen Wesen umgehen, wenn auch unter falschen Vorzeichen? Diese Menschen würden also gar nicht verschreckt sein, wenn man zum Beispiel in bezug auf den Kultus über Elementarwesen sprechen würde!

J. Lenz: Konkret würde man das auch immer tun. Konkret heißt, wenn ein Mensch in der Seelsorge eine Erfahrung einbringt oder eine Frage stellt. Allgemein darüber sprechen ist ein diffiziles Problem, weil es Fragen nach der Seite des Sensationellen bzw. unguten Zitierens aufwirft. Aber in der konkreten Seelsorge würde ich auf alles eingehen, was als Frage bei den betreffenden Personen auftritt.

Die Christengemeinschaft im Verhältnis zu anderen Religionsgemeinschaften

W. W.: Seit 1949 bzw. 1951 lehnt der Rat der EKD die Taufe der Christengemeinschaft als nicht-christlich ab. Warum?

J. Lenz: Das ist damals leider geschehen, daß sich der Rat der EKD genötigt sah, die Taufe der Christengemeinschaft als nicht-christlich zu bezeichnen und sie damit nicht anzuerkennen. Es wurde damals gegen das Gutachten gehandelt, das von seiten einer Kommission der evangelischen Kirche erstellt worden ist. Wir bedauern bis heute diesen Schritt, wollen uns aber, da wir positiv in die Zukunft hineinwirken wollen, nicht in Auseinandersetzungen auf diesem Felde einlassen. Ich habe selbst mit dem damaligen Bischof der EKD, Dietzfelbinger, ein langes Gespräch in München über dieses Gebiet geführt, und er hat mir sein Bedauern über diesen Schritt der evangelischen Kirche ausgedrückt, sah aber derzeitig auch keine Möglichkeit, ihn zu revidieren.

W. W.: Welchen Grund gibt der Rat der EKD für die angebliche Unchristlichkeit der Taufe an?

J. Lenz: Als Grund gibt er das Fehlen der Formel «Ich taufe dich im Namen des Vaters, des Sohnes und des heiligen Geistes» an. Im Ritus der Christengemeinschaft ist diese Formel aber zu einer Wesensbeschreibung des Vorganges erweitert. Wer gutwillig ist und Ohren hat zu hören, wird darin die Anrufung und Einbeziehung der christlichen Trinität hören. Es ist eine Weiterentwicklung der Formel. Wer allerdings auf der Formel besteht, kann sich formal zurecht darauf berufen, daß sie nicht expressiv verbis in dieser Diktion genannt ist.

W. W.: Es geht also wirklich ausschließlich um die Formel, nicht um das Anrufen der Trinität selbst?

J. Lenz: Ja, ich glaube, es geht um die Formel.

W. W.: Wird denn in allen christlichen Religionsgemeinschaften, die eine Taufe durchführen und vom Rat der EKD anerkannt sind, genau diese Formel ausgesprochen?

J. Lenz: Da bin ich überfragt; aber ich vermute, daß das eine Voraussetzung sein müßte, wenn die Beurteilung gerecht ist.

W. W.: Warum verhindert die evangelische Kirche die Teilnahme der Christengemeinschaft an der Ökumene; ist die Nichtanerkennung der Taufe der ausschließliche Grund?

J. Lenz: Jawohl, die Anerkennung der Taufe würde wahrscheinlich die Teilnahme an der Ökumene ermöglichen. Die Christengemeinschaft hat allerdings ihrerseits bisher noch nicht den Antrag gestellt, sich an der Ökumene zu beteiligen.

Man muß aber auch im Auge haben, daß die Ökumene eine Gruppierung ist, die im Grunde alle evangelisch orientierten Gemeinschaften zusammenfaßt, die katholische und orthodoxe Kirche dabei im Beobachterstadium sind. Die Christengemeinschaft stände also auch vor dem Problem, daß sie sich mehr in evangelischer Richtung orientieren würde, weil es ein Organ, daß alle christlichen Glaubensgemeinschaften unabhängig von der konfessionellen Richtung vereinigt, nicht gibt.

W. W.: Gibt es seit 1951 Gespräche zwischen Vertretern der evangelischen Kirche und der Christengemeinschaft, um die einseitige Beurteilung der Taufe der Christengemeinschaft neu anzuschauen?

J. Lenz: Es hat immer Einzelkontakte lebendiger und fruchtbarer Art gegeben, aber keine Gespräche von Kirchenleitung zu Kirchenleitung, denn hier wäre – nach der Art, wie es damals gegangen ist – der erste Schritt auf seiten der EKD nötig.

W. W.: Wie ist die Stellung zur katholischen Kirche?

J. Lenz: Da gibt es mannigfache fruchtbare Kontakte, zum Beispiel auf dem Friedhof, in den Sakristeien, aber von Kirche zu Kirche gibt es gar keine. Es ist von beiden Seiten nie versucht worden und wird auch nicht angestrebt. Aus katholischer Sicht sind wir wahrscheinlich eine periphere und vorübergehende Erscheinung. Wir müssen abwarten, wann wir so groß und stark sind, daß es auch für die katholische Kirche wichtig wäre, Gespräche zu führen.

W. W.: Das haben die Nazis allerdings anders gesehen, als sie 1941 die Christengemeinschaft endgültig verboten, mit den Worten: «Gegen die Kirchen brauchen wir nichts mehr zu unternehmen, weil sie selber für ihren Untergang sorgen. Die Christengemeinschaft aber könnte die Kirche der Zukunft werden: sie muß vernichtet werden» (zitiert aus einem Artikel von Emil Bock, in: «Die Christengemeinschaft», 1951, S. 167).

J. Lenz: Ganz recht. Die Nazis waren offensichtlich von der gegnerischen Potenz und Kraft eines im Grunde sehr kleinen Kreises von Trägern der Christengemeinschaft überzeugt, so daß sogar R. Heydrich verbürgt gesagt hat, daß er die Liquidierung der Pfarrer der Christengemeinschaft anstrebt.

W. W.: Wodurch kam es nicht dazu?

J. Lenz: Weil er selbst im Mai 1942 in Prag ermordet wurde.

Wann werden die Priesterzyklen veröffentlicht?

W. W.: Warum sind die Zyklen, die Rudolf Steiner den Priestern der Christengemeinschaft gehalten hat, nicht öffentlich?

J. Lenz: Rudolf Steiner hat damals ausdrücklich ausgesprochen, daß sie ausschließlich für den Priesterkreis der Christengemeinschaft gedacht sind. Dies hat auch Marie Steiner nach dem Tode Rudolf Steiners so gesehen und anerkannt. Die Priesterschaft hat sich bis heute verpflichtet gefühlt, dies entsprechend einzuhalten. Die Rechte dazu liegen bei der Rudolf-Steiner-Nachlaßverwaltung, welche aber ebenfalls bis heute das moralische Recht der Priesterschaft anerkannt hat, obwohl die Christengemeinschaft kein juristisches Recht an den Schriften besitzt.

W. W.: Nun sind die Priesterzyklen ja spätestens seit dem Dritten Reich in den Händen von Gegnern, fernerhin kann man sie an mindestens zwei Stellen schwarz beziehen, teilweise mit groben Fehlern. Sollte dies nicht Anlaß zu einer Veröffentlichung geben?

J. Lenz: Sie werden gedruckt, und es sind unqualifizierte, auch irreführende Editionen, die wir bedauern, aber auf deren Erscheinen und Vertrieb wir keinen Einfluß haben. – Die qualifizierte Herausgabe ist natürlich eine echte Frage, die zur Zeit in der Priesterschaft und im Vorstand der Rudolf-Steiner-Nachlaßverwaltung erörtert und bewegt wird.

W. W.: Gibt es in diesen Zyklen Aussagen, die nicht an die breite Öffentlichkeit gelangen sollen, oder warum ist der Veröffentlichungsschritt bisher noch nicht vollzogen worden?

J. Lenz: Das ist eine sehr weitführende Frage, weil man darstellen müßte, daß diese Priesterzyklen nicht nur Zyklen sind, d. h. Texte, sondern daß mit ihnen das ganze Stiftungsgeschehen der Christengemeinschaft verbunden ist. Die Intention, mit der diese Vorträge gehalten worden sind, ist also eine ganz besondere, und der übliche Leser hat die Voraussetzungen nicht und würde sie wie jeden anderen Text auch lesen. Man kann dies schon beim «Pastoral-Medizinischen Kurs» Rudolf Steiners sehen, der das Arzt-Sein oder Priester-Sein voraussetzt, so daß man ohne diese Voraussetzungen vor einer hohen Verständnisschwierigkeit steht.

W. W.: Aber ist es bezüglich gewisser in den Priesterzyklen dargestellter Aussagen nicht unklug gewesen, diese Vorträge auch vor den Anthroposophen geheimzuhalten, wenn man zum Beispiel daran denkt, daß Rudolf Steiner 1924 ganz klar das Geschehen von 1933 vorausgesagt hat?

J. Lenz: Ich glaube, daß damals – also im Vorhof von 1933 – dasjenige, worauf Sie abheben, vielleicht nicht dem Wortlaut nach, aber dem gewichtigsten Inhalt nach, Gemeingut war, so daß weder die Christengemeinschaft noch die tätigen Anthroposophen so naiv waren, nicht zu bemerken, was da 1933 an die Macht kam. – Aber in diesem Punkt liegt wiederum ein echtes Problem vor.

W. W.: Die Autorenrechte laufen doch bald ab. Wäre dieser Zeitpunkt nicht ein spätester Moment der Veröffentlichung durch die Rudolf-Steiner-Nachlaßverwaltung?

J. Lenz: In der BRD laufen die Autorenrechte 1995 ab, in Holland sind sie bereits abgelaufen. Dies ist in jedem Land verschieden. Das Jahr 1995 ist ein Richtwert und die Gespräche zwischen der Rudolf-Steiner-Nachlaßverwaltung und der Synode der Priesterschaft sind im Gange, wie man sich dieser Tatsache stellen soll.

Die Gädeke-Studie

W. W.: Ist der Urachhaus-Verlag bezüglich der Buchveröffentlichungen von der Oberlenkung abhängig, oder kann er ein Buch veröffentlichen, wenn die Oberlenkung anderer Meinung ist?

J. Lenz: Die Verlagsleitung des Urachhaus-Verlages ist grundsätzlich freigestellt und entscheidet über die Verlagsrechte ausschließlich in einem Wechselgespräch mit dem Autor. In bestimmten Fragen würde die Verlagsleitung vermutlich das Gespräch mit der Oberlenkung suchen, aber nur im Sinne des Rat-Einholens. Ein Recht hat die Leitung der Christengemeinschaft nicht. – Es ist auch schon geschehen, daß ein Buch erschienen ist, über das die Leitung der Christengemeinschaft unglücklich war – aber sie hatte keine unmittelbare Einflußmöglichkeit.

W. W.: Bei der Gädeke-Studie «Anthroposophie und die Fortbildung der Religion» geht es seitens der Leitung der Christengemeinschaft nur um die Zitate aus den Priesterzyklen …?

J. Lenz: Ja, aber das ist keine Verlagsfrage, sondern eine Veröffentlichungsfrage. Im Falle der Veröffentlichung der Studie, die die Gebrüder Gädeke geschrieben haben, müßte sich die Christengemeinschaft prinzipiell zur Veröffentlichung der Priesterzyklen entschließen.

W. W.: Obwohl ja die meisten Zitate aus den Priesterzyklen innerhalb der Gädeke-Studie schon anderweitig im Laufe der Jahrzehnte veröffentlicht worden sind …

J. Lenz: Sicher – aber an sich ist es eine Frage, die auch über die Kompetenz der Leitung der Christengemeinschaft hinausgeht. Es ist eine Frage, die an die Priesterschaft im ganzen gestellt ist und die noch nicht entschieden ist. Denn dem Prinzip nach wäre auch nur ein partielles Zitieren aus den Priesterzyklen die prinzipielle Zustimmung, daß veröffentlicht werden darf. Gädekes haben sich immer korrekt verhalten in der rechtlichen Frage.

Eine Rittelmeyer-Gesamtausgabe

W. W.: Warum gibt es im Urachhaus-Verlag keine Rittelmeyer-Gesamtausgabe?

J. Lenz: Wir bedauern sehr, daß bisher keine vorliegt. Allerdings erscheinen jetzt zunehmend Rittelmeyer-Werke – wie zum Beispiel gerade die Reden und Aufsätze zu den Ich-Bin-Worten im Johannesevangelium (Ich Bin, Stuttgart 1986) – und eine Gesamtausgabe wird vorbereitet.

W. W.: Mit allen Beiträgen, die von ihm vorliegen?

J. Lenz: Ob es eine vollständige Ausgabe oder nur eine umfassende Auswahl wird, das ist noch eine offene Frage. Es wird noch diskutiert, denn manches im Gesamtwerk Rittelmeyers ist so an die Zeit seiner Tätigkeit als evangelischer Pfarrer gebunden, daß sich schon die Frage erhebt, ob es für die Christengemeinschaft sinnvoll ist, das heute noch einmal herauszugeben. Auf jeden Fall wird es eine Ausgabe, die alles enthalten soll, was für die Gegenwart und Zukunft des Wirkens der Christengemeinschaft bei dieser führenden Gründerpersönlichkeit von objektiver Bedeutung ist.

Die Gespräche zwischen der Oberlenkung und dem Vorstand der Allgemeinen Anthroposophischen Gesellschaft

W. W.: Wie oft kommt die Oberlenkung mit dem Vorstand der Allgemeinen Anthroposophischen Gesellschaft zusammen, und worüber wird gesprochen?

J. Lenz: Die Gespräche finden dem jetzigen Stand nach jährlich mehrtägig statt: zwischen dem Siebenerkreis, dem Leitungsorgan der Christengemeinschaft, und dem aus sieben Persönlichkeiten bestehenden Vorstand der Allgemeinen Anthroposophischen Gesellschaft. Für jede dieser Sitzungen, die einmal im Rahmen der Christengemeinschaft, einmal in Dornach stattfinden – also es begegnen sich dann zwei selbstständige Bewegungen –, wird eine Traktandenliste aufgestellt, wird eine gemeinsame Grundlagenarbeit geleistet, und der Möglichkeit nach können sämtliche Fragen, die von vitalem Interesse für die beiden Bewegungen sind, behandelt werden.

W. W.: Welche Zukunftsmöglichkeiten sehen Sie in diesen Gesprächen?

J. Lenz: Ich meine, daß die Gespräche – was sie jetzt schon tun – darauf hinführen sollten, daß man sich als Vertreter beider Bewegungen in allen wesentlichen Fragen, die entweder das Schicksal und die Zukunftsaufgaben der anthroposophischen Arbeit oder das Schicksal und die Arbeit der Christengemeinschaft betreffen, austauscht, berät und wechselseitig fördert.

W. W.: So sind also auch die Probleme des Verhältnisses von Anthroposophischer Gesellschaft und Christengemeinschaft Gesprächsgegenstand?

J. Lenz: Selbstverständlich! Es ist das Gesprächsklima zur Zeit so, daß kein Thema ausgeklammert werden muß, das sich von der Sache her stellt.

W. W.: Kann es sein, daß die Lösung des Problems von Anthroposophischer Gesellschaft und Christengemeinschaft durch ihre Gespräche zu lange hinausgezögert wird?

J. Lenz: Es ist eine Frage, ob es Lösungen für immerwährende Zeiten gibt. Die Weisungsbefugnis des Vorstandes der Allgemeinen Anthroposophischen Gesellschaft den Landesgesellschaften und örtlichen Zweigen gegenüber ist ja auch nur in einem ganz begrenzten Raum gegeben; so wie die Lehrfreiheit innerhalb der Christengemeinschaft auch nicht durch die Leitung derselben beeinträchtigt werden kann. Ich persönlich meine auch, wenn Spannungen vorliegen, daß man diese nicht nur unter negativen Vorzeichen sehen sollte. Ich glaube, daß so, wie unter Persönlichkeiten ja auch Spannungen auftreten – die aber, wenn sie besprochen werden, einer Lösung entgegengeführt werden können –, notwendigerweise zwischen zwei Bewegungen dieser Art Spannungen auftreten müssen. Sie nicht zu wollen, wäre lebensfremd! Wichtig ist, daß beide Bewegungen im Gespräch sind und auf die Zukunft gerichtet, die nötigen Klärungen zu suchen gewillt sind. Und das ist zur Zeit der Fall.

Ausblick

W. W.: In welchen Ländern – würden Sie sagen – wird es die Christengemeinschaft im Jahre 2086 zusätzlich geben?

J. Lenz: Mein Herz brennt dafür, daß es im Jahr 2086 kein Land und kein Volk auf Erden mehr gibt, in dem nicht der neue Kultus wenigstens anfangsweise lebendig gehandhabt wird; obwohl ich mir auch wieder bewußt bin – angesichts der Weltlage heute –, daß dies eine utopische Hoffnung ist. – Immerhin gehen wir auf die Gründung in Australien, Neuseeland und Peru zu. Wir stellen uns jeder Frage, die aus der Welt an uns gerichtet wird, denn das Interesse und die Sehnsucht nach der Christengemeinschaft wächst von Jahrzehnt zu Jahrzehnt.

W. W.: Welches sind Ihre größten Sorgen für Gegenwart und Zukunft?

J. Lenz: Unsere größte Sorge ist der Nachwuchs der Priesterschaft, daß wir die Basis, auf der wir stehen und mit der wir wirken können, dringend verbreitern müssen. Hier stellt sich also auch die Frage: Wann ist der rechte Zeitpunkt, daß wir über die Priesterbildungsstätte in Stuttgart und die kleine Ausbildungsstätte in Leipzig hinaus die jetzigen Proseminare in England und Holland weiterentwickeln können?

W. W.: Also fort von der Zentralisierung der Ausbildung?

J. Lenz: Ja. Mit der Grundkonzeption, daß eines Tages selbstverständlich für jeden Sprach- und Kulturraum eigene Ausbildungsmethoden entwickelt werden müssen. Aber da steht das kleine Kräftepotential noch hemmend im Weg.

W. W.: Wie sieht Ihr Zukunftsbild der Christengemeinschaft im Jahre 2086 aus?

J. Lenz: Ich hoffe und vertraue darauf, daß die Christengemeinschaft durch ihre spirituelle Wirksamkeit einen objektiven Beitrag dazu leisten kann, daß die Gottheit, deren Auge auf der Menschheit ruht, diese für zukunftsfähig und überlebensfähig beurteilt und damit zwischen den Blöcken – in denen die Welt heute darinnensteht – ein Freiraum geschaffen wird, der einen aktiven Beitrag der Christengemeinschaft am Zukunftsschicksal der Menschheit selber einschließt. Daß zum Beispiel auch substantieller Friede aus der Gegenwart dessen heraus, der dem Wesen nach Liebe und Friede ist, ermöglicht wird.

Insofern glaube ich, trotz der Kleinheit der Christengemeinschaft, an ihre zukünftige Samenkraft und an die Qualität, die mit einer Minorität verbunden sein kann. Sie wird vermutlich nie in den einzelnen Ländern eine Volkskirche werden, wie man das üblicherweise mit den Konfessionskirchen verbindet, wohl aber bin ich sicher, daß sie eines Tages für die einzelnen Völker und deren Seelen und Geister von objektiver Bedeutung werden kann. Wer die Jahrtausendwende als ernste Frage und Anforderung erlebt, wie wir es tun, darf auch mit Hoffnung und Vertrauen in die Zukunft des dritten christlichen Jahrtausends blicken. Wenn jeder einzelne Christ durch die Kraft seines Bekennens und jede Gemeinde, die sich um den Altar schart, ein Strahlungszentrum aufbauender und heilender Kräfte wird, die Jesus Christus reichlich schenkt, ist die Zukunft auch für 2086 schon heute wirksam.

Aller Anfang ist schwer

EIN BRIEF AUS LEIPZIG

von S. S.

So sagt es schon ein altes Sprichwort, liebe Leserinnen und Leser der FLENSBURGER HEFTE. Und auch für mich ist der Beginn meines Briefes an Sie und für Sie der schwerste Teil desselben. Als begeisterter Leser der FLENSBURGER HEFTE möchte ich Ihnen heute ein wenig über die Situation der Christengemeinschaft in der DDR berichten. Als mir die Redaktion dies vorschlug, war ich zunächst etwas skeptisch – heute denke ich, daß es Sie auch interessieren wird, was hier geschieht, wie hier der «Stand der Dinge» ist. Zwei Erklärungen sind zu Beginn noch notwendig. Ich werde diesen Brief an Sie vorwiegend in der Ich-Form schreiben – doch stehen quasi hinter meinem Brief viele andere Menschen, für die die Arbeit und das Leben in der Christengemeinschaft Lebensinhalt und Herzensbedürfnis ist oder die erste, zarte Berührungen mit ihr haben. So zum Beispiel auch meine Familie, zu der neben meiner Frau Sonja auch vier Kinder gehören. Zum anderen erscheint dieser Brief ganz bewußt in der Neuauflage des Heftes 14 der FLENSBURGER HEFTE, da ich vor allem die Situation und Lage der Christengemeinschaft in der DDR näher «beleuchten» möchte. Dabei sollen auch Fragen aufgeworfen werden, die mich und andere Menschen sehr beschäftigen. So möchte ich Ihnen einen ganz kleinen Einblick in unser Leben hier vermitteln, dabei kann vieles nur angerissen werden. Sicher wäre ein Interview mit einem DDR-Pfarrer dahingehend erschöpfender, umfassender gewesen.

Ich bin 32 Jahre alt und von Beruf Agraringenieur. Nach meinem Studium der Pflanzenproduktion habe ich allerdings nie in diesem Beruf gearbeitet. Seit sechs Jahren arbeite ich nun schon als praktizierender Gärtner, die letzten drei Jahre davon in einer privaten Erwerbsgärtnerei. Nach diesen sechs Jahren weiß ich nun auch, daß ich mein ganzes Leben lang Gärtner sein möchte; wobei es ein großer Wunsch ist, später einen eigenen biologisch-dynamischen Betrieb aufzubauen.

Bekannt mit der Christengemeinschaft wurden meine Frau und ich durch unsere Mitarbeit in der «DDR-Ökoszene», wo wir auf Menschen trafen, die bereits in einer Gemeinde der Christengemeinschaft verkehrten. Das war vor rund fünf Jahren. Ich verhielt mich am Anfang sehr reserviert – meine Frau mußte mich anläßlich eines Sonntagsspazierganges regelrecht in die neue Kirche der Leipziger Gemeinde zerren –, dafür zündete der Funke später um so mehr. Dabei blieb es natürlich nicht aus, daß wir mit der Anthroposophie in Berührung kamen. Beide, Christengemeinschaft und Anthroposophie, haben in dieser Zeit unser Leben verändert, haben uns vieles Neue erfahren lassen, unseren «Horizont» beträchtlich erweitert.

Auch in der DDR, und dies muß hier aus verschiedenen Gründen betont werden, ist die Christengemeinschaft kein Träger anthroposophischer Arbeit und anthroposophischer Initiativen. Auch hier bestehen Probleme zwischen Menschen, die in der Christengemeinschaft mitwirken sowie Anthroposophen, die die Christengemeinschaft nicht als ihren Weg betrachten. Wir persönlich kommen mit diesen Problemen und dieser Trennung gut zurecht – in dem Sinne, daß wir sie gar nicht in dem Maße spüren, wie sie andere Menschen betrachten und erleben. Wir konnten noch nichts Negatives dabei erfahren. Und ich wage zu sagen, daß diese Probleme und «derzeitigen Spannungen» – wie es J. Lenz im Interview ausdrückt – sicher einmal geklärt werden können. Wie ich ebenso zu behaupten wage, daß ein religiöses Leben in der Christengemeinschaft in Zukunft nicht mehr ohne Anthroposophie auskommen und denkbar sein wird.

Wir haben das Glück, in Leipzig zu wohnen und damit auf die zweitgrößte und eine sehr aktive Gemeinde in der DDR getroffen zu sein. Was die Aktivitäten betrifft, so sei ein kleiner Einblick in das Januar-Programm 1988 gestattet:

03.01. (zweimal) und 06.01 (einmal) Aufführung des Dreikönigspieles

08.01. festlicher Gemeindeabend zum Jahresbeginn

15.01., 22.01. und 29.01. eine dreiteilige Vortragsreihe «Heilung der Sündenkrankheit», gehalten von Pfarrern der Leipziger Gemeinde

05.01. Eltern- und Patenabend «Die Hexen im Märchen»

12.01. und 19.01. zwei Vorträge über Hermann Beckh

24.01. wie jeden Monat einmal «Mitglieder und Freunde musizieren» im Januar: Franz Schubert «Die Winterreise»

26.01. Vortrag zu T. Aitmatows Buch «Die Richtstatt»

17.01. «Frau Holle» – Handpuppenspiel (zwei Vorstellungen)

23.01. Dreikönigsfest der Kinder

Soweit das vielfältige und interessante Angebot der Leipziger Gemeinde in einem Monat. Vorträge werden bis auf Ausnahmen zweimal und vorwiegend von Pfarrern und Mitgliedern der Gemeinde, aber auch von Gästen gehalten. Zum Monatsprogramm gehören ferner je einmal pro Woche: Chor, Stricken, Jugendkreis, Vorschulkreis, Bastelkreis, Spielerkreis und ein Kurs zu den Themen des Alten oder Neuen Testamentes. Oft ist es so, daß man nicht weiß, woher man die Zeit für so viele interessante und anregende Dinge nehmen soll. Kommen dann noch zusätzlich und kurzfristig Gäste, so auch aus der BRD, dann wird die Situation schon schwierig – für die Mitarbeiter der Gemeinde, wie für die Besucher.

Also, wie schon gesagt, ein Glücksumstand in Leipzig sein zu dürfen! Die Leipziger Gemeinde hat zur Zeit 241 Mitglieder und vielleicht zehnmal so viele Freunde, die mehr oder weniger ein- und ausgehen. In Letzterem liegt also auch noch viel Zukünftiges für die Gemeinde «in der Luft». Schon heute könnte unsere Gemeinde eine Filial-Gemeinde in der Stadt gebrauchen. Manches Mal scheinen Gemeindehaus und Kirche zu bersten, eine Verlagerung mancher Schwerpunkte in der Arbeit der Gemeinde wäre wünschenswert.

Apropos Kirchen der Christengemeinschaft in der DDR. Die Leipziger Kirche ist noch relativ neu, wurde 1982 eingeweiht. In Berlin, Karl-Marx-Stadt und Rostock wird es in den nächsten Jahren neue Kirchen geben. Und dies nur Dank der Spenden der Freunde aus dem «Westen», das sollte man nicht vergessen.

Seit fast fünf Jahren gehen auch meine Frau, unsere Kinder und ich in der Leipziger Gemeinde ein und aus. Was wir dort bisher lernen und erfahren durften (und sicher auch noch werden dürfen), dafür sind wir sehr dankbar! Unser Leben hat sich dadurch geändert. Seit März 1987 sind wir nun auch Mitglieder in der Christengemeinschaft – ein Schritt, der uns aus verschiedenen Gründen nötig erschien und den wir auch bewußt getan haben. Natürlich haben wir auch heute noch unsere Probleme (einen treffenderen Ausdruck finde ich jetzt nicht) mit dem religiösen Leben. Doch kann dies sowieso nur ein langer, vielleicht über dieses Leben reichender Prozeß der Entwicklung sein.

Ehe ich nun zu spezielleren Fragen komme, möchte ich Ihnen noch ein wenig über die Geschichte der Christengemeinschaft in der DDR berichten. Die Arbeit der Christengemeinschaft begann gleich wieder 1945 – damals noch in der Sowjetischen Besatzungszone (SBZ). Die Möglichkeiten eines Neubeginnes waren gegeben, und nicht zu vergessen sei, daß dieser Neubeginn in Mitteleuropa praktisch aus dem Nichts erfolgen mußte. Heute bestehen Gemeinden der Christengemeinschaft in Berlin, Rostock, Stralsund, Magdeburg, Schwerin, Leipzig, Halle, Dresden, Karl-Marx-Stadt, Görlitz, Zwickau, Gera, Jena, Weimar, Naumburg, Erfurt, Sonneberg und Eisenach. Dazu kommen einige kleinere Filial-Gemeinden, so zum Beispiel in Altenburg, Wernigerode und Annaberg. In Sonneberg gibt es ein Altersheim der Christengemeinschaft, in Dresden steht ein großes Altersheim vor der Vollendung. In Hauteroda (Bezirk Halle) entstand ein Rüstzeitenheim «Haus auf dem Berge» (seit 1970) und seit 1975 existiert im gleichen Ort auch ein heilpädagogisches Heim. Dies alles ist auch Ausdruck dafür, daß innerhalb der Christengemeinschaft in der DDR in den letzten Jahren eine noch bescheidene, aber durchaus schon kraftvolle Sozialarbeit aufgebaut wurde, welche in den nächsten Jahren und Jahrzehnten sicher auch wachsen wird.

Zum Verhältnis der Christengemeinschaft gegenüber dem Staat möchte ich an dieser Stelle Gerhart Palmer, einen Leipziger Pfarrer, zitieren: «Das Verhältnis zu den sich in der DDR herausbildenden sozialistischen Machtverhältnissen gestaltete sich unter dem Eindruck des Wortes ‹Gebt dem Kaiser, was des Kaisers ist, und Gott, was Gottes ist!›. Es entspricht dem Charakter der Christengemeinschaft als einer im christlichen und geistigen Leben progressiv wirkenden Bewegung, nicht in Opposition zu stehen, sondern aus ihrem Aufgabengebiet heraus positiv in das Ganze, in dem sie steht, einzuwirken. Eine solche Haltung war den tragenden Mitarbeitern von Anfang an selbstverständlich und schlug sich darinnen nieder, daß aus dem oben genannten Worte des Christus die soziale Konsequenz gezogen wurde, die in der Trennung von Staat und Kirche besteht.»[1] Und etwas weiter unten sagt G. Palmer: «Da auch von Seiten des Marxismus die Trennung von Staat und Kirche gefordert wird – und sie wird ja auch in der DDR praktiziert –, gab es von vornherein bei vielen Fragen keinerlei Gegensätze.»[2]

Zwischen Staatsorganen und Christengemeinschaft gibt es vielfältige Kontakte, Begegnungen und Gespräche – zumindest auf Stadt- und Bezirksebene. Zur Regierungsebene – in der DDR gibt es einen Staatssekretär für Kirchenfragen – gibt es auch Kontakte. Die Beziehungen zwischen Staat und Kirchen haben sich generell in den letzten Jahren verbessert – so auch zur Christengemeinschaft. Gerhart Palmer sagt: «Es besteht die berechtigte Hoffnung, daß das, was jetzt gut ist, zum 50. Geburtstag (der DDR; d. Red.) noch besser sein wird.»[3] Reserven in der Zusammenarbeit von Staat und Christengemeinschaft gibt es sicher ebenso viele – so zum Beispiel «in der Erschließung seelsorgerlicher Erfahrungen in größerem Stile»[4] –, wie es Punkte gibt, bei denen immer Differenzen bestehen bleiben werden. Letzteres gilt für alle Kirchen und sicher nicht nur für sozialistische Staaten.

In das kulturelle Leben einer Stadt wirkt natürlich solch eine Gemeinde wie die Leipziger auch hinein (siehe Monatsprogramm). In der Leipziger Gemeinde ist es die Kirchenmusik, die besonders gepflegt wird. Johannes Weyrauchs kirchenmusikalisches Schaffen ist weitbekannt und seine Lehrtätigkeit an der staatlichen Musikhochschule wurde auch vom Staat geschätzt und geehrt. Heute ist es vor allem Prof. Siegfried Thiele, der als Komponist in den sozialistischen Ländern wie auch im «Westen» weitbekannt ist.

Im vorigen Jahr konnte die Christengemeinschaft, nachdem in den letzten Jahren einige kleine Broschüren erscheinen durften, zum ersten Male auch ein «richtiges Buch» drucken lassen und herausgeben: Rudolf Frielings «Christentum und Wiederverkörperung». Nun besteht gar die Möglichkeit Emil Bocks Übersetzung des Neuen Testamentes hier drucken zu lassen. Dafür benötigen wir aber nicht weniger als 60 000 Mark. Ob wir das schaffen werden? –Hier, am Ende meines kleinen Einblickes in die Geschichte der Christengemeinschaft in der DDR, aber dennoch nicht zuletzt, sei erwähnt, daß Leipzig das Priesterseminar, die Ausbildungsstätte der zukünftigen Pfarrer, beheimatet.

Damit möchte ich diesen Teil meines Berichtes abschließen. Es gäbe eine Unmenge mehr zu erzählen, so zum Beispiel über das Verhältnis der anderen Kirchen in der DDR zur Christengemeinschaft. Vielleicht kann dies einmal zu einem späteren Zeitpunkt fortgesetzt werden? Der zweite Teil meines Briefes an Sie soll sich mit einigen Fragen beschäftigen, die sich aus meiner und unserer Berührung mit der Christengemeinschaft und der späteren Mitgliedschaft ergeben haben. Dabei möchte ich von rein persönlichen Eindrücken ausgehen, um dann zum Größeren, Ganzen überzugehen.

Schon bald nachdem wir mit der Christengemeinschaft in Berührung kamen, bemerkten wir, daß wir mit vielen der dort ein- und ausgehenden Menschen «irgendwie» nicht zurechtkamen, sie «irgendwie anders» waren. Dies bemerkten wir zuerst an lapidaren Äußerlichkeiten, dann auch an einer bestimmten (oft «abgehobenen») Sprache. Natürlich ein rein subjektiver Eindruck – und vielleicht ging es umgekehrt anderen mit uns genauso? Beachtet haben wir das nicht weiter und meinten, daß wird sich schon geben. Einige Eindrücke blieben aber bis heute, haben sich eher noch verstärkt und die Fragen «Wieso?», «Warum?» wurden innerlich lauter. Zur letzten Priesterweihe im September 1987, mit vielen Gästen (Oberlenkung, Siebener-Kreis, einige Lenker), brachen dann die Fragen nach außen. Auch sah ich plötzlich eine frühere, mir bekannte Diakonin vor mir, die zu mir sagte, als sie hörte, daß ich «dort» verkehren würde: «In die CG gehen nur die Bürgerlichen, der Plebs geht in die Kirche!». Ganz schamlos hatte sie das gesagt, wobei sie scheinbar nicht wußte, was sie da sagte. Mit «Plebs» meinte sie Arbeiter und andere Werktätige. Und beachtet hat sie dabei ebenso wenig, daß man in anderen Kirchen auch kaum noch «Plebs» antrifft. Trotz allem – *das* war es, und meine Fragen formulierten sich dann von selbst: Wie sieht es in der Christengemeinschaft mit den Werktätigen – den Arbeitern, den Handwerkern, den Bauern aus? Gibt es solche überhaupt in den Gemeinden, überhaupt im Leben der Christengemeinschaft? Wieviele sind es? Wird das Problem der Arbeiterschaft (oder der «einfacheren Gemüter») in der Christengemeinschaft als Problem gesehen? Was kann getan werden, um an diese Arbeiterschaft heranzukommen? Und ich sah elegant gekleidete Damen und Herren, hörte wieder diese unverwechselbare Sprache –und fragte mich bestürzt: Was ist hier los? Wie kann das sein? Am letzten Tag der Priesterweihe habe ich mich dann sofort hingesetzt und an die Oberlenkung in Stuttgart einen sehr langen und auch sehr offenen (ich hoffe, nicht unverschämten?) Brief geschrieben.

Nun möchte ich einmal kurz dazwischenwerfen, daß ich ein «echtes Arbeiterkind» und heute ja quasi ein «zurückgekehrter Arbeiter» bin. Ich kenne aus meiner Kindheit all die mißlichen Umstände der ewigen Geld- und anderer Sorgen, den daraus oft resultierenden Streit der Eltern usw. Und wenn ich heute denke, spreche und handle, dann denke ich auch noch wie ein Arbeiter, kann noch in deren Jargon reden und versuche, sie auch in meinem Tun und Lassen zu berücksichtigen.

Wo also ist die Arbeiterschaft, wo sind die «einfacheren Gemüter» in der Christengemeinschaft? Denn für diese war doch auch, vielleicht sogar vor allem, die Christengemeinschaft begründet worden – so habe ich jedenfalls die Aussagen Rudolf Steiners verstanden. Diese meine Fragen stellte ich also der Oberlenkung und inzwischen auch einigen anderen Pfarrern. Für mich und vielleicht auch für viele andere Menschen stellt sich hier ein ganz entscheidendes – vielleicht das entscheidenste – Zukunftsproblem für die weitere Entwicklung der Christengemeinschaft bzw. der anthroposophischen Bewegung überhaupt.

Dabei muß man natürlich einiges berücksichtigen. Man darf auf keinen Fall pauschal aburteilen und verallgemeinern. Der Arbeiter von heute ist überhaupt nicht mehr der, den es zum Beispiel zu Steiners Zeiten an der Arbeiterbildungsschule noch gab. Der heutige Arbeiter verdient gut bis sehr gut und hat den Hang zur Verbürgerlichung. Der heutige Arbeiter hat kaum noch Interessen, außer «Fressen, Saufen und Geldverdienen» – so sprach es mir gegenüber ganz unverblümt ein Pfarrer aus. Man kann diese überspitzte Meinung aber oft «draußen im Leben» bestätigt finden. Der Arbeiter hier und heute strebt nach einem Leben, das er zum Beispiel tagtäglich aus ARD und ZDF entgegennimmt – ein Leben, welches keines ist. Mittlerweile hat man dies auch hier sehr gut erkannnt, wie man mit einer schnelleren Übernahme westlicher Lebensweisen vieles gut «abpuffern» kann. Wir haben da unheimlich – im wahrsten Sinne des Wortes – aufgeholt in den letzten Jahren. Die Seelen der Menschen werden zugeschüttet und zugenagelt mit verführerischen Konsumwaren, mit billigster Unterhaltung – so wird 1988 auch in unseren Kinos zum Beispiel «E.T.» zu sehen sein. Aber wem sage ich das? Sie wissen ja bestens Bescheid. «Funken eines wahrhaftigen Geist-Erlebens können weder herein- noch herausgelassen werden», so sagte es mir ein Pfarrer aus der BRD, in dessen Gemeinde – nebenbei gesagt – sich auch nur ein «Vorzeige-Proletarier» unter 100 Mitgliedern befindet.

Johannes Lenz hat es im Interview anklingen lassen und hat es mir auch geschrieben, daß die Frage nach den Arbeitern ganz wichtig sei. Hans-Werner Schroeder bestätigte mir in einer Antwort, daß für ihn diese Fragen auch brennende Fragen seien. (Beide Herren mögen mir bitte verzeihen, wenn ich hier ohne ihre Erlaubnis etwas über ihre Briefe berichte.) Im weiteren gab mir Hans-Werner Schroeder recht, daß man im Bereich der Christengemeinschaft dafür ein deutliches Problembewußtsein vermissen könne und man zunächst andere Schichten angesprochen habe. Vielleicht liegt *eine* Erklärung darin, daß das religiöse Leben, wie es die Christengemeinschaft auffasst, doch einen durchaus komplizierten geistigen Hintergrund hat. Diesen müßte man nun versuchen, zukünftig in einfachere, unmittelbar religiöse Formen umzusetzen. Also ein Weg vom Komplizierten, Anspruchsvollen zum Einfachen, direkt religiös Wirkenden. Betonen möchte ich dabei aber unbedingt, daß dies nicht heißen kann und darf, daß man als Gesunder auf Krücken zu einem Kranken geht – sinnbildlich gesprochen.

Im Interview mit Johannes Lenz klingt auch an, daß es vielleicht an der Sprache der Christengemeinschaft – und meiner Meinung nach auch vieler Anthroposophen – liegen könnte, daß viele potentiell interessierte Menschen heute (noch) nicht erreicht werden. Seit Steiners Zeiten hat sich die Sprache geändert – und mit ihr auch die Menschen. Viele Anthroposophen sind zum Beispiel der Meinung, daß man diese geistigen Inhalte heute kaum oder gar nicht «übersetzen» kann. Aber was nützt es, wenn einer Rudolf Steiner-Texte auswendig hersagen kann und er die heutige Zeit nicht mit einbezieht sowie die vielen Veränderungen, die in diesen sechziger, siebziger oder achtziger Jahren vonstatten gegangen sind? Ich frage mich da ganz ernsthaft: Kann man vieles nicht einfacher und damit verständlicher formulieren? Natürlich auch unter Berücksichtigung des obigen Sinnbildes.

Alle Pfarrer, die ich bisher sprach, waren sich einig in der Meinung, daß in bezug auf die Arbeiterschaft in der Christengemeinschaft etwas passieren muß. Die Erfahrungen hiesiger Pfarrer, Arbeiter etwa durch spezielle Vorträge zu erreichen, waren bisher ausnahmslos negativ. Hier wäre ein reger Gedanken- und Erfahrungsaustausch sehr zu wünschen! Alle Pfarrer sind sich ebenso einig darin, daß es momentan wohl nur eine Möglichkeit gibt, auch Arbeiter zu erreichen: durch private Kontakte. Auch ich stimme dieser Meinung heute zu, da ich zu meinen eigenen Fragen auch noch keine befriedigenden Antworten weiß. Hier in der DDR ist dieser Punkt der privaten Kontakte sicher noch etwas extremer und daher auch langwieriger. Können wir doch nicht einfach mal so in eine anthroposophische Einrichtung hereinschauen. Hier ist es, von wenigen Ausnahmen abgesehen, vor allem die Christengemeinschaft – und Kirche stößt heute viele Menschen ab, mit Kirche können viele Menschen nichts anfangen.

Vor allem also private Kontakte. Unter den hiesigen Bedingungen, den familiären Konstellationen usw., könnte man glatt einen Beruf daraus machen, um diese Kontakte gedeihlich zu entwickeln und zu pflegen. Es sollte dabei aber nie darum gehen, jemanden von etwas überzeugen zu wollen. Da habe ich zu Beginn meiner Christengemeinschafts- und anthroposophischen Berührungen viel Lehrgeld zahlen dürfen. Es ist also sehr verschieden und immer etwas anderes, wie man einzelnen Menschen mit der Christengemeinschaft oder der Anthroposophie kommen kann – oder auch nicht. Und oft bemerkt man auch, daß Menschen in ihrem jetzigen Leben noch nicht zu beiden gelangen können.

Soweit vielleicht. Nun überlege ich schon langsam, ob ich mich Ihnen habe verständlich machen können. Ich bin gespannt auf Gegenreaktionen! Eines möchte ich aber dennoch sagen: Mittlerweile glaube ich – und einige im «Westen» sprechen das auch schon aus –, daß Sie im «Westen» einiges vom «Osten» lernen könnten. Das soll keine Überheblichkeit sein. Noch sind wir nicht total überflutet von Konsum, Medien usw. Noch leben wir etwas bescheidener. Auch ist man hier durchaus nicht immer so erpicht darauf, daß alles der Staat für unsereins übernehmen soll – wie das zum Beispiel in Schweden in seiner krassesten Form auftritt. Und was gegenwärtig zum Beispiel in Polen (was die anthroposophische Arbeit betrifft) oder in der UdSSR (politisch) geschieht, darauf sollten auch Sie im Westen wachsam schauen und hören – aber wenn möglich nicht mit den Augen und Ohren Ihrer Medien *und* ohne gleich Wunder zu erwarten. Aller Anfang ist schwer, so überschrieb ich meinen Brief an Sie. Die Entwicklung der Christengemeinschaft hier in der DDR – wie auch bzw. erst recht die anthroposophische Arbeit ist noch jung an Jahren und deshalb oft auch noch etwas frischer und unverkrampfter als im «Westen».

Um noch einmal auf Kontakte zurückzukommen: Viele Menschen, viele Familien hier wären an Kontakten mit Ihnen, mit Euch interessiert. Wenn man sich nun auf höchster Ebene deutsch-deutsch trifft, wenn es inzwischen Städtepartnerschaften gibt, warum schließen wir dann nicht auch «christengemeinschaftliche» oder «anthroposophische Patenschaften» zwischen Ihnen, Euch und uns? Darinnen läge auch sehr viel Zukünftiges, denken wir nur einmal an unsere Kinder, die dann in zehn, in zwanzig Jahren groß sein werden.

Und damit möchte ich meinen/unseren Brief beenden. Noch einmal möchte ich der Hoffnung Ausdruck verleihen, Ihnen mit meinen Brief-Bericht etwas gegeben zu haben. Über Meinungen, Anfragen usw. würden wir uns sehr freuen! Anschrift bei der Redaktion. Abschließen möchte ich diesen Bericht mit einem letzten Seufzer – der in diesem Falle von W. Gogol stammt: «Man sät aus, wie es sich gehört, aber dann geht etwas auf, von dem man überhaupt nicht weiß, was es ist: Wassermelone? Nein, keine Wassermelone. Kürbis? Nein, kein Kürbis. Gurke? Nein, keine Gurke … Weiß der Teufel, was das ist!»

Literatur:

1) – 4); Gerhart Palmer: Zur Begründung der Christengemeinschaft. in: Die Christengemeinschaft – Von ihrer Begründung und ihren Aufgaben. Unions Verlag, Ostberlin 1985, 4. Aufl.

Das Rechtsleben werte nicht gering

INTERVIEW MIT EKBERT LASCH

von Klaus-Dieter Neumann

Ekbert Lasch

Ekbert Lasch, *Jahrgang 1934. Nach dem Abitur Studium der Germanistik und Philosophie in Berlin. Besuch des Priesterseminars in Stuttgart. Seit 1957 Pfarrer der Christengemeinschaft in Frankfurt, München und Stuttgart. Seit 1984 mitverantwortlich für die Finanzverwaltung der Christengemeinschaft im Rahmen des Körperschaftsverbandes und der Foundation The Christian Community (international).*

Das Gedeihen einer jeglichen Einrichtung, sei es im Wirtschafts- oder Geistesleben, hängt immer von den individuellen Fähigkeiten der Menschen ab, die in dieser tätig sind. Entscheidend sind die geistigen Inhalte und Impulse, die sich durch die Arbeit verwirklichen und in der freien Entfaltung der individuellen Fähigkeiten zum Tragen kommen. Daß auch eine Einrichtung des Geisteslebens eines gesunden wirtschaftlichen Fundamentes bedarf, um im sozialen und kulturellen Leben wirksam werden zu können, steht ebenso außer Frage, wie die Notwendigkeit einer rechtlichen Verfassung, durch die die Rechtsbeziehungen zur sozialen Umwelt und den Behörden geregelt werden, wenn auch letzteres meist nur als notwendiges Übel angesehen wird. Ein tief verwurzeltes Unbehagen, genährt durch Erfahrungen mit dem anonymen Formalismus der Bürokratie, ist auch oftmals festzustellen, wenn es um die konkrete und bewußte Ausgestaltung der sozialen Struktur in einer Einrichtung selbst geht. Während das Rechtsleben in der Bürokratie zur verselbständigten, leeren Form neigt, finden sich insbesondere in Einrichtungen des Geisteslebens oft Formverwahrlosungen in ihrer rechtlichen Sozialstruktur, die meist nur ungenügend bewußt ergriffen ist. Die geistigen Impulse und Zielsetzungen, denen eine Einrichtung dient, können ihre volle Wirksamkeit jedoch erst entfalten, wenn sie auch die Sozialstruktur dieser Einrichtung durchdringen. Auch gelingt das menschliche Miteinander und die Zusammenarbeit innerhalb der Einrichtung umso mehr, je klarer diese Rechtssphäre bewußt ergriffen und mitgestaltet ist.

Um ein erstes Verständnis der Rechtsgrundlagen des Gemeindelebens in der Christengemeinschaft geht es in dem folgenden Interview mit Ekbert Lasch. Durch Beispiele aus der Satzung und dem Gemeindeleben ist eine Anregung gegeben, sich eingehender mit dieser Rechtssphäre zu befassen und daraus einen Gewinn für das konkrete Gemeindeleben zu ziehen. Auch hier sei betont, daß Ekbert Lasch keine offiziellen Verlautbarungen im Sinne einer Lehrmeinung wiedergibt, sondern ganz aus seiner individuellen Erkenntnisbemühung spricht.

«Willst du im Unendlichen dich finden, mußt erst unterscheiden, dann verbinden» (Goethe)

Klaus-Dieter Neumann: Durch das Studium der Satzung der Gemeinden der Christengemeinschaft und der Verfassung der Körperschaft – in ihrer jeweiligen Gültigkeit für Schleswig-Holstein – sind in mir einige Fragen angeregt worden, und zwar immer im Hinblick auf das ganz praktische Gemeindeleben. Zunächst einmal etwas Grundsätzliches: In der Satzung der Gemeinden heißt es unter Paragraph 1, Abs. 2: «Die Gemeinde verwaltet ihre rechtlichen und wirtschaftlichen Angelegenheiten gemäß dieser Satzung und den Richtlinien der Körperschaft selbst.» Ist es richtig, daß demzufolge die geistigen Angelegenheiten von dieser Satzung überhaupt nicht berührt werden?

Ekbert Lasch: Ja, das ist völlig getrennt. Das geht auch bereits aus der Verfassung der Christengemeinschaft als Körperschaft des öffentlichen Rechts hervor, daß wir immer versuchen, zwischen der «geistlichen Leitung» – das ist nur ein Hilfsbegriff – und der verwaltenden Leitung als Vertretung nach außen hin zu trennen. Im «geistlichen» Sinne sind wir nach diesem Verständnis *Priester* und nach außen hin *Pfarrer.* Hier kommt also auch schon ein gewisser Unterschied zum Vorschein, der seinen Ausgangspunkt im sakramentalen Geschehen selbst hat: Im letzten Akt der Priesterweihe erfolgt die Amtsübertragung durch die Barettübergabe. Damit wird der Betreffende nach dem Empfang der Priesterweihe auch Repräsentant nach außen hin und in den sozialen Zusammenhang der Gemeinden eingefügt. Was so in der sakramentalen Handhabung lebt, wirkt sich bis in die Rechtsverhältnisse aus und ist in den entsprechenden Satzungen beschrieben.

K.-D.N.: Dies findet seinen Niederschlag in der Verfassung der Körperschaft, wenn es dort heißt, daß die geistliche Leitung der Christengemeinschaft den Oberlenkern, Lenkern und Pfarrern obliege, und weiter, daß sie nicht an Weisungen der Gemeinden oder der Körperschaften gebunden seien.

E. Lasch: Jedenfalls nicht im Hinblick auf geistige – wie ich es jetzt auch nennen will – Angelegenheiten, das sind kultisch-sakramentale Dinge. Die Weisungsunabhängigkeit bezieht sich nur auf diese geistlichen, den Kultus betreffenden Angelegenheiten und alles, was damit zusammenhängt. Die Pfarrer, Lenker und Oberlenker können selbstverständlich nicht alles bestimmen!

Wenn Sie es konkreter wollen: Es bezieht sich auf den Vollzug der Sakramente. Da können die Gemeinden nicht mitreden, denn das verwalten die Pfarrer, die dafür eine hierarchische Ordnung haben. Diese hierarchische Gliederung in der Pfarrerschaft sollte jedoch nicht in der Weise nach außen wirken, daß zum Beispiel der Lenker den Gemeinden Anweisungen gibt, die über das Kultisch-Sakramentale hinausgehen. Er ist nicht eine Aufsichtsperson für das Gemeindeleben, wie etwa ein Schulrat für seinen Schulbezirk. Da muß man immer genau auf das hinschauen, was im Moment gemeint ist; denn wir haben keine spirituelle, sondern eine interne Verwaltungshierarchie in der Pfarrerschaft.

K.-D. N.: Demnach ist auch der Pfarrer nicht der Weisende?

E. Lasch: Richtig; jedenfalls insofern es nicht kultische Dinge betrifft. Die kann der Pfarrer zwar auch nicht alleine entscheiden – da ist er eingebunden in die Priesterschaft –, aber die Gemeinde kann ihm diesbezüglich auch keine Vorschriften machen.

Obwohl die verschiedenen Bereiche voneinander abzugrenzen sind, gibt es allerdings auch fließende Übergänge. Denn wie zum Beispiel eine Kirche gebaut werden muß, hängt eng mit dem Kultus zusammen. Die Bauweise der Kirche muß dem Kultus entsprechen, und insofern ist dies bis zu einem gewissen Grad auch eine geistliche Angelegenheit. Auf der anderen Seite muß der Bau aber auch bezahlt werden und ist über die rechtlichen Dinge bis hin zum Bebauungsplan, der Durchführung usw. auch eine rein äußere Angelegenheit. Da wird also nicht nur von der Gemeinde mitbestimmt, sondern auch – weit über die Gemeinde hinaus – von den öffentlichen Behörden. In der Praxis müssen sich diese zu unterscheidenden Bereiche – gewissermaßen Polaritäten – immer wieder gegenseitig ergänzen und durchdringen. Es sind Lebensprozesse, die ständig neu lebendig bedacht werden müssen, unter Berücksichtigung der konstitutionellen Ausgangspunkte, die unverzichtbar sind.

K.-D. N.: Habe ich Sie richtig verstanden, daß sich der Begriff «geistliche Leitung» ausschließlich auf den Bereich bezieht, der mit dem Vollzug der Sakramente zusammenhängt?

E. Lasch: Ja, er bezieht sich nur auf den rituellen und kultischen Bereich, nicht jedoch auf den Lehrbereich. Hier ist der Pfarrer und auch jedes Gemeindemitglied frei. Im Lehrbereich wird gar nichts geregelt, da herrscht Lehrfreiheit; in der Christengemeinschaft kann es keine Dogmen geben.

K.-D. N.: Es herrschen Lehrfreiheit und Glaubensfreiheit.

E. Lasch: Absolut!

«Der Pfarrer ist kein Kindergärtner» – Eigenständige Rechtsträger für gesonderte Einrichtungen

K.-D.N.: Nachdem wir nun darauf geschaut haben, daß einerseits die rechtlichen und wirtschaftlichen Angelegenheiten von der Gemeinde auf der Grundlage ihrer Satzung selbstverwaltet werden und daß andererseits die geistliche Leitung sich nur auf den kultischen und sakramentalen Bereich bezieht, ist es nun die Frage, ob es nicht noch einen geistigen Bereich der Gemeindebildung oder des Gemeindelebens überhaupt gibt, der von dem bisher Besprochenen noch nicht berührt worden ist.

E. Lasch: Nennen Sie einmal einige praktische Beispiele.

K.-D.N.: Also, es leben vielleicht bestimmte Impulse oder Initiativen in einer Gemeinde auf. Da ist natürlich vieles denkbar: Vielleicht besteht zum Beispiel der Wunsch, einen Tag der offenen Tür für die Öffentlichkeit durchzuführen, oder eine andere Kirchengemeinde, sei sie evangelisch oder katholisch, zu einem gemeinsamen Abend einzuladen und über ein Thema zu sprechen. Oder wie verhält es sich mit der Begründung eines Kindergartens oder der Durchführung eines Jugendprojektes?

E. Lasch: Besonders die beiden letztgenannten Beispiele sind ja interessant. Denn es ist die Frage, ob das dann noch von der Christengemeinschaft als Institution zu verantworten ist. Da muß man immer aufpassen, daß man die Christengemeinschaft nicht in eine institutionelle Pflicht nimmt, denn das geht eigentlich nicht, das widerspricht ihrem innersten Wesen. Meiner Ansicht nach ist ein Kindergarten oder ein Jugendheim in der Christengemeinschaft gar nicht möglich.

K.-D.N.: Aber die gibt es!

E. Lasch: Ja, das stimmt – so wie es auch Kindergärten der evangelischen oder katholischen Kirche gibt. Da haben wir gewissermaßen einfach im Schema des Althergebrachten weitergemacht. Aber mir ist es zumindest die Frage, ob es so schon das Richtige ist. Denn wir sollten immer so wirken, daß wir diejenigen, die einen Kindergarten begründen und betreiben wollen, aus dem Religiösen heraus anregen, es auch aus diesen christlichen Beweggründen zu tun und diese in alle Lebensbereiche einzubringen. Aber es kann dann nur der Kindergarten derjenigen sein, die es auch machen! Das heißt diejenigen, die den Kindergarten wollen, die Kindergärtnerin, die Eltern usw., müssen ihn auch rechtlich und existenziell nach außen tragen. Da kann die Christengemeinschaft nicht bestimmen, wie der Kindergarten zu führen ist. Schließlich ist doch der Pfarrer kein Kindergärtner. Das würde ich als eine Kompetenzüberschreitung ansehen. In unserem Zusammenhang kommt es immer darauf an, daß die Initiativkraft einer Einrichtung durch alle Bereiche hindurch an eine oder mehrere Persönlichkeiten und nicht an eine Institution anknüpft.

K.-D.N.: Sie meinen, man müßte also einen Kindergarten in einen gesonderten Rechtsträger ausgliedern?

E. Lasch: Ja, nehmen wir noch ein anderes Beispiel: Unter Umständen regen wir die Mitglieder durch den Kultus und die Sakramente an – vor allen Dingen vielleicht durch die Taufe –, den Entschluß zur Gründung einer Waldorfschule zu fassen. Dann wird das ja auch keine Waldorfschule der Christengemeinschaft! An vielen Orten ist es so gewesen, daß der Kern der Gründungswilligen einer Waldorfschule aktive

Mitglieder der Christengemeinschaft waren. Trotzdem wäre keiner auf die Idee gekommen zu sagen: «Das ist eine Waldorfschule der Christengemeinschaft.» Das wäre doch unsinnig!

Beschränkung auf das Wesentliche

Die Menschen befriedigen ihr religiöses Bedürfnis in der Christengemeinschaft als ihre Privatsache oder besser: als ihre ureigene Angelegenheit. Deswegen muß sich die Christengemeinschaft wirklich auf dasjenige beschränken, was ihr Hauptanliegen ist, und die Menschen so impulsieren, so im Individuellen und Religiösen ansprechen, daß sie möglichst viele ihrer Fähigkeiten in einem neuen Sinne auf vielen Lebensgebieten einbringen. Aber sobald das auf nicht ausschließlich religiösem Gebiet sozial wirksam wird, muß sich das eigenständig organisieren und selbst verwalten, vor allem auch bis hin zu allen finanziellen Konsequenzen.

K.-D.N.: Würden Sie das auch bezogen auf Altersheime so sagen, von denen es auch einige in der Christengemeinschaft gibt?

E. Lasch: Ja, denn auch diese sind genau nach dem alten Schema entstanden. Selbst wenn ein Altersheim von unserem Sozialwerk getragen ist, kann dieses eigentlich nicht stellvertretend für die Christengemeinschaft die Pflicht der Verantwortung übernehmen. Verantwortlich können doch nur diejenigen sein, die ihre Fähigkeiten, Möglichkeiten und Anliegen einbringen, um ein Altersheim zu betreiben, und dafür einen bestimmten Kreis bilden.

Es gibt auch andere Handhabungen. In Frankfurt zum Beispiel ist das Aja-Textor-Goethe-Heim durchaus innerlich auch ein Altersheim der Christengemeinschaft, denn zwei Pfarrer waren am Zustandekommen intensiv beteiligt. Sie sind als Persönlichkeiten Mitglieder des Trägervereins; natürlich läßt sich nicht verschweigen, daß sie Pfarrer sind, aber in dieser Funktion ist dies nebensächlich. Ich finde es sehr richtig, daß es kein erklärtes Altersheim der Christengemeinschaft ist, es dort aber einen Kultus-Raum und Aktivitäten der Gemeinde gibt.

Ich weiß, ich stehe mit meiner Ansicht nicht im Generalkonsens aller unserer Pfarrer, aber da kann ich mich zum Beispiel auf die Lehrfreiheit berufen. Das könnten Sie als Beispiel für das Vorhergehende nehmen: Die Leitung der Christengemeinschaft könnte niemals sagen, daß ich das so nicht sagen dürfe. Sie würde dann ihre Kompetenzen überschreiten. Es kann also durchaus «Altersheime der Christengemeinschaft» geben und unabhängige, wobei letztere dann vielleicht praktisch mehr mit der Christengemeinschaft zu tun haben als erstere.

Gestaltung der Gemeindeabende – Die Tendenz zur Personalgemeinde

K.-D.N.: Schauen wir nochmal auf geistige Bereiche innerhalb des Gemeindelebens, die nicht direkt zum Vollzug der Sakramente gehören. Da wäre die Gestaltung der Gemeindeabende zu nennen. Ich kenne da bisher zwei konträre oder zumindest sehr verschiedene

Auffassungen innerhalb der Priesterschaft: Die eine besagt, die Gestaltung der Gemeindeabende sei ausschließlich die Aufgabe der Pfarrer, während die andere in die Richtung weist, mit der Gestaltung und Durchführung auch Gemeindemitglieder zu betrauen. Wie stehen Sie dazu?

E. Lasch: Ich würde nicht sagen, daß das ein geistiger Bereich ist, sondern das praktische Arbeitsfeld des Pfarrers im Sozialen. Wenn er nun aber autoritär sagen würde: «Das ist nur mein Bereich», dann befände er sich womöglich im Endeffekt nur noch allein auf dem Gemeindeabend. Er bekäme nur persönliche Anhänger, und das würde sich natürlich in der Gemeindebildung im ganzen auswirken. Unter Umständen hätte er sehr viele solcher Anhänger, eine große Anzahl von Menschen, die man dann auch Gemeinde nennen würde. Aber das wäre dann eine Gemeinde, die nicht den Kultus und die Sakramente an erster Stelle, sondern die Nähe und Wirkensweise dieser Persönlichkeit wollte.

Wenn ein Pfarrer das in dieser Weise macht, damit Erfolg hat und sich selbst so erleben kann, dann hat er eben eine Personalgemeinde. Das gibt es durchaus, und auch das kann Christengemeinschaft sein. Meiner Ansicht nach ist das aber nicht das Zukünftige der Christengemeinschaft.

Das ist jedoch keine geistliche Frage, und das kann auch nicht geregelt werden. Man muß es dem Pfarrer überlassen, als freier Mensch zu erleben, wie das wirkt. Unter Umständen erlebt er dabei, daß ihm alle Leute weglaufen, oder er erlebt, daß sehr viele Menschen kommen, hat dabei vielleicht aber nicht die Möglichkeit zu unterscheiden, daß viele nur seinetwegen, aber nicht wegen der Christengemeinschaft kommen. Aber es könnte ihm nicht von einer geistlichen Leitung oder der Oberlenkung zur Pflicht gemacht werden, wie es ausschließlich zu handhaben sei. Denn das griffe dann in den Freiheitsbereich der einzelnen Persönlichkeit ein, in das Ausleben ihrer Fähigkeiten.

K.-D. N.: Ich hatte jetzt auch im Blick, daß es sich nicht um einen Bereich handelt, der der geistlichen Leitung untersteht, sondern um einen Bereich des Geisteslebens allgemein; es werden Vorträge gehalten – vielleicht auch 'mal von Gemeindemitgliedern –, Themen besprochen usw. Daher ist es mir eine Frage, ob der Pfarrer nun gegenüber der Gemeinde die alleinige Entscheidungsbefugnis hat, wie dieser Bereich – also zum Beispiel der Gemeindeabend – zu gestalten ist, oder ob die Gemeinde da ein Mitspracherecht hat.

E. Lasch: Insofern ist das sicher ein Bereich des Geisteslebens, der durch die Satzung nicht geregelt ist.

K.-D. N.: Ein Zwischenbereich zwischen Satzung und geistlicher Leitung.

E. Lasch: Sie können im freien Geistesleben nichts durch Vorschriften regeln. Das widerspricht der Freiheit. Die Freiheit oder dasjenige, was ich vielleicht nur fälschlicherweise als meine Freiheit anschaue, wird durch die sozialen Verhältnisse korrigiert. Ich würde es als falsch erachten, wenn der Pfarrer nur auf Anweisung des Lenkers Gemeindemitglieder zur Gestaltung der Gemeindeabende hinzunehmen würde, während er es seiner eigenen Einsicht nach eigentlich nicht wollte. Dann entstünde auch nichts Fruchtbares daraus. Ich lehne es jedenfalls strikt ab, daß ihm da von irgendeiner Instanz her Vorschriften gemacht werden können. Es muß ihm überlassen bleiben, wie er das macht, und es wird sich dann ja zeigen: Wenn es sehr viele Gemeindemitglieder sind, die das so nicht wollen, werden sie nicht mehr hingehen. Der Pfarrer würde dann eine Uneinigkeit in seiner Gemeinde bekommen, und das widerspricht dem Wesen der Christengemeinschaft im sakramentalen Bereich. Denn das ist ein Zentralinhalt, der jeden Tag – im Prinzip – zelebriert wird, wo um die Einheit und Einigkeit – jetzt nicht in einem uniformen Sinne, sondern im Sinne des freien Geisteslebens – immerzu gebetet wird. Und dem widerspräche er dann. Also, das muß sich aus sich selbst regeln und nicht durch Vorschriften und Vorgesetzte. Andererseits schließt das aber auch nicht aus, daß man mit diesem Pfarrer innerhalb der Pfarrerschaft redet, ihn berät oder befragt. Er ist ja immer fest in die Pfarrerschaft eingebunden, kann niemals für sich allein Pfarrer sein; das Pfarramt ist nur aus der Einbindung in die Gemeinschaft sozial wirksam. Deshalb kann es auch eine Beurlaubung vom Pfarramt geben.

K.-D. N.: Denkbar wäre ja auch, daß Gemeindemitglieder nicht wegbleiben, sondern daß ein Gremium eingerichtet wird, in dem solche Dinge besprochen werden, wie es auch Gremien gibt, in denen rechtliche und wirtschaftliche Angelegenheiten besprochen werden.

E. Lasch: Ja, natürlich.

Die finanziellen Prozesse als Spiegelungsinstrument

K.-D. N.: Welches wäre jetzt im konkreten Gemeindeleben das geeignete Organ, in dem diese Fragen besprochen werden könnten?

E. Lasch: Die Satzungen der Gemeinden beziehen sich im Grunde genommen immer auf die Finanzverwaltung. Sie greifen überall da, wo es finanziell relevant wird. Wenn jetzt eine Situation eintritt, wie Sie sie geschildert haben, daß also ein Dissens da ist zwischen Gemeinde und Pfarrer, dann wird sich das auch in irgendeiner Weise über kurz oder lang finanziell in der Gemeinde auswirken. Es kämen weniger Menschen und somit vielleicht auch weniger Geld. Hier hätten Sie nun den Einstieg über die Satzung, denn darin heißt es: «Wenn ein Drittel der Mitglieder – bei Gemeinden mit mehr als 100 Mitgliedern dreißig Mitglieder – es schriftlich unter Angabe des Zwecks und der Gründe beantragen, muß eine Gemeindeversammlung einberufen werden.» Das ist in den einzelnen Körperschaften etwas verschieden, gilt aber im Prinzip in allen Gemeinden.

Es wäre nun möglich, dieses Instrument zu benutzen, um eine Gemeindeversammlung einzuberufen und sich mit den Mitgliedern, die es wollen, über die Gemeindesituation zu unterhalten: «So kann es doch mit unserer Gemeinde nicht weitergehen, daß wir hier in der Uneinigkeit leben. Denn über kurz oder lang wird das finanzielle Auswirkungen haben und wird womöglich die Gefahr heraufbeschwören, daß die Christengemeinschaft als unsere Gemeinde nicht existieren kann. Darüber müssen wir uns unterhalten.» Und dann muß es eine geistige Auseinandersetzung geben: nicht ein gewalttätiges Unter-Kuratel-Stellen oder so etwas, sondern Argumentation, Meinung gegen Meinung, also eine wirkliche geistige Auseinandersetzung. Dann wird sich zeigen – nicht in Abstimmungen, aber als sozialer Prozeß –, was sich als eine gewisse Willensrichtung herausstellt. Dieses Instrumentarium ist also in der sehr einfachen und allgemeinen Satzung enthalten.

K.-D. N.: Sehen wir einmal von dem Hintergrund eines eventuellen Dissenses ab. Möglich wäre und meines Erachtens auch wünschenswert, daß in der Gemeinde das allgemeine Bedürfnis lebt, von Zeit zu Zeit über die Gemeindesituation zu sprechen, und nicht erst, wenn ein Dissens auftritt. Und da ist es mir eine Frage, ob die Aufgaben und

Rechte des Gemeindemitglieds, die in der Satzung festgeschrieben sind, die einzigen in bezug auf die Gemeindeversammlung sind. Ist es nur möglich, aus finanziellem Anlaß über solche Themen, die Gemeindesituation usw. zu sprechen?

E. Lasch: Der finanzielle Anlaß sollte nicht gering geachtet werden. Er ist ein ganz wesentlicher Teil des gesamten Lebens überhaupt. Das Geld, die finanziellen Prozesse und Verhältnisse sind immer mit im Spiele, und zwar nicht nur als das unangenehme, notwendige Übel, das noch mit dazugehört, sondern als ein wichtiges Spiegelungsinstrument, in dem sich alle sozialen Prozesse in irgendeiner Weise wieder zeigen. Und insofern genügt das. Denn worum kann es einem Gemeindemitglied denn sonst noch gehen, als darum, daß der Kultus und die Sakramente in dieser Gemeinde, in dieser Stadt vollzogen werden? Was sich dann aus dem Vollzug der Sakramente und dem Mitvollzug der Gemeindemitglieder persönlich entwickelt, ist – wie gesagt – entweder eine Frage des freien Geisteslebens oder, wenn es sozial relevant wird, eine Frage von neuen rechtlichen Einrichtungen, jedoch nicht innerhalb der Christengemeinschaft.

Das ist ein gewisses Dilemma, daß wir in der Christengemeinschaft – jedenfalls im zentralen Bereich – gar nicht so viele Aufgaben verteilen können. Wir brauchen, wenn wir ein Haus haben, einen Verwalter des Hauses, wir brauchen Ministranten und eine Finanzverwaltung. Dann müssen die Blumen gerichtet, die Gewänder gepflegt werden usw.; das sind also alles praktische Tätigkeiten. Alles andere ist Inhalt des freien Geisteslebens, das sich möglichst fern allem Organisatorischen und Reglementierten entfalten sollte.

Der Gemeinderat – keine Formalie!

K.-D. N.: Schauen wir auf ein anderes Organ der Gemeinde. Mit dem Begriff «Gemeinderat» verbinde ich auf den ersten Blick, daß dieser auch allgemeine Fragen des Gemeindelebens berät.

E. Lasch: Ja, das soll er!

K.-D. N.: Das findet sich jedoch nicht in der Satzung. Denn dort heißt es in Paragraph 7 zu den Aufgaben des Gemeinderates – um einige zu nennen –, daß er die laufenden Geschäfte führt, den Haushaltsplan aufstellt und durchführt und für die erforderlichen Einnahmen sorgt. Ferner benennt er die Delegierten für die Körperschaftsversammlung und einiges mehr. Meine Frage ist, ob es über die in der Satzung genannten rechtlichen und wirtschaftlichen Aufgaben hinaus auch zu den Aufgaben des Gemeinderates gehört, daß er sich beizeiten auf die Gemeindesituation besinnt.

E. Lasch: Wenn er das nicht täte, würde seine Tätigkeit zum reinen Formalismus ausarten, und es würde die Gemeinde in irgendeiner Weise vertrocknen und verkümmern. Bedenken Sie, daß sich diese dürren und trockenen Formulierungen in der Niederschrift der Satzung beschränken. Sie stehen aber vor dem lebendigen Hintergrund – ins praktische Leben übersetzt –, daß sich der Gemeinderat oft treffen und alles Mögliche besprechen muß. Wenn er es nicht täte, würde es zur Formalie werden. Dann kann man aber auch sicher davon ausgehen, daß die Gemeinde auf längere Sicht langsam dahinkümmern und nicht wachsen würde. Das wäre dann ein Privatclub mit einer rechtlichen Attitüde. Das sehe ich als eine gewisse Gefahr der Christengemeinschaft, daß wir uns hier und da in diese Richtung bewegen und diese Dinge nur als eine Formalie hintenanstellen. Wenn der

Gemeinderat sich ernst nimmt, dann muß er sich oft treffen und nicht nur Zahlen abhaken, sondern sich über die von Ihnen angesprochenen Fragen gemeinsam unterhalten.

Mindestens ein in der Gemeinde tätiger Pfarrer gehört ja dem Gemeinderat an, und er hat dort keine irgendwie höhere Stellung inne als die anderen Gemeinderatsmitglieder. Er hat wohl in vielen Fragen, die die Gemeinde betreffen, eine größere Kompetenz oder auch ein stärkeres Gewicht als Persönlichkeit, das läßt sich nicht vermeiden. Aber jeder Mensch hat sein Gewicht und seine Fähigkeiten, und das wird sich in der gemeinsamen Tätigkeit ausgleichen. Insofern, meine ich, genügt die Beschreibung der Satzung, wenn sie mit Leben erfüllt wird. Wenn sie bloß als Formalie benutzt wird, genügt es bei weitem nicht. Die Initiative, das Leben der Gemeinde mitzutragen, muß jedoch im einzelnen liegen und nicht in einer Vorschrift.

«Jede Gemeinde hat ihr eigenes Wesen»

K.-D.N.: In der Satzung sind also die Aufgaben nicht erschöpfend umschrieben, sondern auf das Notwendigste beschränkt, über das hinaus im praktischen Gemeindeleben sich alles Weitere entfalten kann?

E. Lasch: Ja, so ist es gemeint: So wenig wie möglich festlegen in der Beschreibung und in der kurzen und knappen Form alle Möglichkeiten offenhalten. Denn es soll ja nicht eine Gemeinde wie die andere sein. Jede Gemeinde hat ihr eigenes Wesen – religiös könnte man sagen: ihren eigenen Engel –, und die unterscheiden sich so voneinander, wie auch ein Mensch vom anderen verschieden ist.

Es soll also keine Uniformierung der Gemeinden geben, und daher ist es ein wichtiges Prinzip in der Christengemeinschaft, daß die Gemeinde autonom und nicht weisungsgebunden ist, damit sie sich frei entfalten kann: sei es ein Tag der offenen Tür, sei es eine Gruppe «Frauen für den Frieden» in Zusammenarbeit mit den anderen Kirchen, oder was auch immer. Weder kann es der Gemeinde, zum Beispiel durch die Oberlenkung, verboten noch vorgeschrieben werden, so etwas zu tun. Das muß jeder Gemeinde überlassen bleiben.

Das Wichtige ist nur, daß der Pfarrer sieht, wo seine Dominanz ist, aus der Sache heraus und aus der Verpflichtung, den Kultus und die Sakramente zu verwalten, und wo er Gleicher unter Gleichen ist, nämlich als Gemeindemitglied in der Gemeinde und im Gemeinderat. Natürlich ist die individuelle Gewichtung jeder Persönlichkeit verschieden, aber daraus kann er kein Recht ableiten. Insofern ist es sehr wenig, was durch Beschreibungen und eine Satzung festgelegt werden muß.

K.-D.N.: Wenn Sie es so sagen, empfinde ich es als ein Manko, daß dieser erläuternde Sachverhalt nicht in einer Präambel der Satzung vorangestellt ist. Das wäre doch vielleicht ein Ansporn und eine Verdeutlichung, wie sehr die Gemeindegestaltung von der Initiative des einzelnen Mitglieds abhängt.

E. Lasch: Darüber sind wir uns bewußt. Wir haben sogar eine – noch interne – Kommission, die daran arbeitet, und wir sind gerade an diesem Punkt sehr in der Beratung: in den einzelnen Entscheidungsgremien der gesamten Christengemeinschaft, in der Priesterschaft und mit Laien – wenn ich die Nicht-Priester einmal so nennen darf.

Die Satzungen und Verfassungen sind bisher Anfangsversuche, und erst in die Praxis umgesetzt, werden die Probleme deutlich. Diese Anfangsversuche können nie als etwas Endgültiges betrachtet werden, und Sie haben ganz recht, daß wir daran weiterarbeiten müssen. Alles Rechtliche muß immer im Fluß bleiben.

Einstellung und Entlassung von Mitarbeitern

K.-D.N.: Kehren wir noch einmal zu den Aufgaben des Gemeinderates zurück, da Sie die Autonomie ansprachen. Aus der Satzung geht hervor, daß der Vorsitzende des Gemeinderates und sein Stellvertreter durch die Körperschaft bevollmächtigt werden, die laufenden Geschäfte zu führen, die Einnahmen und Ausgaben zu verwalten, ebenso das Vermögen der Körperschaft, soweit es im Wirkungsbereich der Gemeinde liegt. Weiter heißt es, daß sich die Vollmacht auf die Rechtsgeschäfte der Einstellung und Entlassung von Mitarbeitern der Gemeindeverwaltung erstreckt. Bezieht sich die letztgenannte Handlungsvollmacht lediglich auf Mitarbeiter der Gemeindeverwaltung? Wem würde die Einstellungsbefugnis obliegen, wenn zum Beispiel der Wunsch bestünde, eine Zivildienststelle einzurichten?

E. Lasch: Es geht auch in diesem Falle im Grunde genommen nur wieder um die Finanzverwaltung. Der Vorsitzende des Gemeinderates ist in seinen Vollmachten gebunden, damit die Gewähr geleistet ist, daß er sich in seinen Handlungen nicht nur davon leiten läßt, was gut und richtig für die Gemeinde ist, sondern ganz wesentlich davon, ob die Gemeinde es auch finanziell tragen kann. Je nach Größe der Gemeinde kann er bis zu DM 10.000,– selbst entscheiden, darüber hinaus ist es aber notwendig, daß das größere Gremium in der Körperschaft mit entscheidet oder zumindest mit berät, das ja aus den Gemeinden gebildet ist. Das ist die Christengemeinschaft den Gemeinden und den Anzustellenden gegenüber schuldig, die Sicherheit zu bieten, daß keine einsamen Entscheidungen getroffen werden können, die dann nicht zu finanzieren sind. Darauf müssen wir auch schon im Sinne der Gemeinnützigkeit achten. Es geht aber auch hier wieder nicht um Beaufsichtigung oder strikte Weisung, sondern um gemeinsame Beratung und Einbindung in den größeren Zusammenhang. Die Tendenz der Isolation muß immer wieder ausgeglichen werden.

K.-D.N.: Nehmen wir an, die Finanzierung wäre gewährleistet: Wie sieht der Entscheidungsprozeß aus?

E. Lasch: Letztendlich würde das der Verwaltungsrat der Körperschaft entscheiden, dem der Lenker angehört. Das ist aus der internen Gemeinschaftsordnung der Pfarrer übernommen, daß – wenn jemand als Mitarbeiter eingestellt wird – der Lenker dies mit bedenken soll. Dadurch soll vermieden werden, daß eine einzelne Gemeinde sich übernimmt. Nur darum geht es.

Bauvorhaben

K.-D.N.: Erklärt sich so auch, daß von der Vollmacht Grundstücksgeschäfte und die Vergabe von Bauaufträgen ausgeschlossen sind?

E. Lasch: Ja.

K.-D.N.: Wer beschließt nun aber innerhalb der Gemeinde, bevor es an die Körperschaft herangetragen wird, über Bauvorhaben, Grundstückkäufe usw.?

E. Lasch: Der Gemeinderat und die Gemeindeversammlung.

K.-D.N.: Der Gemeinderat könnte also nicht allein – innerhalb der Gemeinde – einen Kapellenbau beschließen?

E. Lasch: Ich würde meinen, das kann er nicht. Theoretisch könnte er es vielleicht, aber es wäre doch sehr dumm, wenn die Gemeinde gar nicht daran interessiert wäre. Das ist schon passiert: Es ist dann eine isolierte Angelegenheit, die alleine dasteht. Plötzlich steht eine zu große Kirche da, weil an der Gemeinde vorbei gebaut wurde. Oder es kann auch passieren, daß eine Kirche von vornherein zu klein ist.

Natürlich kann es geschehen, daß ein Mensch so dominant wird, daß er das unbedingt durchsetzen will. Gott sei Dank haben wir auch solche intensiven und willensstarken Persönlichkeiten. Aber damit die Initiative solcher Persönlichkeiten auch sozial eingebunden ist, dafür haben wir unsere Satzungen und die Rückkoppelung mit dem größeren Zusammenhang, nämlich der Körperschaft und unter Umständen dem Körperschaftsverband oder der Foundation. Nur wird man dem einzelnen wohl schwerlich sagen können: «Du darfst das nicht», zumal wenn er das gesamte notwendige Geld dafür heranbringt. Die Schmerzerlebnisse kommen dann oft erst hinterher, wenn die Kirche zu groß, zu klein oder sonstwie nicht zweckmäßig ist. Trotzdem muß man im sozialen Ausgleich sehr aufpassen, daß man keine individuellen Fähigkeiten und Initiativen zu sehr beschneidet. Man sollte dafür Sorge tragen, daß sie sich möglichst frei entfalten können und dennoch sich sozial in das Gesamte einfügen. Dies ist ein ständiger Prozeß, für den alles Satzungsmäßige lediglich orientierend, möglichst nicht zwingend sein sollte. Solange man sich freilassend begegnet, wird dies auch möglich sein.

K.-D.N.: Eine Gratwanderung, wenn man sich bemüht, den sozialen Prozeß möglichst weit zu fassen! Ich denke, daß ein Vorhaben umso besser gelingen kann, je mehr die von einer Entscheidung Betroffenen auch in den Entscheidungsprozeß mitverantwortlich einbezogen sind. Kann man die Rückkoppelung mit der Körperschaft auch so interpretieren, daß sie darauf achtet, ob ein solcher sozialer Prozeß in der Gemeinde stattgefunden hat?

E. Lasch: Ja, aber nicht als eine bestimmende Letztinstanz. Durch diese Regelung soll auch angeregt sein, daß sie von vornherein nicht als bestimmende und reglementierende, sondern als beratende Stelle die sozialen Prozesse immer wieder anregt und ausgleicht. Für die sozialen Prozesse ist es immer gut, wenn die direkt Handelnden sich nicht allein gegenüberstehen, sondern ein quasi Unbeteiligter, der aber auch über die entsprechende Sachkenntnis verfügt, von außen her die Sache immer wieder mit weiterbefördert. Es ist also nicht unser Anliegen gewesen, von außen zu reglementieren, sondern zu helfen.

Der Streitfall – «Je richtiger diese Dinge gehandhabt werden, desto gesünder wird auch eine Gemeinde sein»

K.-D.N.: Nehmen wir an, es käme über ein solches Bauvorhaben in einer Gemeinde zur Uneinigkeit. Wie werden Streitfälle in der Gemeinde gehandhabt? Satzungen sind ja auch immer unter dem Aspekt zu entwerfen, daß sie einen Streitfall auffangen und tragen können. Wie kann ein Streitfall ausgetragen und beigelegt werden?

E. Lasch: Also grundsätzlich, denke ich, müssen solche Dinge immer im Gespräch zuende geführt werden und nicht etwa durch eine Abstimmung, in der dann die einen mehr recht haben als die anderen. Es müssen die guten Gründe abgewogen werden. Wenn der Pfarrer zum Beispiel ein Bauvorhaben gegen seine Gemeinde wollte oder nicht wollte, dann würde er sich selber aus seiner Gemeinde ausschalten. Und wenn ein Streitfall zum Problem erhoben würde, müßte man unter Umständen erst ein Gremium dafür berufen, falls es nicht anders zu lösen ist. Das könnte dann der Fall sein, wenn es jedem einsichtig wäre, daß es so nicht weitergeht und geregelt werden muß. Ebenso müßte deutlich sein, daß der Streit nicht nur wegen einer Krankheitssituation einer Persönlichkeit nicht beizulegen ist. Es könnte ja bei einem Gemeindemitglied oder auch beim Pfarrer eine seelische Verhärtung vorliegen, die sich krankhaft äußert und wesentlich den Streit aufrecht erhält. Das müßte man versuchen, in irgendeiner Weise menschlich zu lösen; dafür kann der Lenker zum Beispiel sehr hilfreich sein.

K.-D.N.: In welchem Gremium oder Organ der Gemeinde könnte man nun einen Streitfall besprechen; ist es die Gemeindeversammlung oder der Gemeindeabend?

E. Lasch: In der Gemeindeversammlung, die möglichst oft stattfinden sollte! In gewisser Weise ist auch der Gemeindeabend als die kontinuierlich fortgesetzte Gemeindeversammlung anzusehen. Je richtiger und intensiver diese Dinge gehandhabt werden, desto gesünder und lebendiger wird auch eine Gemeinde sein.

K.-D.N.: Machen wir einen Sprung: Wer hat das Hausrecht in der Gemeinde?

E. Lasch: Das hat im Prinzip die Körperschaft, denn rein formal ist sie Besitzer eines Hauses oder Mieter von Räumen. Sie delegiert das Hausrecht durch die Vollmacht an den Vorsitzenden des Gemeinderates und seinen Stellvertreter. Ich finde es übrigens nicht gut, wenn der Pfarrer Vorsitzender des Gemeinderates ist, obwohl es manchmal nicht anders geht. Nach Möglichkeit sollte er es jedenfalls nicht sein. Auf gar keinen Fall sollte sich der Pfarrer aber als der alleinige Verwalter des Hausrechts aufspielen. Er kann verbieten, am Altar zu zelebrieren. Das ist aber noch etwas anderes und ist intern geregelt.

Drei Schichten der Mitgliedschaft in der Christengemeinschaft

K.-D.N.: Zur Mitgliedschaft in der Gemeinde heißt es in Paragraph 2, Abs. 2: «Die Mitgliedschaft im Sinne dieser Satzung endet durch Tod, Austritt oder Ausschluß. Die Teilnahme am Kultus wird davon nicht berührt ...»

Gibt es noch eine andere Mitgliedschaft außer im Sinne dieser Satzung? Ich habe einmal von einem Pfarrer die Ansicht gehört, daß man zwar rein rechtlich selbstverständlich aus der Christengemeinschaft austreten kann, daß dadurch aber die Mitgliedschaft in einem geistigen Sinne nicht erlischt.

E. Lasch: Ja, einen Austritt im geistigen Sinne gibt es nicht. Denn die Mitgliedschaft hat drei Schichten: eine Schicksalsschicht, eine seelische, ganz persönliche Schicht – da ist der Mensch einmal dieser, einmal jener Meinung, das kann wechseln – und eine rechtliche Schicht. Und der Austritt betrifft nur die rechtliche Seite. Sie können auch rechtlich Mitglied sein und trotzdem seelisch – sozusagen subjektiv, persönlich – sehr weit von der Christengemeinschaft im Moment entfernt sein, während sie schicksalsmäßig ganz eng mit ihr verbunden sind, zum Beispiel durch den Zwist, den Sie immer an ihr erleben. Insofern wären Sie dann ein sehr intensives Mitglied!

Bezüglich der Mitgliedschaft muß man also sehr konkret zu einem Schichtenurteil kommen, und dafür gibt es keine rechtlichen Formulierungen, sondern nur individuelle Beurteilungen.

K.-D.N.: Ist es aber sinnvoll, aus der Christengemeinschaft auszutreten und dennoch weiterhin am Kultus teilzunehmen?

E. Lasch: Da sind wiederum drei verschiedene Gesichtspunkte zu bedenken: Für den einzelnen, für ihn persönlich, kann das durchaus sinnvoll sein. Für den sozialen Zusammenhang der Gemeinschaft – es ist immer ein Gemeinschaftsereignis, man kann Christengemeinschaft nicht alleine machen – kann es unter Umständen störend sein. Vom Gesichtspunkt der Gemeinschaft aus, ist es bestimmt nicht sinnvoll, aber für den einzelnen kann es lebenswichtig sein, trotzdem daran teilzunehmen. Und der dritte Gesichtspunkt – es sind immer drei Aspekte – ist: Wie sieht das gegenüber der geistigen Welt aus?

K.-D.N.: Das ist die Frage!

E. Lasch: Es könnte ein Affront, es könnte aber auch eine Genugtuung für die geistige Welt sein, daß er weiterhin kommt. Wer will denn das entscheiden? Also, ich würde da sehr vorsichtig sein, das absolut zu beurteilen, und es vielmehr unter diesen drei verschiedenen Aspekten betrachten. Zu dem Gemeinschaftsaspekt würde ich mich am ehesten trauen, etwas zu sagen; zu dem persönlichen Aspekt wird es schon sehr schwierig, dem anderen Menschen gerecht zu werden, vor allem, wenn ich noch dazu in einem persönlichen Dissenz zu ihm stünde; den dritten Aspekt, im Hinblick auf die geistige Welt, würde ich mir nie anmaßen, beurteilen zu wollen.

K.-D.N.: Ist eine Doppelmitgliedschaft in der Christengemeinschaft und gleichzeitig in einer anderen Religionsgemeinschaft möglich?

E. Lasch: Auf dem rechtlichen Felde durchaus, auf dem Schicksalsfelde vielleicht, auf dem persönlichen Felde meines Erachtens nicht, denn entweder Sie praktizieren Ihr religiöses Leben in der Christengemeinschaft oder in der katholischen oder evangelischen Kirche. Wenn Sie einen Sonntag in die evangelische Kirche und den nächsten in die Christengemeinschaft gehen – das kann man ja tun –, dann können Sie irgendjemandem oder sich selbst gegenüber ein Prinzip reiten, aber ein ernstzunehmendes religiöses Leben ist das meiner Ansicht nach nicht.

K.-D.N.: Aber es ist doch denkbar – ich weiß nicht, ob es das in der Wirklichkeit gibt –, daß jemand zum Beispiel der evangelischen Kirche angehört, dort am Gemeindeleben, an verschiedenen Veranstaltungen, Gemeindeabenden, Ausflügen usw. teilnimmt und gleichzeitig den Kultus der Christengemeinschaft besucht.

E. Lasch: Ja, ich kenne jemanden, der das so macht. Vielleicht ist das soziale Leben in der evangelischen Kirche das ihm gemäße, der Predigtgottesdienst genügt ihm aber womöglich nicht, und daher nimmt er am Kultus der Christengemeinschaft teil. Der rechtliche Aspekt hat aber auch eine finanzielle Komponente, und ich finde, ein solcher Mensch sollte dann auch bei beiden seinen Beitrag bezahlen.

Auf die Dauer ist das meines Erachtens aber kein tragbarer Zustand: Entweder er setzt sich in der evangelischen Kirche für den Kultus ein oder in der Christengemeinschaft für ein richtiges Gemeindeleben. Das wäre konsequent.

Helfer und Rater in der Christengemeinschaft

K.-D.N.: Sie kennen sicher die Aussage Rudolf Steiners, daß ein Anthroposoph Helfer und Rater in der Christengemeinschaft sein sollte. Wie und wo – auch vor dem Hintergrund der Satzung –, in welchem Gremium oder Organ der Gemeinde kann er das tun?

E. Lasch: Da gibt es sehr vielfältige Möglichkeiten. Er kann es tun, indem er am Kultus und an den Sakramenten teilnimmt. Durch sein Erkenntnisstreben auf spirituellem Gebiet – denn das macht den Anthroposophen aus; ansonsten ist es immer zweifelhaft, ob man von sich behaupten kann, man sei Anthroposoph – wird er, wenn er am Kultus teilnimmt, als Rater und Helfer anwesend sein. Das muß sich nicht verbal oder in einer sozialen Geste äußern, denn man nimmt ja auch in verschiedenen Schichten am Kultus teil. Und es ist durchaus zu bemerken, daß es hilfreich ist, wenn jemand mit einem bestimmten Erkenntnisvermögen den Kultus mitvollzieht, und zwar für die Gesamtheit dessen, was da geschieht.

Dann kann er Rater und Helfer des Pfarrers auf der anthroposophischen Ebene sein, indem er ihm im Erkenntnisbemühen ein Gegenüber ist. Der Kultus und die Sakramente sind auf dieser Ebene auch ein Erkenntnisgegenstand. Das kann unwahrscheinlich anregend und hilfreich sein. Keiner der Pfarrer kann ohne seine anthroposophischen Freunde – das muß ja nicht auf privatem Felde sein – auskommen. Des weiteren kann ein Anthroposoph helfend und sozial anregend wirken, indem er in den Gemeindeversammlungen mitwirkt und diese befördert oder harmonisiert, weil er die Sozialprozesse erkenntnismäßig durchdrungen hat, die Lebenserfahrung besitzt. Er wird allerdings nie als eine beratende Institution auftreten und sich Gehör verschaffen können, indem er sich auf diese Aussage Rudolf Steiners beruft, denn schließlich ist er doch auch ein Mitglied wie jedes andere.

Anthroposophische Erkenntnisvertiefung des religiösen Lebens

K.-D.N.: Erachten Sie es als notwendig, daß innerhalb der Christengemeinschaft eine anthroposophische Erkenntnisvertiefung des religiösen Lebens stattfindet?

E. Lasch: Selbstverständlich sollte diese Vertiefung stattfinden. Das ist ein ganz wichtiges Gebiet. Ich würde das bestimmt nicht auf dem Gemeindeabend machen. Das geht nicht, denn es muß völlig freilassend sein, ob das jemand will oder nicht. Aber wenn Menschen da sind, die dieses Bedürfnis haben, würde ich meinen, daß sich auf jeden Fall ein Arbeitskreis bilden kann: mit oder ohne Pfarrer.

K.-D.N.: Ohne Pfarrer ginge das auch?

E. Lasch: Ja, warum nicht? Wenn Menschen zusammen sind, die sich um den Kultus bemühen, Fragen an den Kultus haben und sich erkenntnismäßig mit ihm beschäftigen, dann ist das in dem Moment – ob sie sich nun im Gemeindehaus oder privat treffen – ein Teil der Christengemeinschaft. Das läßt sich gar nicht verhindern!

Ob sie sich den Pfarrer als Fachmann dazuholen, oder ob sie sich im Gemeindehaus treffen dürfen oder nicht, sind dann erst nachgeordnete Fragen.

K.-D.N.: Noch eine Abschlußfrage: Wenn es keinen Dogmenzwang und keine geistige Bevormundung in der Christengemeinschaft gibt und deutlich ist, daß jeder einzelne

Mensch seine moralische und religiös-ethische Lebensführung selbst zu verantworten hat, wer verantwortet dann das Gemeindeleben?

E. Lasch: Rein rechtlich, nach außen hin, ist das satzungsgemäß der Gemeinderat; zur geistigen Welt hin der Engel der Gemeinde, nicht der Pfarrer allein, denn er ist ja im besten Sinne Repräsentant für diese Wesenheit. Die Antwort des Ministranten im Kultus bezieht sich nicht auf den Herrn Soundso, sondern auf den, der durch ihn anwesend wird. Es ist die Frage, ob man dem Gemeindeengel die Möglichkeit gibt, Verantwortung in Gemeinsamkeit mit allen Gliedern zu tragen. Jeder einzelne trägt also als Glied im ganzen diese Verantwortung.

K.-D.N.: Und wer ist verantwortlich für das Gemeindeleben?

E. Lasch: Alle die, die zur realen Gemeinde gehören!

Was ist die Christengemeinschaft?

DREI BETRACHTUNGEN

Wolfgang Gädeke

Die Christengemeinschaft ist eine christliche Kirche, d.h. eine Gemeinschaft von Menschen, die sich in ein lebendiges Verhältnis zu dem gegenwärtigen Christus setzen will. Dies geschieht durch die Pflege der im 20. Jahrhundert neu gestifteten Formen des sakramentalen und rituellen Lebens.

Die Gemeinschaft der Mitglieder der Christengemeinschaft entsteht durch individuelle freie Entschlüsse einzelner Menschen, diese Form des Gottesdienstes – insbesondere das Altarsakrament von Brot und Wein –, die Menschenweihehandlung, mitvollziehen zu wollen. Ein Bekenntnis zu den Inhalten der christlichen Lehre (zum Beispiel in Form eines «Credo») gehört nicht zu den Voraussetzungen der Zugehörigkeit zur Christengemeinschaft. Allerdings wird das individuelle Streben nach Verständnis der Tatsachen und der Sakramente durch Predigt, Vorträge, Gesprächskreise und Einzelgespräche mit den Pfarrern gefördert.

In der Christengemeinschaft wirken hauptamtliche ordinierte Geistliche (Priester oder Pfarrer), die durch die Weihe die Berechtigung zum Vollzug der Sakramente vor und mit der Gemeinde erlangt haben. Sie sind für diesen Vollzug sowohl in geistig-seelischer als auch in praktischer und wirtschaftlicher Hinsicht auf die Mitwirkung der Gemeindemitglieder angewiesen, die in allen Bereichen, auch dem religiösen und dem ethisch-moralischen, als mündige, selbstverantwortliche Partner angesehen werden. Kirchliche Gebote und Verbote gibt es in der Christengemeinschaft nicht.

Die Christengemeinschaft ist die einzige christliche Kirche, die nicht für sich in Anspruch nimmt, die einzig wahre und richtige Kirche für alle zu sein, die Christen werden wollen, und verzichtet daher auf eine aktive «Mission», die den Menschen «bekehren» soll. Dieser Verzicht gründet nicht auf Resignation, sondern auf der Überzeugung, daß die Wirklichkeit Christi so groß und umfassend ist und die Menschenseelen in ihren Bedürfnissen und Fähigkeiten so verschieden sind, daß es voller Berechtigung viele Wege gibt, in Gemeinschaft danach zu streben, den Christus in sich zu fühlen. Ja, es wird sogar anerkannt, daß es auch einen unmittelbaren, individuellen geistigen Weg zu dem Christus außerhalb jeder Religionsgemeinschaft gibt. Daraus entsteht eine positive, aktive Toleranz.

Dem Bedürfnis des modernen Menschen nach Verständnis auch der religiösen Tatsachen und Vorgänge, nach einer Überwindung der Trennung von Wissen und Glauben, nach Einbeziehung des Denkens in das religiöse Leben ohne Opfer des Intellekts, sondern durch dessen Verwandlung sucht die Christengemeinschaft durch eine Theologie zu entsprechen, die sich im wesentlichen auf die Geisteswissenschaft Rudolf Steiners (Anthroposophie) stützt. Dabei werden anthroposophische Erkenntnisse nicht zu Glaubensinhalten oder gar Dogmen gemacht, sondern lediglich als Verständnishilfen für den einzelnen angeboten. Da das Verständnis zwar für den einzelnen wichtig – aber für die Gemeinschaft nicht konstitutiv – ist, kann in bezug auf die Annahme solcher Erkenntnisse völlige Freiheit herrschen.

Trotzdem ist die Anthroposophie für die Christengemeinschaft eine notwendige Voraussetzung, denn diese wäre ohne jene nicht entstanden. Die Begründer der Christengemeinschaft haben in den Jahren 1919–25 deren wesentlichen Inhalt aus der Anthroposophie empfangen. Deswegen ist die neue Kirche eine «Tochter der anthroposophischen Bewegung», wie Rudolf Steiner dieses Verhältnis einmal charakterisierte. Sie ist es auch heute noch, denn die Priester der Christengemeinschaft betrachten sie als ihre «Mutter», von der ihr die Erkenntnishilfen gegeben werden, ohne die ein modernes religiöses Leben nicht möglich ist. Ja, die Priester sind selber auf verschiedene Art Träger der anthroposophischen Bewegung, «Repräsentanten der Anthroposophie». Trotzdem ist die Christengemeinschaft ein von der Anthroposophischen Gesellschaft rechtlich und organisatorisch völlig unabhängiger Organismus. Das muß so sein, weil Mitgliedschaft in der Anthroposophischen Gesellschaft für jeden Menschen unabhängig von seinem religiösen Bekenntnis möglich sein muß und weil Zugehörigkeit zur Christengemeinschaft unabhängig von Weltanschauungs- und Erkenntnisfragen möglich sein muß. Auch ein praktizierender Buddhist kann Mitglied der Anthroposophischen Gesellschaft sein; auch ein Mensch, der nicht nach Geist-Erkenntnis strebt, kann Mitglied der Christengemeinschaft sein. Mit der anthroposophischen Bewegung als Erkenntnisbewegung möchte die Christengemeinschaft auf allen Feldern, wo es die Sache ermöglicht und erforderlich macht, zusammenwirken. Denn Wissenschaft, Kunst und Religion, die in der Neuzeit auseinandergefallen sind, sollen – durch Anthroposophie erneuert – zum Heile der Menschen wieder zusammenwirken. Rudolf Steiner sprach es einmal so aus: «Was sich spezialisiert hat in diesen drei Gebieten, in der menschlichen Seele muß es doch einheitlich zusammenwirken. Es muß gefunden werden die Möglichkeit dieses einheitlichen Zusammenwirkens.» (Rudolf Steiner: Die befruchtende Wirkung der Anthroposophie auf die Fachwissenschaften. GA 76, S. 237).

Die Christengemeinschaft hat innerhalb der Kulturerneuerung durch die anthroposophische Bewegung die Aufgabe der Erneuerung des religiösen Lebens übernommen und nennt sich daher auch «Bewegung für religiöse Erneuerung.» Als solche fühlt sie sich geschwisterlich mit allen Erneuerungsbewegungen tätig verbunden, die aus der Anthroposophie hervorgegangen sind.

Ist die Christengemeinschaft eine Kirche?

Für viele Menschen ist das Wort Kirche mit negativen Empfindungen belastet. Sie denken dabei an starre Institutionen, Dogmenzwänge, an geistliche Hierarchie und moralische Bevormundungen, und für manchen sind mit diesem Wort historische Fehlentwicklungen und Unglücke untrennbar verbunden: So die Verbindung von Christentum und römischem Staat unter Konstantin; der päpstliche Weltherrschaftsanspruch im Mittelalter; die Inquisition und Ketzerverfolgungen; Ohrenbeichte und Ablaßhandlungen. All dies belastet verständlicherweise das Wort Kirche. Und im Sinne alles dessen, was damit angedeutet ist, ist die Christengemeinschaft keine Kirche, denn all das kann es in ihr und durch sie nicht geben, wenn sie sich selber treu bleibt.

Das Wort «Kirche» kommt von dem griechischen Wort «Kyriake», d.h. «dem Herrn gehörig», die dem Herrn gehörige Gemeinschaft. In unseren Ritualen wird das «die Gemeinde des Christus Jesus» genannt. Es kann auch das Haus sein, das dem Herrn gehört, und meint das Kirchengebäude. Das Wort, das im Neuen Testament für Gemeinde und Kirche benutzt wird, heißt «ekklesia» – die Rufgemeinschaft, die Gemeinschaft derer, die sich durch das Evangelium, das Wort von dem gekreuzigten und auferstandenen Gottessohn in Jesus, aus all ihren bisherigen Gemeinschaftsbindungen herausrufen lassen zu einer neuen Gemeinschaft, die durch das heilige Mahl die Verbindung zu dem Auferstandenen pflegt. Grundlage dieser Gemeinschaft ist das Bekenntnis des einzelnen Menschen zu der Tatsache, daß in Jesus von Nazareth der Christus, der Sohn Gottes auf Erden erschienen ist (Mt 16,17).

In der Urgemeinde in Jerusalem war die eine christliche Kirche für kurze Zeit eine sichtbare Gemeinde. Mit der Ausbreitung des Christentums entstanden nicht nur weitere «Ortsgemeinden», d.h. konkrete Menschengemeinschaften, die sich um das heilige Mahl scharten, sondern es entstanden in den verschiedenen Teilen des römischen Reiches nach Völkern, Sprachen und Kulturkreisen verschieden ausgeprägte «Nationalkirchen», wie zum Beispiel die syrische, armenische, koptische, äthiopische, gallische, irische usw., die sich durch Unterschiede in der Lehre, im Kultus, im Brauchtum oder in der sozialen Struktur voneinander absonderten. Es gab nicht mehr die eine sichtbare Kirche auf Erden, sondern viele christliche Religionsgemeinschaften mit jeweils vielen Ortsgemeinschaften.

Daß die römisch-katholische Kirche sich mit der ganzen Christenheit als der *einen Kirche* identifizierte, war von Anfang an nur eine Fiktion und ein Anspruch. «Die eine Kirche», «die Christenheit als Gesamtheit» war schon im ersten Jahrhundert eine geistig-übersinnliche und keine irdische Tatsache. So können wir sagen, Kirche ist eine viergliedrige Wirklichkeit:

1) der sichtbare, materielle Kirchenbau, der als eine Tatsache in Raum und Zeit die Hülle für die Gemeinde bildet, die sich in ihr versammelt;
2) die konkreten, sichtbaren Menschengemeinschaften, die miteinander das religiöse Leben durch das Vollbringen der Sakramente in rhythmischer Wiederholung in dieser Hülle pflegen;
3) die Religionsgemeinschaften, die nicht nur die Summe gleichartiger Ortsgemeinden sind, sondern die in diese als die höhere, aber schon unsichtbare Wirklichkeit hineinragen. Sie werden nicht wie Ortsgemeinden begründet, sondern aufgrund eines geistigen Impulses «gestiftet», besonders durch die Tatsache ihres jeweiligen Kultes;
4) die *eine* Kirche Christi ist die unsichtbare Gemeinschaft aller Christen, aller Gemeinden und aller christlichen Religionsgemeinschaften, die «Braut Christi» oder sein mystischer Leib.

Die Christengemeinschaft ist im Sinne dieser Gliederung eine Religionsgemeinschaft, gestiftet durch die Tatsache eines neuen kultischen Lebens, die sich in vielen Ortsgemeinden inkarniert hat. Sie darf sich mit anderen Religionsgemeinschaften und Gemeinden «deren Glieder den Christus in sich fühlen», in der *einen* Kirche vereinigt fühlen. Sie *ist* aber *nicht die eine Kirche.* Zu dieser gibt es auch einen «reichsunmittelbaren» Zugang für denjenigen, der keiner religiösen Gemeinschaft angehören will und doch auf individuellen geistigen Wegen eine Verbindung mit dem Christus sucht. Ja, schon derjenige, der die «heilbringende Macht des Christus» empfindet, gehört der einen Kirche an. Paradox kann man diese Tatsache so ausdrücken: Wer der (einen) Kirche angehören will, braucht keiner Kirche (Religionsgemeinschaft) anzugehören. Wer aber keiner Religionsgemeinschaft angehören und das religiöse Leben einer Ortsgemeinde (Kultus, Gottesdienst) nicht mitmachen will, der sollte darin auch konsequent sein und beide nicht plötzlich in besonderen Augenblicken in Anspruch nehmen.

Dadurch, daß man – auch ohne sich mit einer Religionsgemeinschaft zu verbinden –, der *einen* unsichtbaren Kirche Christi angehören kann, kann diese Verbindung zur Christengemeinschaft ein völlig freier Akt sein. Meint man noch, in bezug auf die Christengemeinschaft irgendetwas zu «müssen» (zum Beispiel ein bestimmtes Sakrament zu empfangen), so projiziert man «katholische» Empfindungen auf dieselbe.

Man kann die Christengemeinschaft, wenn man will, ruhig auch eine Kirche nennen (wie die römische, griechische, die reformierte, die evangelische etc.). Man muß aber dann wissen, daß man damit eine von vielen Religionsgemeinschaften und nicht die *eine* Kirche meint.

Dann aber ist sie eine Kirche ohne jeden Dogmenzwang, weil in ihr in bezug auf die christlichen Tatsachen Glaubens- und Lehrfreiheit herrscht; eine Kirche ohne moralisch-ethische Bevormundung und Gängelung, weil in ihr der einzelne selbst für seine Lebensführung verantwortlich ist; eine Kirche ohne geistliche Hierarchie, weil es nur die eine Priesterweihe gibt und ansonsten nur eine Gliederung der Verantwortung in verschiedene Ämter; eine Kirche, die nur soweit «Institution» sein will und mit dem Staat in Verbindung tritt, als es die rechtlichen und wirtschaftlichen Notwendigkeiten erfordern; und eine Kirche, die sich nicht für die allein seligmachende hält, ja nicht einmal die Zugehörigkeit zu einer christlichen Gemeinschaft für die absolute Bedingung des Christseins hält, sondern auch «reichsunmittelbare» Christen als Brüder schätzt.

Kann es freiere Bindung an eine christliche Gemeinschaft geben, als die Zugehörigkeit zur Christengemeinschaft?

Was heißt Mitgliedschaft in der Christengemeinschaft?

Wenn man das bisher Dargestellte ernstnimmt, so entfallen manche Mißverständnisse gegenüber der Mitgliedschaft der Christengemeinschaft.

Wer sich entschließt, in dieser Religionsgemeinschaft Mitglied zu werden, unterwirft sich keiner geistigen Autorität in Fragen der christlichen Lehre und Moral; er gibt nicht seine Freiheit auf zugunsten einer «Seelenführung» durch den Priester; er vollzieht auch nicht bloß einen bürokratischen Akt, der ihm zum Empfang kirchlicher Rituale berechtigt, sondern – ja, was geschieht eigentlich?

Ein Mensch lernt vielleicht die Christengemeinschaft durch einen anderen kennen, der sie schon kennt, oder indem er durch sein religiöses Suchen auf sie aufmerksam wird, oder durch das Erleben einer Bestattung oder eines Vortrages. Wenn er durch ein solches

Erlebnis berührt worden ist, so wird er vielleicht einmal den Gottesdienst, die Menschenweihehandlung, besuchen. Er wird sie zunächst wie eine Art Zuschauer erleben, mehr oder weniger beeindruckt davon sein. Er kann das Erleben dieses Gottesdienstes immer wieder suchen, und dabei werden sich in ihm auch Erkenntnisfragen regen, die nach Antworten verlangen. Er sucht nach Antworten durch Literatur, Vorträge und vielleicht auch durch Gespräche. Wenn er weiter sucht und strebt, wird sich sein Verhältnis zum Gottesdienst allmählich verändern. Er wird vom Zuschauer mehr und mehr zum Mitvollbringer dieses Kultus und damit im inneren Sinne zu einem Glied der Gemeinschaft derer, die diesen Kultus miteinander vollziehen und dadurch bestrebt sind, Gemeinschaft des Christus Jesus zu sein.

Er wird bemerken, welche Bereicherung sein Leben durch dieses Mitvollbringen erfährt, und eines Tages wird in ihm die Frage entstehen: Will ich mich mitverantwortlich machen dafür, daß diese Form christlichen Gemeindelebens bestehen und wachsen kann? Will ich Mitglied dieser Gemeinschaft werden? Mit einer solchen Frage kann er bei einem Priester der Christengemeinschaft um Gespräche zur Mitgliedsaufnahme – einer Art moderen Katechumenates – bitten.

Inhalt dieser Gespräche sind zum Beispiel Fragen über die Sakramente, die Kommunion, die Beichte, über das Vaterunser und das christliche Bekenntnis, über die Besonderheiten der Christengemeinschaft und über die rechtliche und wirtschaftliche Seite der Mitgliedschaft. Die Aufnahme in die Gemeinde erfolgt mit einer feierlichen Handlung, die in dem Empfang der Kommunion mündet.

Das Wort «Mitglied» deutet schon darauf hin, daß der Mensch dann ein notwendiges Glied eines Organismus ist – nicht eines natürlichen wie Pflanze und Tier, sondern eines «kultürlichen» wenn man dieses Wort prägen darf, – der besonderen Wachstumsgesetzen und -bedingungen unterliegt. Jedes Glied eines Organismus trägt dazu bei, daß dieser leben, sich entfalten und arbeiten kann. Paulus spricht von den Gliedern der Gemeinde als «Mitarbeiter» am Reiche Gottes. Denn im Vollbringen der Sakramente wird das Reich Gottes in der Erdenwelt gegenwärtig.

Jedes Glied eines natürlichen Organismus lebt nicht nur für diesen, sondern auch von diesem und durch diesen. Ohne den Zusammenhang mit dem Ganzen könnte es nicht leben. Es gibt und nimmt zugleich. So ist es auch mit dem Leben in der christlichen Gemeinde. Das höhere Leben des Sakramentes kann nur Wirklichkeit werden durch die Arbeit, das Mitvollbringen der Menschen, und wird ihnen gleichzeitig zuteil, aber nicht nur ihnen, sondern auch der Erde und den geistigen Wesen der Welt. Der einzelne gibt und nimmt zugleich.

Es ist eine Besonderheit des Kultus der Christengemeinschaft, daß dieses Geben und Mittätigsein deutlich ausgesprochen wird. In einem erhöhten Maße gilt dies für Ministranten, Taufeltern, Paten, Brautleute und Trauzeugen, die nicht einfach «Empfänger» des Sakramentes sind, sondern dieses selber mitbewirken. Wie ist das zu denken?

Dadurch, daß Menschen ihre Seelenkräfte zum Gefäß des Kultus machen, d. h. nichts anderes denken, fühlen und wollen als diejenigen Vorgänge, die im Kultus vorgebildet sind, entsteht ein seelisch-geistiges «Kraftfeld», eine «Anziehungskraft», die es den göttlichen Weltenkräften möglich macht, sich mit den Menschenseelen und mit den Substanzen des Kultus zu verbinden. Und das ist das Wesen eines Sakramentes, das nie von Natur geschieht, sondern nur, wenn Menschen ihre Seelenkräfte in dieser Weise für diesen Vorgang zur Verfügung stellen. Darin besteht das «Opfer» von Seiten der Menschen, dem das «Opfer» der geistigen Wesen, die sich mit dem irdischen Geschehen verbinden, antwortet.

Wer sich entschließt, von sich aus mitzuhelfen, daß dies geschehen kann, der entschließt sich, Mitglied der Gemeinschaft des Christus Jesus zu werden. Und alle Mitverantwortung auf rechtlichem, sozialem und wirtschaftlichem Felde ist nur die Konsequenz dieses Entschlusses. Er macht sich – im Bilde des Neuen Testamentes gesprochen – zur Säule im Tempel Gottes.

Vor diesem Hintergrund lassen sich auch verbreitete Mißverständnisse vermeiden. Nicht: «Wir lassen unser Kind taufen; wir lassen uns trauen»; sondern: «Wir alle taufen ein Kind, trauen ein Brautpaar, bestatten einen Verstorbenen.» Da gibt es keinen Unterschied zwischen weiseren und unweisen, moralisch guten oder schlechten, besseren oder schlechteren Mitgliedern. Vor Gott sind alle gleich. Wer am Reiche Gottes mitarbeitet – und sei es noch so wenig –, bekommt jeder seinen Denar (Mt. 20).

Zwar ist in der Christengemeinschaft die erklärte Mitgliedschaft nicht die absolute Voraussetzung des Empfanges von Sakramenten, aber jede Kommunion, jeder Empfang eines anderen Sakramentes ist schon ein Mitglied-Werden, weil es ein Mitvollbringen ist, und weil es ein Schicksal, eine Verantwortung gegenüber der Religionsgemeinschaft begründet, wenn man den Vorgang wirklich ernst nimmt.

Religion und Sakrament sind ihrem Wesen nach Bindung. Deshalb hat es keinen Sinn, von «freiem» Kultus, «freiem» Sakrament zu sprechen. Die Freiheit liegt darin, ob jemand überhaupt ein religiöses Leben in Gemeinschaft führen will. Hat er den Entschluß gefaßt, ein solches Leben zu üben, so hat er sich aus Freiheit gebunden. In dieser Bindung, und nicht mehr in einem Lehrbekenntnis, liegt im Sinne eines zeitgemäßen Christentums das christliche Bekenntnis, das ein Tatbekenntnis ist.

Anmerkung:
Diese drei Betrachtungen erschienen bereits in der Rubrik der «MITTEILUNGEN» in den Heften 1, 2 und 3.

Sakramente im Wandel der Zeiten

INTERVIEW MIT ARNOLD SUCKAU
von Wolfgang Weirauch

Arnold Suckau

Arnold Suckau, *geb. 1927, Studium der Theologie, Beschäftigung mit den Weltreligionen, speziell den östlichen. Pfarrer in der Christengemeinschaft Bonn und Dozent am Priesterseminar der Christengemeinschaft in Stuttgart.*

Wenn Sie gefragt würden, was es während des Kultus mit der Wandlung von Brot und Wein in Leib und Blut Christi auf sich habe, wüßten Sie da eine konkrete Antwort zu geben? Könnten Sie genau definieren, was Leib und Blut Christi sind, so daß es nicht nur als leere Begriffshülse im Raume stehenbleibt? Ziel wäre es natürlich, dergleichen jedem Menschen – gleich wie tief er sich die Anthroposophie erarbeitet hat – nahezubringen. Wir haben in diesem Interview einen ersten Schritt in diese Richtung gewagt, wobei wir uns im klaren sind, daß noch sehr viel mehr Schritte vollzogen werden müßten, um ein Geschehen wie die Wandlung von Brot und Wein umfassend darzustellen.

Das nachstehende Interview mit Arnold Suckau ist zweigeteilt, wobei der erste Teil von dem historischen Geschehen spricht: dem auferstandenen Christus, den ersten Kultusformen sowie den verschiedenen Sakramentsauffassungen einiger Religionsgemeinschaften. Im zweiten Teil - der allein verschiedene Aspekte der Christengemeinschaft beinhaltet, versuchen wir uns, unter Einbeziehung der anthroposophischen Geisteswissenschaft, dem Wandlungsgeschehen während des Kultus der Christengemeinschaft - der Menschenweihehandlung - zu nähern.

Sakramentenähnliche Riten in nicht-christlichen Religionen

Wolfgang Weirauch: Fast in allen Religionen - mit Ausnahme des Islam - gibt es Sakramente bzw. Sakramentenähnliches; was ist eigentlich ein Sakrament?

Arnold Suckau: Ein Sakrament findet in der physischen Welt statt, enthält aber außer den physischen Bestandteilen noch etwas anderes: einen Einschlag, eine Begleitung, einen Segen, eine Mitanwesenheit einer höheren Welt. Es ist eine physische Handlung, in der Spirituelles anwesend ist.

W. W.: Gibt es zum Beispiel im Alten Testament etwas, das man als die Beschreibung eines sakramentalen Vorganges erwähnen könnte? Ich denke zum Beispiel an die Raben, die Elias Brot und Fleisch zum Bache Krith bringen, oder an den Vorgang der Brotvermehrung bei der Witwe aus Zarpath.

A. Suckau: Die Beispiele, die Sie erwähnt haben, sind schwierig zu beurteilen, weil es sich dabei möglicherweise um Imaginationen handelt, um bildhafte Schilderungen von Vorgängen, die sich überhaupt nicht in der physischen Welt zugetragen haben. Deswegen würde ich zunächst woanders einsetzen, zum Beispiel bei der Beschneidung oder beim Passah-Mahl. Diese Beispiele würden meinem Empfinden nach schon eher auf die Frage der Sakramente hindeuten. Denn es sind Vorgänge, die sich auf jeden Fall in der physischen Welt abspielen und mit denen Spirituelles verbunden ist. Die Frage ist allerdings, ob dieses Spirituelle nur in dem Bewußtsein der Menschen vorhanden ist oder in dem Vorgang selber. Nur bei letzterem möchte ich mir vorstellen, daß man sinnvoll von einem Sakrament sprechen könnte. Aber wenn man nicht gleich den engeren christlichen Begriff des Sakramentes - oder gar den der sieben Sakramente - nimmt, darf man nicht von vorneherein in den außerchristlichen Religionen Sakramentales leugnen.

Die katholische Kirche hat hierzu eine besondere Auffassung, gerade in bezug auf die Sakramente des Alten Testamentes, über die sich Augustinus positiv ausgesprochen hat. Augustinus war der Auffassung, daß die Sakramente des Alten Testamentes nur eine Zeichenbedeutung hätten, während nach dem katholischen Sakramentsbegriff das Sakrament eine heilige Handlung ist, die über ihren Zeichenwert hinaus auch das bewirkt, was sie anzeigt. Augustinus würde ein solches Über-das-Zeichen-hinaus-Bewirkende nicht in den Sakramenten des Alten Testamentes sehen. Der augustinischen Auffassung nach sind diese prophetisch auf den später kommenden Christus hin ausgerichtet.

W. W.: Hätten Sie noch weitere Beispiele von sakramentähnlichen Vorgängen in anderen Religionen?

Mithras, Stieropfer. Bologna (weißer Marmor)

A. Suckau: Bei allen religiösen Zeremonien und Riten, insofern etwas von der geistigen Welt abgebildet und über das Abbilden hinaus vielleicht sogar wirksam wird, könnte man in diesem zunächst allgemeineren Sinne von Sakramenten sprechen. Alle Handlungen, die in dieser Hinsicht nach der Geburt eines Kindes an ihm geschehen, könnte man als Beispiel nennen; ferner mahlartige Zeremonien, etwa im Bereich der alten Mithras-Religion; oder das Taurobolium, wo der Kandidat unter dem geschlachteten Stier das herunterrieselnde warme Blut über sich ergehen ließ. Das war kein bloßer äußerer Vorgang, der psychologisch wirken sollte, sondern es war etwas, bei dem eine spirituelle Kraft mitwirkte. So haben es jedenfalls diese Religionen selber verstanden. Rudolf Steiner hat ja auch in seinem Buch «Wie erlangt man Erkenntnisse der höheren Welten?» zunächst in einem ganz pauschalen Sinne davon gesprochen, daß alle Religionen in ihren Zeremonien, Sakramenten und Riten äußerlich sichtbare Abbilder geistiger Vorgänge hätten und daß die Tiefen der Religionen von demjenigen verkannt würde, der dies nicht erkenne. Später hat Rudolf Steiner dieses Motiv des Abbildens dadurch ergänzt, daß er von krafterfüllten Abbildern gesprochen hat, also nicht von bloßen Symbolen, sondern von geistig ausgefüllten Realitäten.

Ich würde mit Augustinus übereinstimmen, daß die Sakramente des Alten Testamentes Zeichen waren, denen noch die Wirklichkeit fehlte, die erst durch das Erscheinen Christi auf Erden eingelöst wurde; aber ich würde meinen Blick daraufhin richten, welche andere Wirklichkeit, nämlich diejenige Jahves, vor der Zeitenwende mit den Zeichen verbunden war. Aber sicher ist, daß eine spirituelle Wirksamkeit mit den sakramentenähnlichen Vorgängen in allen Religionen gemeint ist.

W.W.: Man kann also nicht davon sprechen, daß das Sakrament etwas Ur-Christliches ist ? Auf dem Konzil zu Trient (1545 - 1563) wurde demgegenüber als Dogma festgelegt, daß Christus der Stifter der sieben Sakramente sei. Ist das ein Widerspruch?

A. Suckau: Hierbei kommt es auf die Terminologie an. Man kann den Ausdruck Sakrament in dem Sinne reservieren, wie es das Konzil zu Trient getan hat: «Sakramente sind von Christus gestiftete Zeichen, die Ihre Wirklichkeit mit sich führen» - Gnadenmittel also - «und es sind ihrer sieben». Auf diese Weise ließe es sich einschränken. Es hat auch etwas für sich, wenn ein Ausdruck nicht uferlos gebraucht wird, wenn er präzisiert wird. Dann muß man natürlich angeben, welche Spiritualität anderer Art in den anderen Religionen zu finden ist.

Die Abendmahlsfeier am Gründonnerstag

W.W.: Wenn wir uns im folgenden auf die Sakramente im christlichen Bereich beschränken wollen und unter ihnen das zentrale, das Abendmahl, auswählen, so ist es angebracht, auf die Einsetzung des Abendmahles zu schauen: Was geschah an diesem ersten Gründonnerstag zwischen Christus und seinen Jüngern? Was erlebten die Jünger während dieser Feier?

A. Suckau: Die Frage, zu der ich schon versuchen werde, etwas zu sagen, die wird natürlich heute von den Menschen, die sich dafür interessieren - auch von der modernen Theologie -, als eine Frage empfunden, die außerordentlich schwierig zu beantworten ist. Denn die Quellen sind in bezug auf das, was sie eigentlich aussagen wollen, sehr schwierig zu deuten. Man findet heute erstaunliche Abweichungen von der traditionellen christlichen Auffassung, indem man zum Beispiel sagt, daß die Evangelien keine Biographien seien - was sie auch nicht sind -, sondern Glaubensdokumente - das sind sie ja auch, wenn man damit sagen will, daß sie die Beziehung der Leser oder Hörer zu dem Christus anregen wollen. Aber die Evangelien sind vom Standpunkt derer, die sie dann niedergeschrieben haben, Offenbarungs- oder Erleuchtungsdokumente. Wenigstens ist der Blick der sogenannten Verfasser aus der geistigen Welt auf ganz Bestimmtes gelenkt worden. Daher, weil man dies heute oftmals nicht mit einer entsprechenden spirituellen Anschauung sehen kann, spricht man von der theologischen Konzeption der Evangelisten. In der Untersuchung, welche Tendenzen die Evangelisten bei ihrer Konzeption hatten, sind viele moderne Theologen auf Wege geraten, die die Landschaft des Urgeschehens an der Zeitenwende als unbekannt oder der Überlieferung gegenüber entfremdet darstellen. Ein moderner Theologe wird wahrscheinlich sagen, daß man überhaupt nicht sagen könne, was in den letzten Tagen dieser Karwoche wirklich geschehen ist. Das sehe ich natürlich anders.

Mit einem gewissen Recht könnte man sagen – auch in den großen Kirchen hört man das hin und wieder –, daß das Ursakrament überhaupt die Erscheinung des Christus auf Erden sei, indem Christus nicht allein ein göttliches Wesen geblieben ist, sondern auch ein menschliches wurde, er also in ein Gebiet eintauchte, in dem er vorher nicht darinnen war, dadurch aber das Menschsein dahinein verwandelt hat, daß es so wurde, wie es im Sinne Gottes überhaupt gemeint war! Alles, was im Laufe der Zeiten an dem menschlichen Wesen verlorengegangen und verdunkelt worden ist, wurde durch diese göttliche Tat des Christus wieder aufgerichtet. Das ist etwas, was wir später in den Sakramenten wiederfinden. Ein alter Kirchenlehrer, der Papst Leo I., hat dies in folgende Worte gekleidet: «Was an unserem Erlöser sichtbar gewesen ist, das geht in die Sakramente über.» Es taucht also das göttliche Wesen in das Erdenmenschliche ein, entbindet aber diesem Erdenmenschlichen die eigentlich gemeinte göttliche Form bzw. Dimension. Dies ist ein Vorgang, der erst mit der Auferstehung Christi vollständig realisiert worden ist.

Die Jünger haben dann, mit den Tagen von Ostern an beginnend, den auferstandenen Christus – der nicht der vormenschliche, rein geistige Christus war, sondern mit dem Erträgnis der Menschwerdung – in dieser Form wahrnehmen dürfen. Sie haben dabei erlebt, daß die Verheißung, die er am Gründonnerstag verkündigt hat, wahr geworden ist: daß in dem Brechen des Brotes und in dem Herumreichen des mit Wein gefüllten Kelches sein göttlich-menschliches Wesen anwesend wurde. Der Gründonnerstag selber ist wohl so verlaufen, daß im Anschluß an das Passahmahl – oder besser gesagt das essäisch nuancierte Passahmahl – der Christus Jesus Worte gesprochen hat, die dann später in den

Großes Evangeliar, Lukasevangelium, Abendmahl

Kultus eingegangen sind: «Dies ist mein Leib, dies ist mein Blut.» Das geschah vor dem Ereignis auf Golgatha. Insofern hatte das Ereignis am Gründonnerstag auch etwas Vorausnehmendes. Man braucht es nicht als Zauberei aufzufassen, daß neben dem Leibe Christi im Materiellen eine andere Wesenhaftigkeit vorhanden war, die er als seinen Leib und sein Blut bezeichnet hat. Denn durch das Ereignis von Golgatha wird nun das Christuswesen so etwas wie die Seele oder der Geist der Erde. Diese spirituelle Anwesenheit des Christus auf Erden -jetzt für die gesamte Erde gemeint, nicht wie es vorher für den Teil der Erde galt, auf dem der greifbare Jesus wandelte – ist für uns in der Christengemeinschaft der Schlüssel zum Verständnis der Eucharistie und des Abendmahles. Denn aus dem Zustand, den der Christus durch das Ereignis von Golgatha angenommen hat, wird er in der christlichen Mahlfeier konkret gegenwärtig.

W. W.: Haben die Jünger während der Abendmahlsfeier am Gründonnerstag – bei den Einsetzungsworten: «Dies ist mein Leib, dies ist mein Blut» – auf übersinnliche Weise eine Verwandlung des Brotes sowie des Weines geschaut? Oder waren sie sich dessen nicht bewußt, so daß sie davon nichts bemerkten?

A. Suckau: Sie schneiden jetzt Fragen an, die schon sehr schwierig werden. Ich möchte meinen, daß zu diesem Zeitpunkt keine Schauungen bei den Jüngern vorhanden waren, sondern daß sie ganz in die Stimmung des irdischen Abschieds des Christus Jesus eingetaucht waren, von der sie auch getragen waren. Anders wird dies in der Zeit zwischen Ostersonntag und Himmelfahrt.

W. W.: Kann man im Verhältnis der Jünger zu dem Auferstandenen weitere Stufen kennzeichnen, in denen ihnen das Wesen des Auferstandenen sowie das Sakrament des Abendmahles deutlicher und deutlicher wurden?

A. Suckau: Auf jeden Fall wurden sie über das alltägliche irdische Bewußtsein hinaus in die Sphäre erhoben, in der überhaupt ein wahrnehmender, bewußt teilnehmender Umgang mit dem Auferstandenen möglich wird. In diesem Zusammenhang kann sich ihnen auch kundgetan haben, wie bis in die Elemente von Brot und Wein hinein eine besondere Durchdringung oder Durchseelung durch den Christus erlebt werden konnte.

W. W.: Sie erwähnten vorhin, daß das Leben des Christus Jesus ein einziges Sakrament gewesen sei. Wäre daraus folgend eine Charakterisierung des Sakramentes die, daß sich ein Sakrament dann vollzieht, wenn Menschen zusammen sind und ein göttliches Wesen in ihrer Mitte erscheint?

A. Suckau: Das wäre dann natürlich etwas anderes als die Ordnung der Sakramente, wie sie in einer der christlichen religiösen Gemeinschaften vorhanden ist. Eingangs betrachteten wir die eine Seite der Abgrenzung der Sakramente, hier kommen wir nun zu der anderen Seite. Die Frage, die Sie berühren, weist vielleicht in die Richtung, daß bestimmte Anordnungen oder Einrichtungen der Religionsgemeinschaften einen sakramentalen Charakter innehaben können. Das ist ein weites Feld, auf das man den Begriff des Sakramentalen erweitern müßte, um es in unsere Besprechung miteinzubeziehen. Aber das hat eine große Bedeutung. Die Anthroposophie spricht sogar von einem allgemeinen Sakramentalismus spezifisch christlicher Prägung, den man von allen anderen Möglichkeiten unterscheiden müsse. Gemeint ist ein Sakramentalismus, der sich aus der christlichen Spiritualität der Menschen heraus ergeben kann – noch keimhaft, aber sich in Zukunft auswachsend –, was aber ein anderes Gebiet ist als der Bereich, der mit dem dafür beauftragen Priester zu tun hat.

Heilungen und Belehrungen durch die Apostel

W.W.: Wie war die weitere Entwicklung innerhalb der ersten eineinhalb Jahrhunderte nach der Zeitenwende? Soweit ich orientiert bin, gab es in den urchristlichen Gemeinden einen öffentlichen und einen nicht-öffentlichen Gottesdienst. Wie sahen diese im näheren aus, und wie wurden sie gestaltet?

A. Suckau: Wir haben über diese Zeiten, je weiter sie an die Zeitenwende heranreichen desto weniger, nur eine geringe Anzahl von Quellen. Natürlich gibt es die Apostelgeschichte. Aus ihr könnte sich ergeben, daß die ersten Ansätze eines Gottesdienstes überhaupt nicht öffentlich waren, sondern daß dasjenige, was die ersten Christen mit der Öffentlichkeit religiös verband, zum Beispiel ihr Verweilen im Tempel zu Jerusalem war. Daneben hatten sie als Christen – aber das scheint ganz unter Ausschluß der Öffentlichkeit vollzogen worden zu sein – in den Häusern, die dafür in Frage kamen, ihre Zusammenkünfte.

Dabei wird das Gebet und auch die Lehre der Apostel eine ganz bestimmte Rolle gespielt haben, ferner das Brotbrechen. Wir wissen nicht genau, ob es Glieder eines zusammenhängenden Ganzen waren, ob zum Beispiel die vier Vorgänge, die Lukas nennt, die vier Teile der späteren Messe andeuten. Es heißt da an einer Stelle in der Apostelgeschichte, daß sie, die Apostel, in der Lehre, in der Gemeinschaft, im Brotbrechen und im Gebet zusammenblieben (Apg. 2,42). Dadurch, daß diese Vierheit auftritt – wobei das Brotbrechen an dritter und die Lehre an erster Stelle genannt wird –, kann man die Frage haben, ob dies eine Andeutung auf eine zusammenhängende Vierheit, wie sie später in der Messe erscheint, sein sollte. Oder ist es nur eine Aufzählung von Vorgängen, die damals stattgefunden haben? Wenn es ein zusammenhängendes Ganzes war, dann ergibt sich daraus, daß das Ganze ein internes Geschehen unter Christen gewesen sein muß. Jemand, der nicht getauft war, durfte bei diesem Geschehen überhaupt nicht anwesend sein. Wie weit die Apostel zusätzlich öffentlich gelehrt haben, ergibt sich wiederum aus der Apostelgeschichte, zum Beispiel im Tempel bei der Heilung des Gelähmten usw. Man könnte auch die Rede des Petrus zu Pfingsten nennen, von der auch sehr schwer zu sagen ist, wer denn genau die Zuhörer waren, weil das Ganze halb bildhaft ist und es für diese Zeiten immer sehr schwer ist, sich den physischen Befund genau vorzustellen. – Aber im ersten Jahrhundert wird es so gewesen sein, daß in der Öffentlichkeit Predigten, Belehrungen und das Ansprechen einzelner Personen durch die Jünger vollzogen wurden. – Im zweiten nachchristlichen Jahrhundert kam dann der zweiteilige Gottesdienst, der in einem Raume vollzogen wurde, und der öffentlich zugänglich war, bei welchem aber die Nichtgetauften nur den ersten Teil miterleben durften und vor dem zweiten Teil hinaus mußten.

W.W.: Das ist ja schon *ein* Gottesdienst, wenn auch ein zweiteiliger. Meine Frage zielte eigentlich mehr dahin, ob es in diesen ersten eineinhalb Jahrhunderten zwei verschiedene, örtlich und zeitlich voneinander getrennte Gottesdienste gegeben habe; einen öffentlichen Verkündigungsgottesdienst sowie einen im Verborgenen abgehaltenen.

A. Suckau: Ja, das gab es; nur würde ich den einen nicht als spezifisch christlichen Gottesdienst bezeichnen, denn die Apostel waren bei diesen Verkündigungen mit Schriftlesung mit den Juden im Tempel zusammen. Es war auch so, daß sie bestimmte Gelegenheiten benutzten – zum Beispiel wenn die Menschen sie über die näheren Umstände einer Heilung befragten –, um aus der Christus-Sphäre zu sprechen. Die Apostel erklärten dann die Ursache dieser Heilung. Ich weiß nicht, ob man dieses schon Wort-Gottesdienst nennen sollte.

Die ersten Gottesdienste in den nachchristlichen Jahrhunderten

Die Zweiteilung des einen Gottesdienstes blieb dann über Jahrhunderte. Damit hängt auch das sogenannte Katechumenat zusammen, eine Einrichtung, in der man die zu Taufenden auf die Taufe vorbereitete. Dies waren Menschen, die Interessenten oder Sympathisanten des Christentums waren, denen man aber eine mehr oder weniger lange Taufvorbereitung angedeihen ließ. Am Ende stand die Taufe, und danach konnten sie am vollen Gottesdienst teilnehmen. Waren sie noch nicht getauft, so durften sie nur die Gebete und Schriftlesungen mitvollziehen, wurden dann aus dem Raum hinausgeleitet, während die Vollchristen zu dem übergingen, was später die Opfermesse wurde.

W. W.: Entsprach dieser erste Teil des damaligen Gottesdienstes, verglichen mit dem später folgenden vierteiligen Gottesdienst, dem Teil der Evangelienlesung?

A. Suckau: Ja, das kann man so sagen. Obwohl auch anderes gelesen wurde, zum Beispiel aus dem Alten Testament.

W. W.: Es muß doch aber einmal einen Zeitpunkt gegeben haben, an dem die mehr sporadischen Verkündigungen, zum Beispiel nach den Heilungen, als Verkündigungsteil bzw. erster Teil des Gottesdienstes, mit dem übrigen, bisher intim gehaltenen Gottesdienst zusammengelegt worden sind. Wann war dieser Beginn, wer hat sie zusammengelegt und warum?

A. Suckau: Soweit ich orientiert bin, hatte auch dieser allererste, im Verborgenen gehaltene Gottesdienst der Apostel schon Teile der Verkündigung in sich, zum Beispiel wenn die Jünger von ihrer Begegnung mit Christus berichteten. Ansonsten ist die Frage nicht klar zu beantworten, wo und wann zum ersten Mal die Nichtgetauften an diesem Ereignis teilnehmen durften. In den ersten Jahrzehnten waren höchstwahrscheinlich auch bei diesem ersten Teil die Nichtgetauften vollkommen ausgeschlossen, nur die Getauften wurden bei den gottesdienstähnlichen Versammlungen der Christen miteinbezogen. Fernerhin weiß man, daß im zweiten Jahrhundert die Nichtgetauften, aber bereits im Taufunterricht befindlichen, an dem ersten Teil des Gottesdienstes teilnahmen.

W. W.: Können Sie noch etwas zu der Gestalt dieser ersten Gottesdienste sagen?

A. Suckau: Da gibt es durchaus Beschreibungen, zum Beispiel die didaché apostólon, die Lehre der zwölf Apostel, eine Beschreibung, die aus dem zweiten Jahrhundert stammt. Darin wird, um nur einiges zu nennen, das Vaterunser mitgeteilt und auch etwas von den Worten, die in den Gottesdiensten gesprochen wurden. Es ist eine Art Beschreibung, wie das Hochgebet gelautet hat, mit dem die Feier in ihrem zentralen Teil durchgeführt wurde. Im weiteren gibt es aus dieser Zeit indirekte Beschreibungen; man hat nie gerne in direkter Rede geschrieben, was dort gesprochen wurde. Es sind Umschreibungen, in denen aber gewisse Passagen des Gottesdienstes angedeutet werden. Wir finden dies bei den meisten alten Kirchenlehrern, insofern wir von ihnen literarische Zeugnisse besitzen. Unter diesen Zeugnissen gibt es auch die ältesten Schilderungen dessen, was während des Gottesdienstes vorgegangen ist. Und das zielt insbesondere auf die Fragen der Wandlung hin.

Die ersten Ritualworte lebten noch von spiritueller Beweglichkeit

W. W.: In welcher Sprache wurden diese Gottesdienste in den ersten nachchristlichen Jahrhunderten eigentlich zelebriert?

A. Suckau: Es war Griechisch, im Orient auch Aramäisch und Syrisch. Bis in das vierte Jahrhundert hinein, auch in Rom, war Griechisch die Kultsprache. Etwas anders war es in Nordafrika, wo schon unter Tertullian und Cyprianus das Latein als Kultsprache eintrat. Tertullian war der Schöpfer der lateinischen Kirchensprache. Von ihm stammt auch das Wort Sakrament, insofern es auf einen christlichen Vorgang angewendet wird.

W. W.: Die ersten Ritualworte, wo kommen sie her? Was wurde während der ersten Gottesdienste gesprochen?

A. Suckau: Es war so, daß die Ritualworte, die das sogenannte Hochgebet betreffen, also die Worte, die die Wandlung der Elemente umgeben, in den ersten Zeiten noch recht beweglich gehalten wurden. Sie wurden nicht präzise nach einer einheitlichen Vorschrift gesprochen, sondern die einzelnen Vorsteher dieser Feiern konnten individuelle Nuancen einbringen. Man wußte, was der Intention nach hineingehörte und zu sprechen war, aber es gab kein Formular, das an alle verteilt wurde, die das zu machen hatten. Man sollte es aber nicht mißverstehen, denn heute würde es als Beliebigkeit ausgelegt werden. Die Menschen hatten früher als individuelle, in das Christentum hineingewachsene Menschen so viel spirituelle Kräfte, daß sie mit einer gewissen Weite das Richtige sprachen.

In dieser Zeit kommen verschiedene Versuche vor, dieses zum Ausdruck zu bringen, zum Beispiel: «Es wird gebeten um das Wort, den Logos. Das Wort möge herbeikommen und möge das Brot in den Leib Christi und den Wein in das Blut Christi wandeln.» Es gab aber gleichzeitig auch entsprechende Bitten um den Geist. Eine solche Formel ist beispielsweise von Irenäus – einem sehr frühen Kirchenvater – bekannt, am Ende des zweiten Jahrhunderts: «Das Wort möge das Brot in den Leib Christi und den Wein in das Blut Christi verwandeln.»

Wir haben dann eine weitere Überlieferung von dem römischen Presbyter Hippolyt (um 200 n. Chr.), in der die Herabkunft des Geistes erfleht wird, damit das Brot in den Leib Christi sowie der Wein in das Blut Christi verwandelt werden. Es gibt weitere, noch interessantere Überlieferungen: «Es möge durch diese Wandlung das Brot in den Leib des Logos, der Kelch mit dem Wein in das Blut der Wahrheit verwandelt werden». Das waren noch sehr eigene, bewegliche Formulierungen, die noch keiner Festlegung unterzogen waren.

Das hängt natürlich damit zusammen, daß diese Altchristen nach Möglichkeiten und Erklärungen suchten, was während der Wandlung geschah. Gerade Hippolyt und Tertullian haben davon gesprochen, daß Brot und Wein «antitypoi», also Gegen- oder Abbilder des Leibes und des Blutes Christi seien. Man wußte, daß es nicht beliebige, sondern ganz bestimmte irdische Substanzen sein müssen, Brot und Wein, weil sie in eine ganz spezifische abbildhafte Trägerschaft des Leibes sowie des Blutes Christi nach seiner Auferstehung geraten können. Die Möglichkeit, daß die Wandlung von einzelnen Menschen in diesen früheren Zeiten geschaut wurde, gibt diesen alten Zeiten ihr Gepräge. Die Anwesenheit des auferstandenen Christus in dem Brot und dem Wein wurde als die Wandlung erlebt. Allerdings wurde ein Unterschied zu den anderen sakramentalen Handlungen festgestellt, den auch Thomas von Aquino später noch genauer definiert hat, nämlich daß bei den anderen sakramentalen Handlungen Christus lediglich seine Kraft hineinsende, während er bei der Eucharistie mit seinem ganzen Wesen anwesend werde. Die zentrale Stellung der Eucharistie unter den Sakramenten ist doch sehr bald empfunden worden.

Dirk Bouts, Das letzte Abendmahl, 1464–67

Die beginnende Entfremdung des Menschen vom Altargeschehen

W.W.: Im fünften Jahrhundert kommt von Syrien her der Brauch auf, während der Wandlung einen Vorhang vor den Altar zu ziehen; im siebten Jahrhundert errichtet man in Konstantinopel die erste Ikonostasis, diese Bilderwand zwischen Altar und Gemeinde. Was wurde damit bezweckt? Sollte äußerlich dargestellt werden, daß die Gemeindemitglieder den Vorgang der Transsubstantiation nicht mehr verstehen?

A. Suckau: Ja, die aufkommenden Vorhänge und Bilderwände schirmten die christliche Versammlung von dem Altargeschehen ab. Zu gewissen Zeiten wurde der Vorhang vorgezogen bzw. die Bilderwand geschlossen, so daß man nichts mehr sah, aber noch alles hörte. – Zu diesen Zeiten ist das eigentliche Urchristentum zu Ende. Die ersten urchristlichen Formen gehen von der konstantinischen Zeit an zu neuen Formen über. Gleichzeitig wird das Gottesdienst-Wesen auch im Äußeren sehr viel reichhaltiger gestaltet. Alles, was vorher lag, hatte noch eine gewisse konzentrierte Schlichtheit; nun wird das Ganze mit einem immer größer werdenden Gepränge umgeben. Es muß wohl empfunden oder gewollt worden sein, daß sich von nun an eine größere Trennung der sich herausgestaltenden geistlichen Ämter von der allgemeinen christlichen Bevölkerung ausbreitete. Das wurde auch dadurch unterstrichen, daß von dem «schrecklichen Erleben» dessen, was auf dem Altar geschehe, gesprochen worden ist. Gemeint war, daß der Mensch nicht an das heranreiche, was am Altar geschehe, so daß sich bei den Gläubigen eine immer stärkere Entfremdung von den Altarvorgängen bemerkbar machte. Es wurde eine Sphäre aufgebaut, von der die anderen abgehalten wurden. Damit initiierte man eine gesteigerte Ehrfurcht, die aber in den früheren Zeiten auf viel natürlichere Weise von selbst erbracht wurde. Im wesentlichen geschah dies im Bereich der Ostkirche, im westlichen Bereich hat es sich nicht durchgesetzt.

W.W.: Allerdings kann man sich fragen, ob es nicht ein gleiches ist, wenn die Worte während der Transsubstantiation nur geflüstert werden! Dies trat ja in der römisch-katholischen Kirche auf!

A. Suckau: Ja, das wäre eine gewisse Parallele im westkirchlichen Bereich. Zuerst trat die Stimmung auf, man dürfe die Worte der Wandlung nur halblaut sprechen, später wurden sie dann geflüstert. Das ist in der römisch-katholischen Kirche bis zum II. Vatikanischen Konzil geblieben. Seitdem ist allerdings vieles anders geworden. Einen Vorhang hatte man in der westlichen Kirche, die dann immer mehr zur römisch-katholischen wurde, allerdings nicht. Auch die äußere Ausgestaltung, zum Beispiel die Länge des Kultus, hat in der westlichen Kirche niemals das Ausmaß erreicht, wie es in der Ostkirche war. Die orthodoxe Kirche ist bis auf den heutigen Tag bei diesen älteren Zuständen stehengeblieben. Sie ist im wesentlichen noch ganz prä-scholastisch, so wie sie ja auch nur die ersten sieben ökumenischen Konzile anerkennt.

Die Präzisierung der Sakramente auf die Siebenzahl

W.W.: Seit wann spricht man eigentlich von den sieben Sakramenten?

A. Suckau: Im ersten Jahrtausend hat man überhaupt nicht von sieben Sakramenten gesprochen, es gab eine unbestimmte Anzahl von derartigen heiligen Vorgängen, die

Zeichenhaftes enthielten und darüberhinaus Wirkungen hatten. Sie alle erschienen aber als von Christus eingesetzt. Erst im zwölften Jahrhundert tritt es ein, daß man diese heiligen Handlungen auf die sieben Sakramente präzisiert. Der erste, der dies ausgearbeitet hat, war Petrus Lombardus: baptismus, confirmatio, eucharistia, pönitentia, unctio extrema, ordo, coniugium; Taufe, Firmung, Eucharistie, Buße, Letzte Ölung, Priesterweihe und Ehe. Auf dem Konzil zu Trient ist es dann unveränderlich festgelegt worden, daß es diese sieben Sakramente in dieser Reihenfolge zu geben habe.

Die Anzahl der Sakramente vorher war so gleitend, daß die alten Kirchenväter teilweise bis zu 20 Sakramente aufgezählt haben. Dionysius Areopagita zählt zum Beispiel sechs Sakramente auf: Taufe, Eucharistie, Myron-Weihe – also Ölweihe –, Priesterweihe, Mönchsweihe und das Toten-Offizium. Der heilige Bernhard von Clairvaux kennt zehn Sakramente.

W.W.: Können Sie einige Beispiele nennen, welche Verrichtungen noch als Sakramente bezeichnet wurden?

A. Suckau: Die Toten-Feier zum Beispiel. Später, als bereits die sieben Sakramente festgelegt worden waren, nannte man diejenigen Handlungen, die nicht unter diese sieben fielen, die Sakramentalien. Diese wurden sehr weit gefaßt, es wurden intensive Gebete miteinbezogen, auch das Geben von Almosen. – Der verstorbene Religionsforscher und Kirchengeschichtler Ernst Benz aus Marburg hat dargestellt, daß im Neuen Testament Riten angedeutet werden, die nichts mit den sieben Sakramenten zu tun haben, zum Beispiel die Fußwaschung. Diese Fußwaschung gehört auch zu den Sakramentalien und wird zu außergewöhnlichen Anlässen vom Papst oder vom Abt an zwölf auserwählten Menschen vollzogen. Heute ist das mehr eine feierliche Symbolhandlung.

W.W.: Gilt die Präzisierung der Sakramente auf die Zahl sieben nur für die römisch-katholische Kirche oder hat die orthodoxe Kirche sie auch angenommen?

A. Suckau: Sie hat sie angenommen, aber sie sind nicht im ostkirchlichen Bereich entstanden, sondern auf dem Konzil zu Lyon angenommen worden. Man hat die Siebenzahl der Sakramente faktisch übernommen, aber man hat sie nicht dogmatisiert.

Überhaupt ist es so in der Ostkirche, daß sämtliche sakramentalen Handlungen als Ausfluß dieses urchristlichen Mysteriums aufgefaßt werden. Das Ganze, besonders die Eucharistie, ist mehr in die Atmosphäre getaucht, die man als ein Mysteriendrama bezeichnen könnte. Der Gottesdienst ist sehr viel länger, ist anders aufgebaut; auch heute noch wird die Liturgie der Katechumenen sowie die Liturgie der Gläubigen sprachlich unterschieden, auch wenn während der gesamten Zeit dieselben Leute dabei sind. Viele alte Riten haben sich erhalten, zum Beispiel wird nach der Liturgie der Katechumenen, dem sogenannten ersten Teil, noch ausgerufen: «Zu den Türen, zu den Türen!». Es wird damit darauf verwiesen, daß bei dem weiteren Vorgang kein Ungetaufter anwesend sein solle. Natürlich hat das eine rein museale Bedeutung, aber es gehört der Liturgie an. Man kann daraus die älteren Vorgänge sehr schön wie durch ein Transparent erscheinen sehen.

W.W.: Warum können die Kinder innerhalb der Ostkirche Firmung sowie Abendmahl sofort nach der Taufe empfangen?

A. Suckau: Wer getauft ist, kann auch das Abendmahl empfangen. Das wird mit einem goldenen Löffel ausgeteilt, so daß die Hostie in den Kelch eingetunkt wird. Man bekommt beides.

W.W.: Die Ostkirche betrachtet das Transsubstantiationsgeschehen in völlig anderer Weise als die römisch-katholische Kirche. Wo liegen die Unterschiede?

A. Suckau: Spätestens seit Ambrosius wird angenommen, daß die Wandlungsworte – also die Worte, die im Anschluß an das Abendmahl rezitiert werden, die man auch aus den Evangelienberichten kennt – die eigentliche Wandlung ausmachen. In der orthodoxen Kirche dagegen liegt die Betonung viel mehr auf der Herabkunft des Heiligen Geistes, die in der Westkirche überhaupt nicht enthalten ist: die Epiklese, das Herabbitten des Geistes auf Brot und Wein. Zwar wird in der römisch-katholischen Kirche Brot und Wein emporgehoben, aber dieses Emporheben ist nicht die Epiklese.

Vor der Trennung der beiden Kirchen gab es folgende Formulierung: «Dein heiliger Geist komme herab und mache dieses Brot zu dem Leib Christi und diesen Wein zu dem Blute Christi» («Apostolische Konstitutionen», 4. Jh.). Natürlich kommen die Einsetzungsworte in der orthodoxen Kirche auch vor, sie haben nur nicht diesen gewichtigen Akzent, wie überhaupt in der orthodoxen Kirche mehr das Prozessuale im Vordergrund steht. Das Ganze ist eine Art Mysteriendrama, in dessen Verlauf die Wandlung eintritt. Ein späterer orthodoxer Theologe, Isidor von Kiew, sagte einmal: «In der Epiklese geht der Same der Einsetzungsworte erst auf». Das ist eine schöne Äußerung, weil sie beides miteinander verbindet: Einsetzungsworte und Herabkunft des Geistes. Das ist die Beschreibung eines Prozesses in verschiedenen Stadien, wie es ja auch in der Christengemeinschaft der Fall ist.

W.W.: Gibt es die sieben Sakramente noch in anderen Religionsgemeinschaften?

A. Suckau: Ja, die sieben Sakramente wurden auch von denjenigen Kirchen angenommen, die nicht im strengen Sinne zu den orthodoxen Großkirchen gehören, zum Beispiel von den monophysitischen Kirchen, die aus der Kirchengeschichte abgedrängt wurden und die späteren Konzilien gar nicht mehr mitvollzogen haben. Man könnte hier die äthiopische oder die koptische Kirche nennen, Kirchen, die vom Standpunkt der römisch-katholischen Kirche leichte ketzerische Einschläge haben, weil sie gewisse christologische Dogmen nicht mitvollzogen haben. Selbst diese reden von den sieben Sakramenten.

Der Spender der Sakramente

W.W.: Wie steht es mit dem Spender der Sakramente? Gelten bezüglich des Spenders bei allen sieben Sakramenten die gleichen Bedingungen?

A. Suckau: Nein, da gibt es Unterschiede. In den Großkirchen werden mit Hinblick auf die Sakramente drei Themenkreise unterschieden: a) die Sache des Sakramentes selbst, Zeichen und Wort; b) der Spender; c) der Empfänger. Hierbei gibt es außerordentliche Differenzierungen.

Im Sinne der römisch-katholischen Kirche muß der Spender der Eucharistie und der Letzten Ölung die Priesterweihe empfangen haben. Bei dem Bußsakrament kommt noch eine andere Nuance mit hinzu, weil hier das richterliche Element mit eingeschlossen wird. Dieses Sakrament hat durch die Absolution zugleich einen juristischen Charakter. Firmung und Priesterweihe verlangen die Bischofsweihe; ein Mensch kann nicht einen anderen firmen, dadurch daß er Priester ist. Die Bischofsweihe hat in der katholischen Kirche eine andere Weihequalität; es ist nicht die Priesterweihe, sondern ein anderer Weihevorgang kommt noch hinzu. Wenn ein einfacher Priester doch die Firmung vollziehen darf, dann muß er eine päpstliche Beauftragung haben. Bei der Ehe ist es so, daß in Anwesenheit des Priesters die beiden Ehepartner selbst die Spender des Sakramentes sind. Sie müssen allerdings getauft sein; aber dann sind sie nach katholischer Auffassung die Vollzieher des Sakramentes der Ehe. In der katholischen Kirche wird die Trauung nicht von der Ehe unterschieden; die kirchliche Trauung ist die Eheschließung. Der Priester ist nur dabei und umschließt den gesamten Vorgang.

Bei der Taufe ist es so, daß im Notfall jeder Mensch diese Taufe als Spender verantworten darf. Sogar der Nichtgetaufte, zum Beispiel ein Moslem oder ein Häretiker, darf die Taufe vollziehen, wenn er weiß, wie es gemacht wird und gleichzeitig die Intention, die die Kirche mit der Taufe verbindet, bei der Taufe stellvertretend ausübt.

Das ist etwas ganz Merkwürdiges! Es wäre etwas Ähnliches, wenn ich einem Moslem – der sich wünscht, daß man ihm in seiner Sterbestunde die Schahâdah, das islamische Bekenntnis, in das Ohr flüstere – die Schahâdah ins Ohr flüstere, und zwar obwohl ich kein Moslem bin, aber die Kenntnis der Schahâdah besitze. Ich weiß nicht, ob der Islam das erlaubt. In der katholischen Kirche kann jeder im Notfall taufen, wenn er in diesem Moment die Intention dieser Kirche hat.

W.W.: Wie erklären Sie sich das? Trägt das nicht den Charakter, möglichst viele Menschen in die katholische Kirche hineinzubekommen?

A. Suckau: Es ist schon etwas Merkwürdiges, auch wenn die Nottaufe eine gute Einrichtung ist. Die Christengemeinschaft kennt sie auch. Aber im Bereich der katholischen Kirche liegt die Vorstellung vor, daß es etwas ganz Schreckliches sei, wenn jemand ungetauft sterbe. Dem kann ich nicht zustimmen. Schließlich geht die Welt ja nicht unter, wenn ein Mensch nicht getauft worden ist. Das sind diese alten Erwägungen: «Wer weiß schon, was dem Ungetauften blüht, also wollen wir ihn doch lieber taufen.»

Erklärungsmodelle von der Wirksamkeit der Sakramente im Umfeld der katholischen Kirche

W.W.: Wann vollzieht sich überhaupt ein Sakrament, wann ist ein Sakrament überhaupt gültig, nach katholischer Auffassung?

A. Suckau: Hierfür gibt es bestimmte Bedingungen. Es gibt den berühmten Ausdruck von dem Konzil von Trient: «ex opere operato»; gemeint ist, daß das Sakrament durch den Vollzug des Vorganges selber wirke. Es hänge nicht von einer seelischen Qualität des Menschen ab, was in dem Sakrament geschehe, sondern es geschehe kraft des Vorganges selber; allerdings unter zwei Bedingungen: Erstens muß der Spender dabei die Intention der Kirche im Bewußtsein haben, er darf mit dem Vorgang keine kirchenabweichenden Intentionen verbinden, und zweitens muß er ihn rite vollziehen, alle äußeren Worte und Gesten müssen genau durchgeführt werden. Der übrige moralisch-seelische Zustand der betreffenden Persönlichkeit ist nicht maßgebend. Er wirkt nicht auf das Sakrament ein. Der Empfänger muß allerdings das Sakrament im rechten Glauben empfangen, auf daß es wirksam werde. Damit ist allerdings nicht die objektive Wirksamkeit des Sakramentes gemeint, sondern die Art und Weise, wie es beim Empfänger ankommt. Man muß hier genau unterscheiden, oft wird es verkürzt dargestellt als: das Sakrament wirke immer. Das ist nicht ganz richtig. Die Intention der Kirche sowie der Rite-Vollzug und der Glaube des Empfängers müssen zusammenkommen.

W. W.: Während der Scholastik gab es ja eine Vielzahl von gedanklichen Auseinandersetzungen über die Sakramente, zum Beispiel die Anzahl betreffend, die Beziehung vom Subjekt zum Wirken des Sakramentes usw. Was waren die hauptsächlichsten Gedankenmodelle – mit Ausnahme des von Thomas von Auqino – während dieser Zeit?

A. Suckau: Im ersten Jahrtausend haben wir noch mehr das Tasten nach dem Verständnis der Transsubstantiation. Man sagte sich damals – sicherlich hatte man auch anfänglich noch stärkere Erleuchtungserlebnisse, tiefere Empfindungserlebnisse –, wenn Christus im Laufe dieser Zeremonie anwesend werde, dann sei das die Wandlung. Je mehr die christlichen Geheimnisse gedanklich durchdrungen wurden, um so bestimmter versuchte man sich Vorstellungen zu machen. Da tritt zum Beispiel ein solcher Gedanke auf: «Die Sakramente sind Kanäle der göttlichen Gnadenwirkung.» Also das, was von dem Christus ausgeht, das fließt den Menschen durch die Kanäle dieser sakramentalen Zeremonien zu. Auch Thomas von Aquino hat sich einmal in dieser Richtung geäußert. – Ein anderer, Hugo von St. Victor (12. Jh.), hat sogar den Vergleich von der Flasche gebraucht: So wie eine Flüssigkeit in der Flasche enthalten ist, so sei in der äußeren Zeremonie die Spiritualität enthalten und käme auf diese Weise an den Menschen heran.

Ganz anders als bei diesen mehr realistischen Auffassungen ist es bei den Franziskaner-Theologen. Hier gibt es die Auffassung, daß das Sakrament, die Zeremonie, eine auf die göttliche Verheißung hin stattfindende Appellation an Gott sei. Gott antworte auf diese Appellation gleichzeitig, indem er seine Gnade sende, also die Wirkung bei den Menschen einträte.

In der Hochscholastik hatte man eigentlich zwei Hauptdenkrichtungen: Die eine sah in dem Sakrament die Instrumentalursache – Christus ist die Hintergrundursache –, und durch das, was in diesen Formen im Zusammenwirken mit dem Priester vor sich geht, komme die Gnade, die zusätzliche spirituelle Wirkung, an den Menschen heran. Die andere vertrat die Auffassung, daß es wie eine Art Ruf sei, kein beliebiger, sondern ein von Gott verheißener, zu dem – wenn er erfolge – die göttliche Welt das Ihrige gebe.

W. W.: Welche Auffassung vertrat nun Thomas von Aquino bezüglich der Sakramente?

A. Suckau: Er hat die sieben Sakramente unterschieden: zum einen in die, die dem menschlichen Lebenslauf entsprechen, von der Wiege bis zur Bahre, zum anderen in die zwei Sakramente, die eine Bedeutung für die Menschheit haben. Die fünf zum Lebenslauf des Menschen gehörenden Sakramente sind die Taufe, die Firmung, die Eucharistie, die Beichte sowie die Letzte Ölung.

Taufe und Firmung wurden ursprünglich noch nicht so sehr voneinander abgesetzt, erst später wurde die Firmung als ein eigenes Sakrament von der Taufe ganz abgelöst, das auch erst viele Jahre nach der Kindertaufe gegeben wurde. Das dritte Sakrament, das man seit Petrus Lombardus aufzählt, ist die Eucharistie, also das Altarsakrament mit dem Abendmahl. Die Schwäche des Menschen, das teilweise Herausfallen aus der Taufgnade – die Taufe wurde als Vergebung der Sünde aufgefaßt, sowohl der Erbsünde als auch der individuellen –, konnte durch die Buße wieder hergestellt werden. In der katholischen Kirche wird Beichte nur als ein Bestandteil des Bußsakramentes verstanden. Beichte ist nur das, was der Mensch in bezug auf das ausspricht, was ihm an Schattenhaftem gegenüber dem eigentlichen Menschenstande beobachtbar war. Hinzu käme dann noch die Reue, die Wiedergutmachung, die Absolution. Als fünftes Sakrament aus dem individuellen Bereich hätten wir die Letzte Ölung, das - unbeschadet daß man eventuell wieder gesund wird - bei einer schweren Krankheit, meist schon in Todesnähe, gegeben wird. Es ist gleichsam eine Übergabe des Lebens an Gott, der das Leben gegeben hat. Dieser Vorgang wird durch die heilige Letzte Ölung gestärkt und begleitet. Heute wird sie im allgemeinen von der Todesnähe abgelöst als Krankensalbung gehandhabt.

Die Priesterweihe muß es deswegen geben, damit die Sakramente innerhalb der christlichen Gemeinschaft überhaupt vollzogen werden können. Thomas von Aquin sagte sogar, daß die Priesterweihe zur geistigen Mehrung der Kirche diene, daß dadurch die geistigen Güter weiter ausgeteilt werden könnten. Die Eheschließung diene dagegen - typisch mittelalterlich - der physischen Mehrung der Kirche. Der Kirche, wohlgemerkt!

Dann gibt es noch etwas sehr Bemerkenswertes: Durch manche Sakramente wird dem Menschen ein besonderer Charakter eingeschrieben, der unzerstörbare Charakter, der Character indelebilis. Dies geschieht durch die Taufe sowie bei der Priesterweihe; deswegen können beide nicht wiederholt werden. Ähnlich ist es auch bei der Firmung. Man meint damit eine Art Einzeichnung in das Unsichtbare des Menschen, welches bleibt und sogar später - falls es vordergründig verschwindet - wieder aufleben kann. So könne dem Menschen die Taufgnade nie ganz verloren gehen, da sie durch spätere Erlebnisse oder Bußen wieder aufflammen könne. Die Eucharistie dagegen - auch die Letzte Ölung - kann wiederholt werden.

W. W.: Wie ist es mit der Ehe?

A. Suckau: Die Ehe kann ebenfalls nicht wiederholt werden. Nach der römisch-katholischen Auffassung - nicht nach der orthodoxen - ist die Ehe, die die beiden Partner gegenseitig auch wirklich als Sakramentenspender vollbringen, unauflöslich. Die orthodoxe Ostkirche hat das nie in dem Sinne zum Dogma erhoben. Das ist ein sehr wesentlicher Unterschied.

W. W.: Wie wirkte diese Einteilung der Sakramente, in die individuellen bzw. die allgemeinen, im Sozialen? Ist diese Einteilung Thomas von Aquinos nicht sehr hölzern und intellektuell?

A. Suckau: Das kann man gegenüber manchen Scholastikern sagen. Wenn man mit diesen Dingen bekannt wird, so ist man zunächst sehr beeindruckt und erstaunt, daß in der katholischen Kirche schon im Mittelalter eine so ungeheuer reichhaltige und differenzierte gedankliche Arbeit an den Sakramenten geleistet worden ist. Das ist das eine. Auf der anderen Seite sieht man wiederum, wie das Ganze im praktischen Leben auf Hindernisse stößt. Von heute aus betrachtet erkennt man, daß man die Begriffsbildung der Scholastik nicht fortsetzen kann, sondern ganz woanders ansetzen muß. Zwar ist alles sehr fein ziseliert, aber auch irgendwo ausgelaufen.

Man hatte sich früher in der katholischen Kirche mit einer gewissen Naivität, in der früher ja die meisten Menschen lebten, gedacht, daß der Christus zu seinen Lebzeiten - noch vor dem Karfreitag - alle sieben Sakramente eingesetzt habe. Heute ist man davon vollkommen abgekommen. In der Bibel findet man eigentlich nur Ansatzpunkte für die Eucharistie. Schon bei der Taufe wird es sehr schwierig. Will man etwa bei der Jordantaufe ansetzen, die er selber durchgemacht hat? Oder will man es an dem sogenannten Taufbefehl festmachen? Der wird allerdings erst nach der Auferstehung erteilt. Darüber gibt es die verschiedensten Auffassungen. Die katholische Kirche hat sich mehr und mehr – besonders nach dem II. Vatikanischen Konzil – die Auffassung erworben, daß die Gründung der Kirche das Ursakrament sei. Darin liegt dann natürlich, daß diese Kirche ihrerseits, wenn sie diese Dignität des Ursakramentes hat, aus sich heraus Spezialsakramente erlassen kann.

Man hat sich in der katholischen Theologie vielerlei Gedanken gemacht, zum Beispiel wenn man nur überhaupt nachweisen könne, daß es in der Intention Christi gelegen habe, diese Sakramente zu geben, dann könne man späteren Zeiten auch zugestehen, den äußeren Zeichen- oder Wortleib zu ändern. Man sieht daran, wie die Gründung der Sakramente eigentlich auf den Christus, wie er nach dem Mysterium von Golgatha anwesend war, zurückgeht. Es weist auf die übersinnliche Sphäre. Hierzu gibt es auch die alte Legende von Jakobus, der zwischen Himmelfahrt und Pfingsten eine Begegnung mit dem Auferstandenen hat, die zu der Einrichtung dessen führt, daß einer zelebriert und die anderen mit teilnehmen. So wäre – nach der Legende – eine Art Urmodell der Messe entstanden. Die Tischgemeinschaft der Apostel – in Erinnerung an den Gründonnerstag und mit dem Hereinleuchten des Auferstandenen – ist noch ein anderes Stadium. Das war keine Messe.

«Luther hat die Idee der Transsubstantiation abgelehnt»

W. W.: Welche Stellung nahm Martin Luther zu den sieben Sakramenten ein?

A. Suckau: Martin Luther suchte sich auf die Bibel zu gründen. Er fand, daß nur Taufe und Abendmahl als von Christus eingesetzte Sakramente bezeichnet werden dürften. Bei Martin Luther ist noch gefühlsmäßig vorhanden, daß in der Eucharistie mehr vor sich geht, als ein lediglich durch den menschlichen Glauben subjektiv hergestelltes gemeinschaftliches Zeichen. Letztere Ansicht vertrat Zwingli, Calvin lag zwischen beiden. Allerdings hat Luther die Idee der Transsubstantiation abgelehnt.

Wie läßt sich die Transsubstantiation ohne anthroposophische Terminologie denken?

Wenn man unter Transsubstantiation die über-subjektive Präsenz Christi versteht, dann kann man das Wort weiterhin benutzen. Durch die Erklärungen der Scholastik hat dieses eine spezifisch gerichtete Bedeutung bekommen, die aber nur im Sinne der aristotelisch-scholastischen Philosophie aufrecht erhalten werden kann. Man hatte hierbei die Substanz und die Akzidenzien einer Sache unterschieden. Die Akzidenzien sind das, was von einer Sache sinnlich wahrnehmbar ist; die Substanz dagegen, was die Sache eigentlich als Träger ihrer Akzidenzien ist, was aber nicht sinnlich in Erscheinung tritt, was man nur denken kann. Heute hat man diese scholastische Lehre kaum noch, wird auch nicht mehr auf sie verpflichtet. Aber wenn man diese Lehre vertritt, dann heißt es, daß Brot und Wein durch einen außergewöhnlichen mirakulösen Vorgang als Substanz ausgetauscht werden; statt der Substanz des Brotes ist der Leib Christi da, statt des Weines das Blut Christi. Brot und Wein – der Substanz nach – sind nicht mehr vorhanden, wir haben es nur noch in bezug auf die Sinneswahrnehmung mit den gleichen Sinneserfahrungen zu tun. Das wäre strenge Transsubstantiationslehre.

Rudolf Steiner hat oft über die Messe, auch über die Transsubstantiation, gesprochen. Aber einmal hat er gesagt, daß wenn er das Wort Transsubstantiation gebrauche, er sich an den überlieferten Sprachgebrauch anschließe. Von daher gebrauche er das Wort; wenn er nur die Sache meine, so könne er auch einfach Wandlung sagen. Heute ist die Frage, ob man sich nur auf diesen scholastischen Wegen der Sache annähern kann.

Die moderne Auffassung der katholischen Kirche ist die, daß selbstverständlich die vollständige Wandlung vor sich gehe, die Transsubstantiation. Man sagt aber gerne, daß die Scholastiker gar nicht absolut herausbekommen wollten, wie die ganze Sache genau vor sich gehe. Sie seien trotz ihres Intellekts bescheidene Menschen gewesen, die eigentlich nur die Würde des ganzen Vorganges hervorheben, nicht aber ihre Erklärungsmodelle betonen wollten. – Ich bin da ganz anderer Meinung, nämlich daß die Scholastiker ganz präzise versucht haben, Erklärungsmodelle zu schaffen. Heute ist man demgegenüber deswegen abgeneigt, weil man in der Sache selbst sehr unsicher geworden ist.

W. W.: Der von Ihnen geschilderte mirakulöse Akt der Transsubstantiation, wie kann man so etwas überhaupt denken?

A. Suckau: Denken kann man so etwas überhaupt nicht, es sei denn in der Bindung an das Wunder, daß auf ganz unnatürliche Weise – und das ist das Mirakulöse, welches die Allmacht Gottes vollbringt – ein Geschehnis erfolgt, bei dem der notwendige Zusammenhang zwischen Substanz und Akzidenzien unterbrochen wird. Akzidenzien, die für eine bestimmte Substanz gar nichts bedeuten, können durch diesen Substanztausch doch von ihr angenommen werden.

W. W.: Wer vollbringt diesen Austausch?

A. Suckau: Das ist die entscheidende Frage! Ich sagte ja, daß man den Ausdruck «ex opere operato» gebraucht hatte. Die katholische Kirche unterscheidet «ex opere operato» und «ex opere operantis», d. h. «von dem gewirkten Werk» und «von dem Werk dessen, der es wirkt». Letzteres wäre der Priester. Auf den Priester wird die Wirkung – die Wandlung – allerdings nicht zurückgeführt. Man ist vielmehr der Auffassung, daß man Christus ergänzen müßte: «ex opere operato Christi». Es ist Christi Werk, für das der Priester nur die Instrumentalursache ist. So ist die offizielle Auffassung, wobei es hin und wieder so stark stilisiert worden ist, daß der Priester sehr stark in den Vordergrund gehoben wurde.

W. W.: Das führte sogar zu der Entgleisung, daß der Priester sich mächtiger als Christus empfand, weil er in der Lage sei, Christus in Brot und Wein hineinzuzwingen.

A. Suckau: Genau, da gibt es diesen berühmten Hirtenbief von 1905, von dem Erzbischof von Salzburg, in dem dieses zum Ausdruck kommt. Nach dem II. Vatikanischen Konzil ist man dagegen bemüht, den Priester in den jeweiligen Formulierungen nicht mehr so stark in den Vordergrund zu drängen. Man ist viel bescheidener geworden, man möchte es den Gläubigen nicht mehr so sehr aufdrängen. Der Tenor ist mehr der, daß der Priester ein demütiger Diener Gottes und der Menschen sei.

W. W.: Noch eine Frage zu der katholischen Auffassung des Leibes und des Blutes Christi. Der nach der Transsubstantiation vorhandene Leib und das Blut Christi, was ist das eigentlich?

A. Suckau: Es ist der auferstandene Christus in seiner vollen Menschennatur. Denn man kann so nur sprechen, wenn Christus nicht nur in der sinnlich-physischen Erscheinungsweise in Palästina erlebt worden ist, sondern seitdem als Auferstandener zugleich auch Mensch ist; nicht nur Gott, sondern Gott-Mensch, wenn auch auf verborgene Weise. Christus hat das volle Menschsein ergriffen und in sich für die Ewigkeit aufgenommen. Darin liegt die Sphäre, in der er der Menschheit besonders nahe sein kann.

W. W.: Das verstehe ich nicht. Wenn man nicht die Anthroposophie zu Hilfe nimmt, so ist es mir nicht deutlich, wie man so etwas denken kann.

A. Suckau: Es kommt noch der Aspekt hinzu, daß wir dadurch in Christus einverleibt werden, wenn wir an der Transsubstantiation teilnehmen. Dadurch machen wir mit ihm ein Ganzes aus. So wie es für die Menschen durch Empfängnis und Geburt für einige Jahre die Einverleibung in die Erde gibt, so gibt es die Einverleibung in Christus für die Ewigkeit. Ähnlich haben es schon die ganz alten Theologen ausgedrückt, wenn sie von Mitleib und Mitblut gesprochen haben. Durch diese Anteilnahme werden wir eines Leibes und eines Blutes mit Christus. – Das sind natürlich Dinge, die für das Verständnis immer noch im Unpräzisen bleiben.

W. W.: Ich muß noch einmal nachfragen: Man ist also im Katholischen der Auffassung, daß man, wenn man nach der Transsubstantiation Brot und Wein zu sich nimmt, den Leib und das Blut Christi selbst zu sich nimmt?

A. Suckau: Ja.

W. W.: Aber es ist doch Brot und Wein, und man will keinen damit verbundenen übersinnlichen Vorgang exakt denken!

A. Suckau: Es sieht nur aus wie Brot und Wein, ist aber Leib und Blut Christi. Natürlich ist damit kein Leib und Blut in der damaligen materiellen Form gemeint.

W. W.: Aber wie dann? Ich kann es auf der einen Seite mit anthroposophischer Terminologie verstehen, auf der anderen naturwissenschaftlich betrachten, aber beide Auffassungen gelten in der katholischen Kirche nicht. Es ist für mich momentan nicht nachzuvollziehen, wie ein Mensch an einen Leib Christi sowie an das Blut Christi glauben kann, ohne diese Begriffe mit der Wirklichkeit verbinden zu können. Das kann doch für einen modernen Menschen nur ein reines Gedankenkonstrukt sein, das jeglicher sinnlichen Wirklichkeit entbehrt.

A. Suckau: Es wird wahrscheinlich so sein, daß man, unabhängig von dem, was man gelernt hat, eine Art Ehrfurcht hat bzw. eine Art Empfinden, daß damit ein übersinnlicher Vorgang verknüpft ist. Man kann sogar die Realität dieser Wandlung, daß dadurch etwas zum Heile der Menschheit geschieht, auch für die katholische Kirche annehmen, ohne daß man deren Auffassung im einzelnen mitträgt.

«In, mit und unter»

W. W.: Natürlich! – Wir haben mittlerweile den armen Luther ganz verlassen.

A. Suckau: Von Luther stammt die Formulierung, daß Leib und Blut Christi an sich bedeuten sollen, daß es der ganze Christus ist. Ich wüßte auch nicht, ob irgendwo im katholischen oder evangelischen Raum eine Fährte verfolgt würde, was der Leib Christi im Unterschied zum Blut Christi sei und was beide eigentlich seien. Mir ist da nichts bekannt. Luther tat den Ausspruch: «In, mit und unter Brot und Wein empfangen wir Leib und Blut Christi». Daran erkennt man, wieweit er an der Realität festgehalten hat. Leib und Blut sind für ihn keine bloßen Zeichen, durch die uns in der christlichen Gemeinschaft Christus nur repräsentiert wird, obwohl das im allgemeinen schon ein protestantischer Gedankenansatz ist. Man meint, daß das Sakrament eigentlich nichts Wesentliches hinzufüge. Was das Wort des Evangeliums uns sage, würde durch das Sakrament nur zeichenhaft illustriert. Weil der Mensch kein rein geistiges Wesen sei, sondern ein materielles und geistiges zugleich, so wäre es dem Menschen angemessen, auch im Materiellen etwas vorgeführt zu bekommen.

Luther spürte allerdings noch, daß im Abendmahl eine tiefere Schicht verborgen ist, als lediglich etwas mit anderen Mitteln Dargestelltes dessen, was das Evangelium auch sagt. Man nennt das im Unterschied zur Transsubstantiation Konsubstantiation. Nach Luther würde man sagen, Brot bleibe Brot. Mit dem ganzen Problem von Substanz und Akzidenzien hat Luther nichts zu tun. Aber Brot und Wein seien Träger des wirklichen Leibes und Blutes Christi. – Wobei die katholische Kirche noch zusätzlich die Auffassung vertritt, daß das Brot auch Träger des Blutes Christi sei sowie der Wein auch Träger des Leibes Christi. Christus sei nach der Konsekration in jedem Element als Ganzer enthalten. Das ist einer der Gründe, aus denen heraus man argumentiert, daß man den Kelch nicht benötige. – Die lutherischen Kirchen haben sich auch ein wenig von Luther fortbewegt, und ich denke, man darf schon sagen, daß die evangelische Kirche die Kirche des Wortes ist. Das ganze Zeremoniengebiet wird von vorneherein immer auf mögliche magische Handhabungen abgeklopft.

Die Wandlung im Kultus der Christengemeinschaft

Was wandelt sich in was?

W. W.: Für den weiteren Verlauf dieses Interviews möchte ich die Anthroposophie – soweit wie möglich – mit hinzunehmen. Wie kann man die Transsubstantiation innerhalb der Menschenweihehandlung der Christengemeinschaft verstehen? Es heißt, Brot und Wein wandelten sich während der Transsubstantiation in Leib und Blut Christi. Nun wird sich die physisch-chemische Zusammensetzung dieser Erdenstoffe wohl kaum verändern; auf was bezieht sich dann die Transsubstantiation? Was vom Brot und Wein wandelt sich in was?

A. Suckau: Ich würde gerne zu diesem Teil eine kleine Vorbemerkung machen. Es gibt in der Christengemeinschaft keine offizielle Lehre, so daß alles, was man vorbringen möchte, in Selbstverantwortung gesprochen wird. Fernerhin ist es unmöglich, etwas Erschöpfendes auszusprechen, zumal es sich im Rahmen eines solchen Interviews nur um Andeutungen handeln können wird.

Zur Wandlung: Im bisherigen Teil des Interviews bin ich sehr auf das Traditionelle eingegangen. Traditionen sollte man kennen und – wenn möglich – auch würdigen. Aber in der Christengemeinschaft brauchen wir von ihnen nicht auszugehen. In dem Maße, in welchem jemandem die Anthroposophie einleuchtend wird, ist sie natürlich eine wesentliche Hilfe zur Beleuchtung von Sachfragen, Begriffsbildungen usw. Daß eine Wandlung eintritt, bedeutet, daß zu dem, was ohnehin vorhanden ist, etwas hinzutritt. Was ist das ungewandelte Brot bzw. der ungewandelte Wein? Es ist eben nur Wein bzw. nur Brot: das, was sich mit Einschluß der menschlichen Kulturprozesse aus dem bisherigen Weltenwerden entwickelt hat. Die Wandlung besteht darin, daß sich der Christus-Geist – einschließlich dessen, was er durch seine Inkarnation an menschlichen Erträgnissen für die Ewigkeit mit sich genommen hat – in diesen Substanzen als seinen Trägern objektiv manifestiert.

W.W.: Ist es die ätherische Substanz von Brot und Wein, die sich wandelt, indem von dem Christus Kräfte hinzukommen?

A. Suckau: Was sollte mit ätherischer Substanz gemeint sein?

W.W.: Die Lebenskräfte, die noch mit den pysischen Substanzen Brot und Wein verbunden sind!

A. Suckau: Die physischen Substanzen sind ja aus den Lebensprozessen herausgenommen: das Brot ist gebacken, die Trauben sind gekeltert. Natürlich gibt es höherwertige und wenigerwertige Nahrungsmittel, und man würde – so wie man das auch in anderen Bereichen des Kultus anstrebt, zum Beispiel bei den Gewändern, den Farben usw. – dafür Sorge tragen, möglichst hochwertige Nahrungsmittel zu verwenden. Ich würde nicht meinen, daß es in der guten Linie liegt, künstliche Oblaten oder dergleichen zu verwenden. Aber in bezug auf die Wandlung könnte ich zu Ihrer Frage nichts weiteres anschließen. Ich sehe in dem *Dazukommen* des spirituellen Elementes – also der Christus-Kräfte in ihrer nach-österlichen Realität – zu den natürlichen Trägern Brot und Wein dasjenige, was die Wandlung ausmacht. Was sich damit vielleicht auch in der Kräftekonstitution der Materie ändert, kann ich zunächst nicht beurteilen. Aber Wandlung besteht vor allem darin, daß der Geist den Stoff durchdringt.

Christus durchdringt jedes Erdenatom

W.W.: Da ergibt sich ein weiteres Problem. In bezug auf das Mysterium von Golgatha spricht Rudolf Steiner des öfteren davon, daß es bei dem Christus weniger um seine Lehre ginge als um seine Tat: daß er nämlich seinen Leib gegeben habe, mit seinem Geistig-Seelischen in die Erde eingezogen sei und dabei jedes Erdenatom mit seiner Wesenheit durchdrungen habe. Rudolf Steiner drückt dies folgendermaßen aus:

«Wir sind erst im Anfange derjenigen Entwickelung, welche die christliche Entwickelung ist. Die Zukunft dieser Entwickelung besteht darinnen, daß wir in der ganzen Erde sehen den Körper des Christus. Denn der Christus ist seit jener Zeit in die Erde eingezogen, hat in der Erde einen neuen Lichtmittelpunkt geschaffen und durchdringt die Erde, leuchtet in die Welt hinaus und ist ewig in der Erdenaura verwoben. Sehen wir daher die Erde heute ohne den Christus-Geist, der ihr zugrunde liegt, so sehen wir das Verwesende, das Verfaulende der Erde, den sich zersetzenden Leichnam. Sehen wir die Erde zerspaltet in noch so viele kleine Partikel, so sehen wir, wenn wir nicht den Christus verstehen, den sich zersetzenden Erdenleichnam. Überall, wo wir bloß Stoffe sehen, da sehen wir die Unwahrheit.»

«So finden Sie nicht die Wahrheit, wenn Sie den Menschen der Erde studieren; Sie studieren nur seinen sich zersetzenden Leichnam. Wenn Sie seinen Leichnam studieren, dann können Sie konsequenterweise die Elemente der Erde nur so beurteilen, daß Sie sagen: ‹Die Erde besteht aus Stoff-Atomen› – gleichgültig, ob es räumlich ausgedehnte Atome oder Kraftmittelpunkte sind, es kommt darauf nicht an. Wenn wir Atome sehen, aus denen unsere Erde bestehen soll, dann sehen wir den Erdenleichnam, das, was sich fortwährend zersetzt, und was einst nicht mehr sein wird, wenn die Erde nicht mehr sein wird, und die Erde löst sich auf.»

«Dann erst erkennen wir die Wahrheit, wenn wir in jedem Atom sehen einen Teil des Christus-Geistes, der seit jener Zeit darinnen ist. Aus was besteht denn die Erde, seitdem der Christus-Geist sie durchdrungen hat? Bis ins Atom hinein besteht die Erde aus Leben, seit sie der Christus durchdrungen hat! Jedes Atom hat nur dadurch einen Wert und kann nur dadurch erkannt werden, daß Sie in ihm sehen eine Hülle, die ein Geistiges umschließt. Und dieses Geistige ist ein Teil des Christus.»

«Nehmen Sie jetzt irgend etwas von der Erde. Wann erkennen Sie es richtig? Wenn Sie sagen: ‹Das ist ein Teil des Leibes Christus!› Was konnte der Christus sagen zu denjenigen, die ihn erkennen mochten? Indem er Ihnen das Brot brach, das aus dem Korn der Erde kommt, konnte der Christus sagen: ‹Dies ist mein Leib!› Was konnte er ihnen sagen, indem er ihnen den Rebensaft gab, der aus dem Saft der Pflanzen kommt? – ‹Dies ist mein Blut!› Weil er die Seele der Erde geworden ist, konnte er zu dem, was fest ist, sagen: ‹Dies ist mein Fleisch› und zu dem Pflanzensaft: ‹Dies ist mein Blut›, wie Sie zu ihrem Fleisch sagen: Dies ist mein Fleisch, und zu ihrem Blut: Dies ist mein Blut» (Rudolf Steiner, Das Johannes-Evangelium im Verhältnis zu den drei anderen Evangelien, GA 112, Vortr. v. 07.07.1909, S. 267f.).

Können Sie verdeutlichen, was damit gemeint ist, wenn Rudolf Steiner davon spricht, daß der Christus jedes Atom mit seiner Wesenheit durchdringt?

A. Suckau: Zunächst ist hier auf die objektive und vom Menschen unabhängige Tatsache des Mysteriums von Golgatha angespielt. Man könnte beinahe dabei herauslesen, daß der Mensch zu diesem nichts mehr beizutragen habe, denn sein Beitrag wäre nur noch ein zunehmendes Gewahrwerden dieser Tatsache. So könnte man die Worte, daß wir erst am Anfange der christlichen Entwicklung stehen, deuten. – Aber Rudolf Steiner hat gerade in seiner Darstellung der Christologie darauf hingewiesen, zum Beispiel wenn er über die Inkarnation des Christus vor dem Mysterium von Golgatha – also in den drei Jahren – sprach, daß die Tatsache, daß Christus nun einen Leib angenommen hat, also den Jesus-Leib, auch nur der Anfang eines Prozesses sei, der bis zu dem Mysterium von Golgatha gewährt habe. So kann man zwar am nächsten Tage nach der Jordan-Taufe, indem man auf den Leib des Christus hinweist, sagen: das ist der Leib Christi! Ebenso kann man aber im Sinne eines Prozesses von einer fortschreitenden Inkarnation sprechen, die sich von Monat zu Monat weiterhin vollzieht. Dieser Menschen-Leib wird auch erst in langsamen Prozessen mehr und mehr zum Leib Christi. Darauf baut Rudolf Steiner ins einen Vorträgen vieles auf.

Auf ähnliche Weise stelle ich es mir auch mit dem Planeten-Ganzen der Erde vor, unbeschadet der Tatsache, daß der Christus zu dem damaligen Zeitpunkt in jeden Bereich der Erde eingezogen ist. Es ist schwer, darüber in gewöhnlichen Worten zu sprechen, aber man könnte sagen, daß dies ein Prozeß ist, der in einer sich immer weiter verdichtenden Weise erst mit dem Erdenende abgeschlossen sein wird. Dann wird man daran auch den aktiven Anteil des Menschen sehen. Der Mensch soll diesen grundsätzlich angefangenen Vorgang, im Sinne der weiteren Aktualisierung und Verdichtung – besonders müßte hier der Mitvollzug der Menschenweihehandlung und der übrigen Sakramente genannt werden –, durch seine Aktivität unterstützen. Christus möchte, daß die Menschen mit ihren Tätigkeiten dabei einbezogen sind.

W.W.: Nun wird aber gesagt, im Kultus durchdrängen sich Brot und Wein – die aber seit dem Mysterium von Golgatha schon Leib und Blut Christi sind – nochmals mit der Christus-Wesenheit, so daß sie erst zum Leib und Blut Christi würden. Wo ist der Unterschied dieser beiden Durchdringungs- bzw. Verwandlungsarten? Löst sich dieser Widerspruch durch das, was Sie soeben von dem Prozessualen gesagt haben?

A. Suckau: Ja, in gewissem Sinne ist das alles schon getan, aber nur im Sinne der Inauguration. Die christlichen Aktivitäten der Menschen, sowohl die allgemein menschlich-freien, die aus dem Individuellen sowie der Summierung des Individuellen hervorgehen, als auch die, die unter bestimmten Bedingungen begünstigt hervorgehen – also die ritualgetragenen der Sakramente –, tragen diesen Prozeß im Sinne der Weiterführung und Verdichtung in die Zukunft hinein mit. Es ist ein Aspekt des Christentums zu betonen – dies wäre aber allein für sich eine passive Betrachtung –, daß der Christus allein der Erlöser sei. Ein anderer Aspekt ist aber die aktive Beteiligung der Menschen. Allerdings ist dieses Tun des Menschen auch kein vom Christus abgelöstes. Gewollt ist, daß man sich in den Weg, den der Christus gebahnt hat, dienend mit einschaltet.

Der Phantomleib des Christus

W.W.: In bezug auf die Auferstehungsleiblichkeit nennt Rudolf Steiner den Phantomleib. Was ist das?

A. Suckau: Rudolf Steiner spricht, wenn er exakt formuliert, von dem Phantom des physischen Leibes. Er will damit andeuten, daß es über den Ätherleib hinaus – vom Geistigen her gesehen «unterhalb» dees Ätherleibes – eine physische Existenz des Menschen gibt, die rein übersinnlich ist, allerdings sekundär durch Materie ausgefüllt. Das ist natürlich etwas, was für das heutige Weltbild ohne genauere Einführung in die Anthroposophie kaum vorstellbar und denkbar ist. Gemeint ist ein Zustand, in dem der Mensch zwar ein physisches Wesen ist, aber ein für die heutigen Sinne unwahrnehmbares. Erst im Zusammenhang mit dem Sündenfall, dem Eingriff der luziferischen Wesenheiten, wurde dieses Phantom anfänglich so degeneriert, verändert oder korrumpiert, daß es an die aufgenommene Materie gebunden wurde. Es ist kein freies Werk des Phantomleibes, Materie aufzunehmen und wieder auszuscheiden. Für das heutige Bewußtsein sind dergleichen Vorstellungen sehr ungewöhnlich, obwohl es im frühen Christentum ähnliche gegeben hat. Es wurde damals darüber gesprochen, daß der Urmensch ursprünglich ein ganz anderes Wesen gewesen sei, als jenes, welches man heute mit den Händen greifen kann. Es wurde auch darüber gesprochen, daß das Hereinkommen des Menschen in die Stoffeswelt erst durch den luziferischen Eingriff geschehen sei.

Aber dadurch, daß dieser luziferische Einschlag erfolgte, ist der Mensch nun nach dem Tode ein Wesen, das nicht die volle physische unverdorbene Ausprägung besitzt – ich meine die übersinnlich-physische –, und dadurch kann sich der Mensch im Geistbereich nicht so abgrenzen, wie es normalerweise möglich gewesen wäre. Denn der Phantomleib hat die Aufgabe eines Instrumentes, an dem sich das ewige Ich des Menschen profilierter erbilden kann, und die individualisierte Ewigkeit bzw. das vollindividualisierte Erleben des Menschen in der geistigen Welt zwischen Tod und neuer Geburt wäre auf das gute, nicht beeinträchtigte, wiederhergestellte Phantom des physischen Leibes angewiesen. So lange dieses nicht der Fall ist, der Mensch aber im Leben zwischen Tod und neuer Geburt doch noch ein höheres Bewußtsein hat, ist dieses gleichsam eine kosmische Leihgabe.

W. W.: Durch hohe geistige Wesenheiten, die Throne, war der Mensch ursprünglich anders veranlagt. Sie gaben ihm den Keim zum Phantomleib auf einer alten Entwicklungsstufe der Erde, dem sogenannten alten Saturn. Wäre die Entwicklung in ihrem Sinne und in demjenigen der anderen regulär wirkenden Geister fortgeschritten, so wäre der Mensch physisch-materiell nicht sichtbar geworden. Dies geschah erst – so wie Sie es auch erwähnten – durch den luziferischen Einschlag. Aber seit dem Eingriff der luziferischen Wesenheiten zu Anfang der Erdenzeit ist diese Phantomgestalt bis zur Zeit des Mysteriums von Golgatha immer schlechter geworden.

A. Suckau: Ja, wobei man noch erwähnen muß, daß der Phantomleib vor der späteren Verschlechterung auch noch verändert worden ist. Sie gehen in Ihrer Darstellung bis zum alten Saturn zurück. Auf den nächsten Verkörperungsstufen der Erde, der alten Sonne und dem alten Monde, ist dieser Phantomleib auch verändert worden, und zwar dadurch, daß andere Wesenheiten an ihm mitgestaltet haben. Die Erdenstufe vor dem Mysterium von Golgatha ist bereits die vierte Entwicklungsstufe dieses Phantomleibes. Dann erst kommt die Verschlechterung und die besondere Gebundenheit an die materiellen Stoffe.

W. W.: Rudolf Steiner spricht in seinem Vortragszyklus «Von Jesus zu Christus» davon, daß sich diese reine Phantomgestalt als auferstandener Leib des Christus am Ostersonntag aus dem Grabe erhoben hat, befreit von allem Materiellen – deshalb nur hellseherisch wahrzunehmen –, als eine Gestalt, so wie die Hierarchien sie dem Menschen ursprünglich – ohne luziferischen Einschlag und ohne die materielle Durchdringung – zugedacht hatten. Dann heißt es weiter:

«Dadurch war die Möglichkeit gegeben jenes spirituellen Stammbaumes, von dem wir gesprochen haben. Denken wir uns den aus dem Grabe erstandenen Leib des Christus, so können wir uns vorstellen: ebenso wie von dem Leibe des Adam abstammen die Leiber der Erdenmenschen, insofern sie den zerfallenden Leib haben, so stammen ab von dem, was aus dem Grabe auferstand, die geistigen Leiber, die Phantome für alle Menschen. Und es ist möglich, jene Beziehung zu dem Christus herzustellen, durch welche der Erdenmensch seinem sonst zerfallenden physischen Leib einfügt dieses Phantom, das aus dem Grabe von Golgatha auferstanden ist. Es ist möglich, daß der Mensch in seiner Organisation jene Kräfte, die damals auferstanden sind, so erhält, wie er durch seine physische Organisation im Erdenanfang infolge der luziferischen Kräfte die Adamorganisation erhalten hat.»

«Das ist es, was eigentlich Paulus sagen will: Wie der Mensch, indem er als Angehöriger der physischen Entwickelungsströmung den physischen Leib erbte, an dem sich fort und fort die Zerstörung des Phantoms, des Kräfteträgers vollzog, so kann er erben von dem, was auferstanden ist aus dem Grabe, dasjenige, was er verloren hat; kann es erben und sich anziehen, wie er den ersten Adam angezogen hat; kann mit ihm eins werden und dadurch eine Entwickelung durchmachen, durch die er ebenso hinaufsteigt, wieder, wie er vor dem Mysterium von Golgatha heruntergestiegen ist in der Entwickelung. Das heißt: was ihm dazumal genommen worden ist durch den luziferischen Einfluß, das kann ihm wiedergegeben werden dadurch, daß es vorhanden ist als auferstandener Leib des Christus. Das ist es, was eigentlich Paulus sagen will» (Rudolf Steiner, Von Jesus zu Christus, GA 131, Vortr. v. 11.10.1911, S. 167f.).

Die Verbindung des Menschen mit der Phantomleiblichkeit des Christus

Wie und wodurch kann der Mensch sich dieses Phantom heute einfügen, wodurch kann er wiederum eine Verbindung zu diesem Phantomleib bekommen? Ist es dies, was während des Abendmahles in der Menschenweihehandlung geschieht? Nimmt er diese Phantomleiblichkeit während des Abendmahles auf?

A. Suckau: Ja, denn Rudolf Steiner spricht nicht von einer allegorischen, sondern einer realen Abstammung von der Phantomleiblichkeit in Richtung auf die Zukunft. Der wiederhergestellte göttlich-menschliche auferstandene Phantomleib des Christus Jesus ist natürlich noch etwas anderes als der Phantomleib des Menschen, und zwar in dem Sinne, als der Mensch seinen ursprünglichen Phantomleib im Sinne einer Therapie langsam erst wieder erlangen muß. Denn es kommt noch das besondere urbildliche und schöpferische Element hinzu, daß dieses Christus-Phantom sich in einer Art Universalisierung und Vermehrung befindet. Das ist etwas Besonderes, das nicht von den Menschen ausgeht, sondern die Menschen sind in diesem Falle die Empfänger. Der Kultus ist nicht die einzige – aber eine ganz hervorragende – Gelegenheit für diesen Prozeß des Zusammenwachsens des Menschen mit dem Christus Jesus.

Die Menschenweihehandlung, das erneuerte Meßopfer, geht durch verschiedene Stadien hindurch; zum Beispiel ist während der Evangelienlesung oder in der Opferung noch nicht gleich – wenn man das so unterscheiden darf – die Christus-Auferstehungswirklichkeit in vollem Sinne anwesend, denn diese Zeremonien sind als Abbilder des Geistigen gegliedert. Eine Frage, die sich ergibt, wäre zum Beispiel, was mit einem Menschen geschehen würde, der sich nur dem Teil des Evangeliums hingäbe. Schließlich ist das für andere Gelegenheiten interessant, da es nicht selten ist, daß sich ein Mensch – wenn er nicht im Gottesdienst ist – zusammen mit anderen Menschen zu einer Evangelienlesung oder -besprechung zusammenfindet. Da kann auch eine Christus-Durchdringung, eine Art von Wandlung, in irgendwelchen Bereichen oder Schichten des Menschen erfolgen. Nur würde ich meinen, daß der viergliedrige Kultus – mit seinem dritten Teil, der Transsubstantiation, und seinem vierten Teil, der Kommunion – auf einem objektiven Stufenwege der Christus-Manifestation noch eine Stufe tiefer führt. Dieser Weg ist ein Prozeß der allmählichen Manifestation der vollen Anwesenheit des Christus, und zwar einschließlich dessen, was als Phantom-Wirksamkeit einstrahlt.

Vom Menschen aus gesehen ist diese Phantom-Leiblichkeit während der Kommunion zugänglich.

Die andere Möglichkeit liegt in den - ohne den Rahmen der Religionsgemeinschaft vor sich gehenden - anderen christlichen Prozessen im Menschen; und in bezug auf das Esoterische hat Rudolf Steiner die christliche Einweihung, sowohl die alte mit den sieben Gefühlsstufen als auch den anthroposophischen Schulungsweg, prinzipiell als in dieselbe Richtung gehend betrachtet wie den Kultus. Man muß sich dabei nur vorstellen, daß esoterische Wege mühsamer und zunächst auch nur in Keimen zu erreichen sind. Aber es sind betretbare Wege, wenn man sie befolgt, und sie wachsen auch in das hinein, was die Phantom-Leiblichkeit des Christus ist. Rudolf Steiner gibt hierzu noch eine genauere Angabe: Wenn es mit den Übungen so weit kommt, daß ihre Wirkungen von innen her nicht nur Auswirkungen auf die ätherische Schicht des Menschen haben - d. h. daß die Übungen im Menschen dauerhafte Folgen haben -, sondern daß sie sich auch auf den Bereich des physischen Leibes ausdehnen, dann wäre das die Schicht, in der die Durchdringung mit dem Christus-Phantom eintritt.

«Die Wandlung ist das Durchdrungenwerden der Trägersubstanzen»

W. W.: Dann wären wir jetzt also so weit zu sagen, daß während des Kultus eine Transsubstantiation im Sinne einer Stoffesumwandlung im scholastischen Sinne gar nicht erfolgt, das Wort Transsubstantiation somit nicht ganz richtig ist, es vielmehr Konsubstantiation heißen müßte, und daß nur etwas zu den bereits vorhandenen Stoffen und Substanzen hinzutritt, in einem mehr oder weniger intensiven Prozeß, und daß das, was hinzutritt, die Phantom-Leiblichkeit des Christus ist!?

A. Suckau: Ja, aber diese Phantom-Leiblichkeit ist ja - wenn auch übersinnlich - das Physische, so daß diese Nähe an das Stoffliche doch schon eintritt, auch wenn es eine *Frage* ist, inwieweit die irdischen Stoffe, welche die Träger sind, als solche ihrerseits eine andere Beschaffenheit annehmen, die nicht nur darin bestünde, daß die Stoffe von dem übersinnlichen Christus durchdrungen werden. Nur würde ich in diesem Durchdrungenwerden im wesentlichen das Ereignis der Wandlung sehen. Was eventuell weiterhin geschieht, kann ich - wie gesagt - nicht beurteilen.

W. W.: Rudolf Steiner erweitert die Beziehung des Menschen zu der Phantomleiblichkeit noch in der Weise, indem er ausdrückt, daß durch die Einverleibung des Phantomleibes über zukünftige Zeiten das Ich-Bewußtsein des Menschen immer heller und heller werden würde:

«Indem der Mensch das aufnimmt, was wir gestern schon mit dem Namen ‹unverweslicher Leib› belegten, und was wir uns heute genauer vor die Seele gestellt haben, indem er sich diesen unverweslichen Leib einverleibt, wird er immer mehr dazu kommen, sein Ichbewußtsein heller und heller zu machen, wird er immer mehr das in seiner Natur erkennen, was sich von Inkarnation zu Inkarnation hindurchzieht» (a.a.O., GA 131, S. 170).

A. Suckau: Ja, damit sind natürlich auch die anderen - bereits schon erwähnten - Wege angesprochen.

Die Wandlung – doch nur ein Symbol?

W. W.: Nun besteht u. a. auch die Meinung – viele Stellen Rudolf Steiners hören sich sogar entsprechend an –, es würde sich während der Transsubstantiation bzw. Wandlung gar nichts mehr wandeln, sondern als sei dieser Teil der Messe bzw. Menschenweihehandlung nur ein Symbol dafür, daß sich überhaupt Geistiges mit Physischem verbinde. Zum Beispiel heißt es in Fortsetzung des vorhin angeführten Zitates aus GA 112 folgendermaßen:

«Und diejenigen Menschen, welche imstande sind, den richtigen Sinn dieser Worte des Christus zu fassen, die machen sich Gedankenbilder, die anziehen in dem Brot und in dem Rebensaft den Leib und das Blut Christi, die anziehen den Christus-Geist darinnen. Und sie vereinigen sich mit dem Christus-Geist.»

«So wird aus dem Symbolum des Abendmahles eine Wirklichkeit.»

«Ohne den Gedanken, der an den Christus anknüpft im menschlichen Herzen, kann keine Anziehungskraft entwickelt werden zu dem Christus-Geist beim Abendmahl. Aber durch diese Gedankenform wird solche Anziehungskraft entwickelt. Und so wird für alle diejenigen, welche das äußere Symbolum brauchen, um einen geistigen Actus zu vollziehen, nämlich die Vereinigung mit dem Christus, das Abendmahl der Weg sein, der Weg bis dahin, wo ihre innere Kraft so stark ist, wo sie so erfüllt sind von dem Christus, daß sie ohne die äußere physische Vermittelung sich mit dem Christus vereinigen können. Die Vorschule für die mystische Vereinigung mit dem Christus ist das Abendmahl – die Vorschule. So müssen wir diese Dinge verstehen. Und ebenso wie alles sich entwickelt vom Physischen zum Geistigen hinauf unter dem christlichen Einfluß, so müssen sich zuerst unter dem Christus-Einfluß heranentwickeln die Dinge, die zuerst da waren als eine Brücke: vom Physischen zum Geistigen muß sich das Abendmahl entwickeln, um hinzuführen zur wirklichen Vereinigung mit dem Christus. – Über diese Dinge kann man nur in Andeutungen sprechen, denn nur wenn sie aufgenommen werden in ihrer vollen heiligen Würde, werden sie im richtigen Sinne verstanden» (a.a.O, GA 112, S. 268).

Kann es also sein, daß Brot und Wein während des Kultus lediglich ein Symbolum sind, daß nichts im Sinne einer Wandlung hinzutritt, durchdrungen wird oder sich transsubstantiiert, daß man sich also nur Gedanken über das, was man sieht, zu bilden habe?

A. Suckau: Dazu könnte man verschiedenes bedenken. Rudolf Steiner drückt sich immer sehr vielschichtig und großzügig aus, und man müßte dann nur einen anderen Zyklus aus der Bibliothek herausgreifen, in dem expressis verbis ausgedrückt wird, daß das Abendmahl nicht nur ein Symbol ist. Dies klingt zum Beispiel in dem Zyklus «Anthroposophische Gemeinschaftsbildung» (GA 257) an, in dem Rudolf Steiner den Kultus der Christengemeinschaft der anderen Form der Gemeinschaftsbildung, innerhalb der Anthroposophischen Gesellschaft, gegenüberstellt: daß die Kultusvorgänge, insofern sie physische Vorgänge sind, Abbilder der geistigen Welt seien, diese aber keine nur-symbolischen Bilder seien, sondern krafterfüllte Abbilder geistiger Vorgänge.

Das, was Sie vorgelesen haben, hat schon Friedrich Doldinger, ein Mitbegründer der Christengemeinschaft, in einem von ihm verfaßten Aufsatz in «Die Drei» als etwas herausgestellt, was sich speziell auf die Kommunion, also den vierten Teil der Menschenweihehandlung, bezieht, weniger auf die Wandlung. Es ist ein Kommunionsproblem des Menschen. Kann der Mensch in die Kommunion mit dem Christus nur dann eintreten, wenn der Rahmen durch einen physischen Kultusvorgang gebildet wird oder geht es auch anders? Hierzu führt Doldinger aus, daß für denjenigen, der es nicht ohne Kultus vollbringen kann, innerhalb der Kultushandlung die Kommunion mit dem Christus, wie sie hier gemeint ist, eintreten kann.

Dagegen ist es etwas anderes zu betonen, daß während der Menschenweihehandlung die Transsubstantiation – also das Anwesendwerden der Christuswesenheit in ihrer Realität – geschieht. Das wäre dann etwas ganz Objektives – auch mit seinen Wirkungen für die Erde, die Menschheit und den Kosmos – unabhängig davon, ob ein Mensch dieses für seine Kommunionserlebnisse nötig hat.

Dann könnte man darauf hinweisen, daß bei Rudolf Steiner das Wort «Symbolisch» gelegentlich auch den Klang hat, daß es ein besonderes, abgegrenztes modellartiges Arrangement darstellt, das seiner Wirklichkeit nach auch in anderen Formen existieren könnte. Wenn der Mensch etwas Geistig-Wirkliches vollbringt, dann kann dies in den verschiedensten Nuancen der Fall sein; ich denke zum Beispiel an das Mithelfen bei der Durchchristung der Erde. Es kann das aber auch in einer solchen gestalteten Modellform vor sich gehen, daß man von einer Kultushandlung spricht. Dieser Kultus ist dann ein ganz besonderer Ausschnitt, in dem die Aufeinanderfolge der ganzen Anordnung so ist,

Blutaltar von Tilman Riemenschneider, 1499–1504

daß sich darin auch das ausspricht, was – nicht mit einer solchen wortmäßigen und bildmäßigen Deutlichkeit – außerdem noch geschehen könnte. Dann würde das Wort «Symbolisch» nur bedeuten: am Altare geschieht eine geistige Wirklichkeit, die aber zusätzlich im Raume der Kirche noch das ganz deutliche Bild dieser Wirklichkeit ist. Wenn ich in einem anderen Zusammenhange, auch mit anderen Mitteln, zum Beispiel innerhalb verschiedener anthroposophischer Tätigkeitsfelder, spirituell an der Erde im Sinne ihrer Wandlung arbeite, dann braucht diese Tätigkeit für einen Außenstehenden nicht zugleich einen so deutlichen beschreibenden Bildcharakter zu haben. Wenn ich in einem Heilmittelbetrieb an der Vergeistigung der Stoffeswelt arbeite, dann muß diese Tatsache nicht noch einmal so bildhaft sprechend sich darstellen wie im Kultus, wo Brot und Wein erhoben werden, indem gesagt wird: «Dies ist mein Leib, dies ist mein Blut».

W. W.: Wirklichkeit und Bild sind also gleichzeitig gemeint!

A. Suckau: Ja, gleichzeitig! Sonst habe ich nur die Wirklichkeit, die nicht gleichzeitig diesen modellartigen Bildcharakter hat. Rudolf Steiner spricht auch einmal über die Taufe, indem er ausführt, daß das, was die Taufe ist, auch in die allgemeine Erziehung übergehen solle; das wäre dieselbe Spiritualität. Was bisher «symbolisch» die Taufe war – so heißt es bei Rudolf Steiner –, das würde dann in der richtigen, geist- und menschengemäß ausgeführten Pädagogik eine allgemeine sakramentale Wirklichkeit. Das aber bedeutet nicht, daß die jetzige Taufe nur ein Symbol und keine Wirklichkeit ist, sondern daß sie ein besonders umhegter Raum ist, in dem man das modellhaftig urbildlich haben kann, was man später auch zu anderen Aktivitäten erweitern kann, die in dieselbe Richtung weisen.

Gesteigerte Prozessualität des Wandlungsgeschehens durch waches Mitvollziehen des Kultus

W. W.: Sicherlich werden Sie es erlebt haben, daß die eine Menschenweihehandlung nicht wie die andere ist, und zwar nicht bezogen auf die Jahreszeiten, sondern bezogen auf die Bewußtseinsaktivität der Teilnehmenden. Würden Sie es bestätigen, daß es eine gesteigerte Prozessualität im Wandlungsgeschehen ausmacht, wenn die Teilnehmer den Kultus sehr wach mitvollziehen?

A. Suckau: Solche Erfahrungen kann man deutlich haben, obwohl auch dort die einzelnen Gelegenheiten in ihrer Differenzierung rätselhaft voneinander abweichen. Es gibt Tage, an denen man den Eindruck hat, daß der Prozeß des Kultus tiefer gegangen ist, was natürlich auch an der eigenen Disposition liegen kann oder an sonstigen Eigentümlichkeiten der Geistigkeit dieses Tages oder Ortes. Aber im allgemeinen darf man schon sagen: Je mehr Menschen mit großer Intensität und Aufmerksamkeit des Herzens und mit einem intensiveren spirituellen Bewußtseinsanteil die Vorgänge der Weihehandlung mitmachen und begleiten, desto mehr wird der gesamte Vorgang ein wirksamerer werden. Allerdings kommt es nicht allein auf die Anzahl der Menschen an, sondern auf das geschulte Bewußtsein des jeweiligen Individuums. Denn zum Beispiel bei Versammlungen, etwa bei Hochzeiten oder Konfirmationen, wo oftmals eine große Anzahl von Menschen miterscheint, die der Christengemeinschaft nicht sehr nahestehen, da bemerkt man doch schon, daß trotz einer interessierten Aufmerksamkeit die Angelegenheiten des Kultus doch nicht so recht mitgetragen werden. Andererseits erlebt man während einer Priestersynode – und das ist keine besondere Ehre, denn alle beschäftigen sich beruflich mit diesem Geschehen –, wenn dort eine Weihehandlung gehalten wird, daß diese eine ganz besondere Dichte besitzt. Aber das könnte auch in Zukunft in der Gemeinde geschehen, auch dadurch, daß anthroposophisch geschulte Menschen an der Weihehandlung teilnehmen, ohne Subjektives mit dem Kultus zu verbinden, so daß der ganze Vorgang eine größere Ausstrahlungskraft bekommt.

W. W.: Wenn es so wichtig ist, daß man die Vorgänge während der Menschenweihehandlung möglichst wach mitvollzieht, sollte man da nicht innerhalb der Gemeinde anregen, für die, die es wollen, Kurse zu geben, in denen – ähnlich wie hier im Interview –, möglichst weitreichende geisteswissenschaftliche Forschungsergebnisse Rudolf Steiners mit einbezogen werden, die die Geschehnisse des Kultus, der Sakramente usw. erhellen, so daß man durch das bessere Verständnis der Vorgänge, zum Beispiel während der Menschenweihehandlung, mehr dazu beitragen kann, daß sich Vergeistigungsprozesse, Prozesse des Verbindens mit dem Phantomleib des Christus vollziehen?

A. Suckau: Sicherlich, das wäre anzustreben, aber nur in den Formen, in denen das möglich ist. Denn ein methodisches Erarbeiten der Anthroposophie ist doch etwas anderes und nicht Aufgabe der Religionsgemeinschaft.

Ist es möglich, daß sich die Hostie während der Menschenweihehandlung nicht mit einer Aura umkleidet?

W. W.: Nun kann es aber auch sein, daß eine Gemeinde schläfrig ist, bzw. keiner – außer dem Priester und einem Ministranten – anwesend ist. Rudolf Steiner hat einmal ausgesprochen, daß die Transsubstantiation dann stattfinde, wenn sich die Hostie mit einer Aura umgebe. Kann es also auch sein, daß während einer Menschenweihehandlung die Transsubstantiation bzw. Konsubstantiation nicht stattfindet?

A. Suckau: Das könnte ich nicht bestätigen, jedenfalls nicht aus meinen Erfahrungen, denn der Hauptträger, der Priester, ist immer wach dabei! Das ist ja das besondere dieses religiösen Kultus, daß er einen Hauptträger hat, unbeschadet dessen, daß andere ebenso intensiv am Kultus teilnehmen können, wenn sie es erreichen und wollen. Aber der Priester ist der beauftragte Hauptträger, und es wäre schon eine merkwürdige Angelegenheit, wenn er nicht so vorbereitet in seinen Verpflichtungen darinnenstehen würde, daß das, was geschehen soll, auch geschehen kann. Wenn der Kultus nicht die angesprochene Dichte besitzt, so heißt dies nicht, daß überhaupt nichts geschieht; denn der Kultus ist so eingerichtet, daß er eine objektive Ritualgnade besitzt, daß in jedem Falle dem Kern nach ein Prozeß in der richtigen Richtung geschehen wird. Allerdings hat Rudolf Steiner auch ausgesprochen, daß die Messe niemals ein neutrales Ding sei, denn entweder sei sie ein Gottes- oder ein Teufelsopfer. Damit meint er, daß sie immer eine spirituelle Realität hat. Aber ein Teufelsopfer könnte sie nur sein, wenn bewußt gegen ihre Intentionen von den sie Ausführenden und Tragenden angegangen wird.

W. W.: Können Sie Ihren Begriff der objektiven Ritualgnade nochmal ein wenig präzisieren?

A. Suckau: Damit wollte ich folgendes sagen: Wir haben vor uns zwei Pole; der eine ist der Christus selbst, das, was der Christus allein tun kann, abgesehen von jeder menschlichen Mittätigkeit. Damit ist das Mysterium von Golgatha angesprochen sowie sein weiteres Anwesendsein in der gesamten Erdensphäre. Der Gegenpol ist alles das, was der Mensch durch rein individuelle Bemühung im Zusammenhang mit dem Christus hervorrufen kann. Und die Kultuseinrichtung ist in gewissem Sinne eine Art Mittleres zwischen beiden Polen. Wir haben es zwar mit Vorgängen zu tun, die einerseits eine möglichst intensive Mittätigkeit der Menschen erfordern – auf jeden Fall bei dem Priester, möglichst aber auch bei der Gemeinde –, andererseits ist aber objektiv ein «Mehr» eingestiftet, ein über die menschlichen Möglichkeiten Hinausgehendes, welches den gesamten Vorgang durchdringt. Das meinte ich mit der objektiven Ritualgnade. Sie ist vor allem deswegen ganz besonders wichtig, weil die Verbindung zu dem Christuswesen, die dem Menschen heute rein individuell schon möglich ist, meistens erst keimhaft veranlagt ist. Erst in weiteren Zukünften werden diese Möglichkeiten ihre kosmischen Bedeutungen erlangen. Dagegen ist in den ritualgetragenen Kultformen die Möglichkeit gegeben, daß gewisse Dinge, die durch den Menschen initiiert erst in der Zukunft ausreifen würden, jetzt schon wirken können. Diesen überindividuellen Faktor, der zur individuellen Geistigkeit noch hinzukommt, meinte ich mit den Worten der objektiven Ritualgnade.

W. W.: Kann man auch davon sprechen, daß dem Ritualwort selbst eine überindividuelle objektive Kraft innewohnt?

A. Suckau: Ja, in gewissen Wortzusammenstellungen oder Mantren ist diese Kraft immer da, sonst würde es diese Wirkensart nicht geben. Das ist auch der Grund, warum in der Anthroposophie, die stark auf das Individuelle schaut, solche Wortwirkungen ohne vorherige Gedankenvorbereitung dessen, der es zu vollziehen oder zu üben hat, nicht angestrebt werden. Aber wir kennen aus dem Orient dieses mantrische Wirken, bei dem sich der Betreffende bis zur trancehaften Steigerung in die Laute selber hineinstellt. Bei den Sakramenten der Christengemeinschaft würde ich diese «Ritualgnade» auch in Zusammenhang mit der Priesterweihe sehen. Durch das, was Priesterweihe bedeutet, ist bereits ausgedrückt, daß ein überindividuelles Gemeinschaftsartiges den persönlichen geistigen Tätigkeiten des Priesters während dieser Vollzüge noch mit eingestiftet wird. Somit kann er sich niemals persönlich zuschreiben, was durch seine dienende Tätigkeit vor sich geht.

W. W.: Was aber ist mit dem Motiv, daß sich die Hostie mit einer Aura umkleidet, gemeint?

A. Suckau: Das ist das imaginative Zeichen der Wandlung. Rudolf Steiner als Geistesforscher hat gelegentlich solche Beobachtungen machen können, gar nicht einmal nur bezogen auf die Christengemeinschaft, sondern auf den althergebrachten Kultus der katholischen Kirche. Er hat dann aufgrund seines hellseherischen Bewußtseins davon gesprochen, daß sich während der Wandlung die volle Anwesenheit der Christuswesenheit zugetragen habe. Er sprach davon, daß die Formen – es war ja vor dem II. Vatikanischen Konzil – eine gewisse Alterung haben und mit dem, was die geistige Welt gegenwärtig geben könnte, nicht mehr übereinstimmen, daß aber durch die persönliche Lauterkeit der Priesterpersönlichkeit trotzdem dasjenige, was eigentlich gemeint ist, voll anwesend werden könne.

W. W.: Die ketzerische Frage bezüglich der Christengemeinschaft wäre jetzt natürlich: Kann es sein, daß sich während einer Menschenweihehandlung die Hostie nicht mit einer Aura umkleidet?

A. Suckau: Ich halte das aus den Bedingungen der ganzen Entwicklung zum Priestertum der Christengemeinschaft hin, wie sie seit Rudolf Steiners Anregungen in der Christengemeinschaft durchgeführt worden sind, schlechterdings für unmöglich. Es ist gar nicht vorstellbar, daß jemand diesen Beruf ernsthaft ergreift und derart unter das Niveau – ich meine es in spiritueller Hinsicht, nicht im Sinne der immer vorhandenen menschlichen Schwächen – herabsinkt, daß die erforderlichen Geschehnisse nicht mehr voll zusammenklingen können. Prinzipiell ist dieser Gesichtspunkt natürlich mit einzubeziehen, weil nicht einfach nur in rite richtigem Ausüben der Gesten und Worte die Wandlung zustande kommt, sondern selbstverständlich hängt es von der gesamten Intention, der Bewußtseinsverfassung und dem, was durch den Priester getragen werden muß, mit ab. Hier liegt der Kern, wenn man eine solche Frage stellt, und hier wird ein Minimum einer Bewußtseinsverfassung immer vorhanden sein.

W.W.: An welcher Stelle innerhalb der Menschenweihehandlung findet die Wandlung statt? Ist es ein kurzer Moment während des Wandlungsteiles oder ein längerfristiger Prozeß?

A. Suckau: In der orthodoxen Kirche sieht man darin schon eher etwas Prozeßartiges, in der katholischen Kirche – zumindest vor dem II. Vatikanischen Konzil – wird die Wandlung als unmittelbar mit den Einsetzungsworten verknüpft gesehen; das ist also etwas sehr Punktuelles. In der Christengemeinschaft gibt es von vorneherein diese Prozeßvorstellung. Man kann schon vor dem dritten Teil – dem Wandlungsteil – die Intensivierung einzelner Stufenvorgange sehen, im Wandlungsteil steigert sich dieses noch einmal. Dort gibt es sogar Anzeichen, daß es ein Prozeß ist, der in drei großen Etappen vor sich geht. Die erste ist das Niederknien des Priesters und gewissermaßen die Memoria an die Einsetzungsworte, also an das, was an das Historische, den Gründonnerstag, anklingt; die zweite Stufe vollzieht sich dann, wenn ausgesprochen wird, daß Christus in den Substanzen walten möge; der dritte Teil ist dann die Elevation, die Erhebung der Substanzen, bei der die Identität dieser Substanzen mit der Christuswesenheit ausgesprochen wird.

In ein einfaches Bild gebracht würde es ungefähr folgendermaßen aussehen: Es kommt etwas heran, es ist etwas darin wirksam und nun ist es so vollendet, daß es schon wieder ausstrahlt. Das müßte der Moment und Bereich sein, bei dem der Eindruck der Umkleidung der Hostie mit einer Aura dem eingeweihten Bewußtsein erscheinen wird. Dieses Aufleuchten der Hostie ist auch gelegentlich im Mittelalter von Malern angedeutet worden. Die gesamte Weihehandlung ist ein Prozeß der allmählichen Christusrealisation; im Wandlungsteil ist dieser Prozeß in bezug auf die Phantomleiblichkeit, die Kräftesphäre der Christuswesenheit noch einmal in gesteigerter Form vorhanden. Dann erst schließt sich die Kommunion an.

W.W.: Wie verbinden sich die gewandelten Kräfte mit dem Menschen, wenn er am Altar kommuniziert? Welche Unterschiede bestehen zwischen einem Menschen, der nur am Geschehen der Menschenweihehandlung teilnimmt, ohne die Altarkommunion einzunehmen, und einem anderen Menschen, der Brot und Wein während der Kommunion zu sich nimmt?

A. Suckau: Naturgemäß liegt es darin, was man auch selber fühlen und empfinden kann, daß der eine Vorgang intensiver als der andere ist. Das eine bleibt mehr im Atmosphärischen – obwohl man auch hier von dem Empfangen des Leibes und Blutes Christi sprechen kann –, wenn die Wandlung das ist, was wir darunter verstehen: daß sie sich zum Beispiel in der Aura des Ortes manifestiert oder etwas für die Erde bedeutet. Man kann das natürlich nicht mit Quantitäten oder räumlichen Grenzen vergleichen. Aber bestimmt ist man dem Kern der Christuswesenheit am nächsten, wenn man die Substanzen, die das eigentliche Auffangmedium der Christuswesenheit sind, zu sich nimmt. Es ist auch richtig, wenn man der Gemeinde ganz angehören will, daß man sich mit der Christuswesenheit auf diese Weise durch die Kommunion verbindet. Die andere Haltung, also nicht an der Altarkommunion teilzunehmen, hat im allgemeinen doch noch etwas mehr Gastartiges im Darinnenstehen des gesamten Kultusgeschehens.

Engel, Verstorbene, Elementarwesen und Dämonen

W.W.: Gibt es außer der Wesenheit des Christus und dem Bewußtsein des Priesters sowie der Gemeindemitglieder noch weitere bewußte Wesenheiten, die während der Menschenweihehandlung anwesend bzw. an ihr beteiligt sind?

A. Suckau: Es wäre ja eine gewisse Abstraktion, wenn man die Christuswesenheit in der Weise denkt, daß man sie sich als isoliertes Wesen vorstellt. Ganz allgemein könnte man so sprechen: Dort, wo die Christuswesenheit ist, ist zugleich auch die gesamte geistige Welt. Alle Vorgänge, die sich an die höchste Göttlichkeit – die Trinität – wenden, sind de facto mit den einzelnen Engelhierarchien verknüpft und verwoben, die Sie eben allgemein geistige Wesenheiten nannten. Aus der Anthroposophie können wir wissen, daß auch die Naturgeister überall mit wirksam sind, ohne sie entsteht und vergeht kein Leben. Aber auch die Menschen bringen ihr gesamtes Schicksal mit, das noch etwas anderes ist als ihre bewußte Erinnerung; die Wandlung selbst hat eine zukunftsorientierte Einwirkung auf alles das, was in und um den Menschen vorhanden ist.

Schließlich gibt es Menschen, die überhaupt nicht sichtbar sind, zum Beispiel die Ungeborenen. Diese Ungeborenen nehmen aus ihrem kosmischen Bewußtsein heraus u.U. derartige Vorgänge wie die Menschenweihehandlung wahr. Sie leben mit den Bereichen auf der Erde, in denen diese Spiritualität der Wandlung geschieht. Rudolf Steiner hat es einmal ausgesprochen, daß die vor der Empfängnis stehenden Ungeborenen sich gewissen Zeremonien nähern, weil das für sie ein Geschehnis ist, das zwar der Erde angehört, aber durch seine Natur mit der geistigen Welt eine besondere Verwandtschaft hat. – Auch von den Verstorbenen, vornehmlich von denjenigen, die in der Gemeinde der Christengemeinschaft gestanden haben, darf man sich vorstellen, daß sie die Ausstrahlungen des Kultus in sich aufnehmen können bzw. – je nach dem, wer sie sind – mit ihrer eigenen Segenskraft an dem Kultusgeschehen mitwirken. Hierzu gibt es aus den Erfahrungsberichten derjenigen Menschen, die so etwas erlebt haben, ganz konkrete Berichte und Hinweise.

W.W.: Könnten Sie da einmal etwas nennen?

A. Suckau: Das wäre aus Gesprächen, die man mit Menschen gehabt hat. Menschen schildern einem , daß ihnen verstorbene Familienmitglieder oder andere während des Kultus ganz deutlich wahrnehmbar gewesen sind, und zwar stärker als zu anderen Zeiten. Es entsteht dabei der Eindruck, daß diese Verstorbenen an den gesamten Zeremonien teilnehmen. Ich habe manche Menschen kennengelernt, die das sehr ausführlich erzählt haben, auch bis hin zu den Kriegstoten; hier geht es in das Geschichtliche, woran man sehen kann, daß die spirituellen Vorgänge des Kultus wie Oasen sind, in denen die Wesenheiten, die sich in der geistigen Welt befinden, eine gute spirituelle Verbindung mit dem, was auf der Erde gleichgesinnte Menschen anstreben, erreichen können. Beides webt sich ineinander. Wenn Rudolf Steiner davon spricht, daß in Zukunft die Lebenden und die Verstorbenen weiterhin mehr zusammenwachsen sollten, daß diese ungute Halbierung in diejenigen, die auf Erden verkörpert sind und in die Verstorbenen, die angeblich nichts miteinander zu tun haben, aufhören soll, dann erwächst einer Religionsgemeinschaft mit einem Kultus, in welchem sich beide Gruppen von Wesenheiten verbinden können, eine große Bedeutung zu. Dies wäre ein echter Impuls einer modernen Religionsgemeinschaft für die soziale Zivilisation.

W.W.: Hat eine Gemeinde der Christengemeinschaft auch einen Gemeindeengel?

A. Suckau: In dem Augenblick, wo mehrere Menschen miteinander objektiv etwas zu tun bekommen, eine Aufgabe innehaben oder eine längerfristige Einrichtung durchführen, spricht man in der Anthroposophie von der Beteiligung höherer Wesen. Man spricht von Volksgeistern, sogar von Familiengeistern. In dem Sinne kann man von Engelwesenheiten sprechen, die jetzt einen derartigen Gemeindeleib – über das hinaus, was die Summe der einzelnen Mitglieder ist – durchdringen. Der Gemeindeengel hat vielleicht nicht diese feste Verbindung wie sie zum Beispiel der Volksgeist im allgemeinen zu seinem Volk hat, weil dies eine naturgemäße Gruppierung von Menschen ist, sondern er hat eine derartige Verbindung, die für die Zukunft noch gestaltungsoffener ist. Diese Verbindung ist so, daß sie die menschliche schöpferische Tätigkeit mehr einbezieht. Wenn sich eine Gemeinde richtig entfaltet, so könnte man es sich vorstellen, dann nimmt dieser Gemeindeengel mehr und mehr an dem ganzen Gemeindegeschehen teil.

Das würde auch für die Elementarwesen gelten, die einen anderen Bereich ausmachen. Es sind Wesen, die nicht in der gleichen Weise individuell wie der Mensch und die höheren geistigen Wesenheiten aufgefaßt werden können. Sie haben kein individuelles Schicksal. Es sind Wesenheiten, die aus den höheren Engel-Hierarchien abgezweigt und mit ihrer Tätigkeit in die unmittelbare Stoffeswelt gebannt sind. Das ist etwas für den Menschen wichtiges, denn er lebt von den Opfern dieser Wesen. Durch bestimmte Verrichtungen in der Stoffeswelt, zum Beispiel durch das Räuchern mit Weihrauch, werden gewisse Elementarwesen aus ihrer Bannung in die Stoffeswelt erlöst.

W.W.: Gibt es auch einen Gemeindedämon, der sich unter anderem durch die Versäumnisse innerhalb einer Gemeinde ernährt bzw. mästet?

A. Suckau: Man könnte vielleicht aus der Geschichte mancher Gemeinden der Christengemeinschaft darauf kommen; für ganz ausgeschlossen halte ich es nicht! Denn aus der Anthroposophie wissen wir, daß es fast für jeden regulär wirkenden Geist, bis zu sehr hohen Hierarchien hinauf, einen Antigeist gibt, der sich unter anderem dort breitmacht, wo die Dinge nicht richtig laufen. Auf jeden Fall aber ist es so, wenn es so einen Gemeindedämon gibt, daß er nicht von sich aus tätig wird, sondern nur dort, wo gewisse Fäulnisprozesse u.ä. ihm dazu die Möglichkeit und Hülle bieten.

Der höhere Sinn des Kultus ist seine objektive Wirkung

W. W.: Ich möchte noch einmal auf die objektive Wirkung des Kultus zu sprechen kommen. Rudolf Steiner führt in seinem Vortragsszyklus «Anthroposophische Gemeinschaftsbildung», GA 257, S. 179 aus, daß beim Kultus der Christengemeinschaft die «Kultgemeinde versucht, die Engel des Himmels zu veranlassen, herunterzugehen in den Kultraum, damit sie unter den Menschen seien». – Er sagt ferner in «Esoterische Betrachtungen karmischer Zusammenhänge», Band II, GA 236, 19. Vortrag, S. 362, daß während eines Totenkultus auf Erden in der geistigen Welt ein Empfangskultus, ein himmlischer Kultus, verrichtet würde. – Ist jeder Kultus auf Erden zugleich einer, der seinen höheren Sinn erst dadurch erhält, daß er für geistige Wesen und Welten etwas bewirkt?

A. Suckau: Es fragt sich, ob mit dieser von Ihnen erwähnten anderen Seite überhaupt etwas anderes gemeint ist. Davon haben auch wir hier in anderer Weise schon gesprochen. Wir sprachen über physische Bilder und physische Vorgänge, die zugleich Abbilder geistiger Vorgänge sind. Natürlich meinten wir keine toten und symbolischen Abbilder – da in physischen Vorgängen zugleich geistige Kräfte mitwirken –, sondern kraftdurchsetzte Abbilder. Man könnte es auch allgemein so ausdrücken, daß jedem physischen Geschehen in der geistigen Welt ein jeweiliges geistiges entspricht. Ich halte das beinahe für eine besondere Beschreibung dieser Interdependenz. Daß Geistiges in die physischen Vorgänge herabsteigt, zeigt, daß der Geistesforscher diese geistigen Bewegungen wahrnimmt, während wir als zunächst nicht seherisch entwickelte Menschen lediglich die Wirkungen der geistigen Vorgänge spüren oder wahrnehmen. Der Geistesforscher aber erlebt die geistigen Wesen, was sie vollbringen und was mit ihnen vor sich geht. Die Schilderung mit dem Empfangskultus klingt nach einem spiegelbildlichen Vorgang. Es könnten sich auch Umstülpungen vollziehen: Abschied auf Erden – Ankunft in der geistigen Welt! Bei Rudolf Steiner heißt es auch noch, daß die Gebete des Priesters mit den Segenskräften höherer Hierarchien zusammenklängen.

W. W.: Das heißt aber auch, daß höhere Hierarchien auf einen in dieser Weise vollzogenen Kultus angewiesen sind!

A. Suckau: Ja, wenn auch nicht für ihr ganzes Sein. Für bestimmte Tätigkeiten bekommen sie die Anregungen durch das, was auf Erden geschieht.

Objektive Kultuswirkungen für die Elementarwesen

W. W.: In «Grundelemente der Esoterik», GA 93a, S. 219 spricht Rudolf Steiner sogar darüber, daß jeder Kultus, auch der Demonstrationskultus der Freimaurerei, seine Wirkung auf die Elementarwesen und astrale Bereiche habe, und zwar bewirkt durch Zeichen, Handbewegungen, Räucherungen usw. Gilt das auch für die Menschenweihehandlung der Christengemeinschaft?

A. Suckau: Natürlich.

W. W.: Können Sie Beispiele nennen, durch welche Gestik was bewirkt wird?

A. Suckau: Das wird im einzelnen sehr schwierig, denn es würde voraussetzen, daß man weitere genauere Angaben Rudolf Steiners kennte bzw. zu hellseherischen Beobachtungen fähig wäre. Aber es gilt, daß Elementarwesen durch menschliche Verhaltensweisen, zum Beispiel durch Räucherungen, einen Aufstieg erfahren. Durch die Räucherung wird ein Stoff von einem dichteren in einen feineren Zustand überführt. Bei der Menschenweihehandlung ist dieser Vorgang natürlich in ein höheres Ganzes eingebettet, denn sonst könnte jeder Mensch durch Räucherungen Elementarwesen in einen höheren Zustand bringen. Dies ist allerdings prinzipiell möglich. Durch alle Verrichtungen des Menschen im physischen Bereich wird immer etwas für oder mit Elementarwesen bewirkt. Man könnte sich Gedanken machen, was das Besondere für die Elementarwesen durch die Verrichtungen während des Kultus der Christengemeinschaft ist. Wahrscheinlich werden dabei Elementarwesen hereingerufen, die in Zukunft eine Bedeutung für die Erde und die Menschheit haben. Diese finden im Kultus eine Art Nährboden. Alle Vorgänge des christlichen Kultus bereiten die Zukunft vor – also übersinnliche Formen –, die für die nächste Verkörperung der Erde, dem sogenannten Jupiter, nötig sind. Das geschieht nicht nur während des Kultus, aber sicherlich ist der Kultus ein wesentlicher Beitrag dafür, daß diese Wesenheiten sich ausgestalten können. Diese geistigen Grundlegungen der Zukunft gestaltet die geistige Welt nicht ohne Mitwirkung des Menschen.

W.W.: Es heißt ja auch bei Rudolf Steiner, daß einzig durch den Kultus harmonische Elementarwesen geschaffen werden. Dies wäre wiederum so eine objektive Wirkung des Kultus.

A. Suckau: Ja, genau!

W.W.: Eine sehr wichtige Passage aus dem Gesamtwerk Rudolf Steiners ist die folgende:

«Und so wird der Eingeweihte seinen Schülern sagen können: Indem ihr euch einlebt in eine Kultushandlung, indem ihr verfolgt, was da geschieht, verfolgt ihr etwas, wovon der materialistische Phantast sagt: Das ist ja nichts Wirkliches! –, oder gar, wenn er zynisch ist, sagt: Das ist ein Spiel! – So mag es sein, aber alles, was nach dem richtigen Ritus ausgeführt wird, birgt Geistiges in sich. Die geistig-elementaren Wesenheiten, welche in die Gegenwart herein berufen werden, wenn eine Kultushandlung ausgeführt wird, brauchen diese Kultushandlung, denn aus ihr ziehen sie ihre Nahrung, ihre Wachstumskräfte.»

«Einmal wird eine Zeit kommen, in der die Erde nicht mehr sein wird. Es ist so, daß alles, was wir um die physischen Sinne ringsherum haben, alles, was wir im heutigen Mineralreich, Pflanzenreich, Tierreich sehen, alles, was an Luft und Wolken, selbst das, was an dem Glanze der Sterne vorhanden ist, daß alles das vergehen wird. Dann wird die Erde sich angeschickt haben, das zu werden, wovon ich im Umriß einer ‹Geheimwissenschaft› gesprochen habe. Die Erde wird sich anschicken müssen, in einer gewissen Zukunft zum Jupiterdasein hinüberzugehen. Dieser Jupiter wird ebenso eine folgende Verkörperung der Erde sein, wie unser eigenes künftiges Erdenleben eine Wiederverkörperung unseres gegenwärtigen Erdendaseins sein wird, nur daß die Zeiträume wesentlich größer sind. Kein Stäubchen wird von der Materie, die heute in Mineralien, Pflanzen, Tieren, in Wind und Wolken ist, kein Stäubchen von dieser Erde wird in einer gewissen Weise in der Zukunft mehr vorhanden sein. Alle Vorgänge, die auf äußerlich technische Weise geschehen, die mit den technischen Maschinen vor sich gehen, die werden ihre Aufgabe getan haben. Das alles wird Vergangenheit sein.»

«Aber in dem, was da war, in dem, was menschliche äußere technische Kultur war, darinnen wird etwas anderes vorbereitet sein. Zeichnen wir uns das schematisch hin (siehe Zeichnung).

Int. Kommentar: Hier Zeichnung S. 98

Nehmen wir an, das sei unsere heutige Erde. Dadrinnen gehen die verschiedensten Naturprozesse vor sich (grün); Pflanzendecke und so weiter, Wolken umgeben die Erde (hell), Maschinen sind da, mit denen allerlei geschieht auf der Erde (lila); Tiere laufen herum, physische Menschenkörper (rötlich). Das alles wird weg sein. Aber auf dieser Erde werden in der Zukunft solche Kultushandlungen vollzogen werden, welche aus einem richtigen Erfassen der geistigen Welt hervorgehen. In alledem, was dadrinnen ist, werden Kultushandlungen vollzogen.»

«Ich will sie hier schematisch in der verschiedensten Weise zeichnen (siehe Zeichnung).

Int. Kommentar: Hier zweite Zeichnung Seite 99

Dadurch, daß diese Kultushandlungen vollzogen werden, werden in die Sphäre dieser Kultushandlungen elementargeistige Wesenheiten hereingerufen. Ich will sie hier gelb zeichnen. Sie sind unsichtbar für das äußere Auge. Aber eine Zeit wird kommen, in der alles, was an Stoffen heute die Mineralien, die Pflanzen, die Tiere, die Wolken ausfüllt, was da wirkt in Wind und Wetter, fort sein wird. Alles, was Pflanzendecke ist, wird fort sein, zerstäubt sein im Weltenall, selbstverständlich auch die Geräte, mit denen die Kultushandlungen verrichtet werden. Aber was an elementaren geistigen Wesenheiten in die Sphäre der Kultushandlungen gerufen worden ist, das wird darinnenstecken, das wird, wenn diese Erde ihrer Vollendung zugeht, in vollkommener Ausbildung ebenso innerhalb der Erde sein, wie im Herbst der Pflanzenkeim des nächsten Jahres verborgen in der Pflanze steckt. Und wie von der Pflanze die welk gewordenen, dürren Blätter abfallen, so wird in das Weltenall hineinzerfallen all das, was im Mineral-, im pflanzlichen, im tierischen Reiche ist. Und wie ein Same für die Zukunft werden die elementaren Wesen, die sich dann vervollkommnet haben, da sein, weiterlebend ins Jupiterdasein» (Rudolf Steiner, Die Grundimpulse des weltgeschichtlichen Werdens der Menschheit, GA 216, Vortr. v. 29.09.1922, S. 97ff.).

Können wir an das anknüpfen, was wir vorhin sagten: daß je bewußter die Menschen am Kultus teilnehmen, desto vielfältigere Nahrungsmöglichkeiten für die Wesen vorhanden sind? – Wird dieses Bewußtsein nicht in naher Zukunft immer wichtiger werden? Ich kann mir denken, daß jemand, der sein Leben lang nur auf schwärmerisch-egoistische Weise am Kultus der Christengemeinschaft teilnimmt, wenig an Nahrung für die Elementarwesen schafft und somit auch nur wenig für eine spätere Erdenzukunft beiträgt! Wie kann man dieses Motiv innerhalb der Christengemeinschaft stärker in den Vordergrund tragen?

«Esoteriker und Nicht-Esoteriker treffen im Kultus zusammen»

A. Suckau: Das wird bei jedem Menschen innerhalb der Christengemeinschaft anders sein, je nachdem, wie lange sie schon dabei sind, wie ihre jeweilige Schicksalslage ist, wie weit das Bestreben vorliegt, zunächst nur für die eigene religiöse Tätigkeit eine Anregung zu bekommen oder ob sie im Laufe der Zeit bereits dahintergekommen sind, daß man daran interessiert sein könnte, für den objektiven Verlauf der Welt, der heute so in Dunkel gehüllt ist, möglichst Wirksames beizutragen. Das würde dann sogar auf diejenigen auszudehnen sein, die persönlich – für ihre eigene Wesenheit – weniger aus dem Kultus zu ziehen brauchen, weil sie andere Mittel der Spiritualität haben, mit denen sie an sich arbeiten. Dann aber würde trotzdem diese objektive übersinnliche Gelegenheit, an den Vorgängen, die die Zukunft vorbereiten, mitzuwirken, für sie die Teilnahme am Kultus ermöglichen. Hinzu kommt noch, daß der Kultus eine soziale Komponente hat. Esoteriker und Nicht-Esoteriker treffen im Kultus zusammen und schaffen ein soziales Ganzes. Es gibt ja keinen Grund, sich vom Kultus der Christengemeinschaft fernhalten zu müssen, weil man andere geistige Zusammenhänge besucht. Nimmt man trotzdem teil, weil man die objektive Bedeutung erkennt, so hat dies eine sozial positive Bedeutung. Der Kultus hat seine eigene gute Auswirkung für die Erde und die Menschheit. Es sind Oasen oder Lichtenklaven und man sollte einfach als Zeitgenosse diesen Orten mit intensiver Aufmerksamkeit und Hingabe gewogen sein.

Die Schwierigkeit der konkreten und wirklichkeitsorientierten Sprache

W.W.: Müßte man nicht innerhalb der Christengemeinschaft über diese Gesichtspunkte ein wenig ausführlicher und deutlicher sprechen?

A. Suckau: Gewiß. Nur haben es die Menschen und ihre Schicksale in sich, daß man den persönlichen Bezug zum Kultus nicht ganz beiseite lassen kann. Es ginge nicht zu sagen, daß man nur wegen der Erdenzukunft, nicht aber wegen der eigenen persönlichen Beziehung, am Kultus teilnehmen sollte. Mancher arbeitet am besten für die Erdenzukunft, indem er zuerst an sich etwas entstehen läßt. Natürlich sollte man sich im Unterschied von Christengemeinschaft und Anthroposophischer Gesellschaft davor hüten zu sagen, daß die einen für ihr Persönliches am Kultus teilnehmen, während die anderen für den Kosmos schaffen. Beide Elemente gibt es in beiden Bewegungen. – Aber den modernen Menschen kann man den Zugang zu beidem immer dann am besten erleichtern, wenn man dieses objektive Element ganz einfach beschreibt. Das ist ganz richtig. Man müßte sogar betonen, daß die Angelegenheiten des Kultus für die Zukunft objektiv notwendig sind. Das, was der Mensch – so könnte man sagen – an individuellen Schwächen und Unaufgearbeitetem hat, das wird dabei zugleich zum Guten hin weiterentwickelt.

W.W.: Ich denke nur daran, daß seitens der Priester der Christengemeinschaft dieses objektive Element des Kultus stärker betont werden müßte.

A. Suckau: Einige betonen das ja sehr deutlich!

W.W.: Ja, aber man müßte viel konkreter sprechen: über Elementarwesen zum Beispiel die am Kultus mitwirken. Es gibt ja viele Menschen in der Christengemeinschaft, die davon gar nichts wissen.

A. Suckau: Sie meinen, daß man nicht nur von der Vorbereitung der Zukunft im allgemeinen sprechen, sondern dieses genau konkretisieren sollte?

W.W.: So ist es. Man braucht ja nur in die heutige Zeit zu schauen, die Filme sowie die Fantasy- und Science-fiction-Romane sind voll mit Schilderungen elementarwesenähnlicher Wesenheiten; in Teilen der heutigen Jugend wird das fast schon zur Sucht, sich mit Spiritismus oder gar schwarzen Messen zu beschäftigen. Sie gehen also real mit geistigen Wesen um, ohne allerdings genau zu wissen, um welche Wesen es sich dabei handelt. Und da wirkt es geradezu absurd, wenn dies in der Christengemeinschaft nicht angesprochen wird. Die Menschen, zumindest die Jugendlichen, sind heute reif dafür, über solche Dinge zu sprechen.

A. Suckau: Da liegt natürlich ein gewisses Problem, weil die Christengemeinschaft nicht im Sinne eines anthroposophischen Zweiges anthroposophisch arbeiten soll. Allerdings haben sich manche Dinge seit der Gründungszeit der Christengemeinschaft verwandelt. Und weil die heutigen Jugendlichen in diese Gebiete, die Sie geschildert haben, viel intensiver einsteigen, deshalb ist es nötig, ohne alles minutiös anthroposophisch terminologisch zu behandeln, der Sache nach über diese Dinge zu sprechen. Das ist ganz eindeutig! Ähnlich verhält es sich mit dem Gedanken der Reinkarnation. Zu Beginn der Christengemeinschaft tauchte dieser Gedanke nur so gerade eben am Horizont auf; es hieß, daß man darüber nicht reden solle, weil es Sache der Anthroposophen sei. Das hat sich heute gewandelt und man kann es auch anders machen.

Der Kultus im Zusammenhangsgeschehen einer Stadt

W. W.: Kann man auch davon sprechen, daß der Kultus eine Wirkung auf das Ganze der jeweiligen Stadt hat?

A. Suckau: Ja, das wird bestimmt so sein. Eigentlich ist es schon darin mit eingeschlossen, wenn man davon spricht, daß der Kultus eine objektiv auflichtende Wirkung auf die gesamte Erde habe. Denn dort, wo uns die Erdenaura am nächsten ist, liegt ja das Gebiet, in dem wir uns befinden. Rudolf Steiner hat dies auch einmal in bezug auf die Arbeitsweise der anthroposophischen Zweige ausgesprochen: Wenn eine Reihe von Jahren intensiv erkenntnismäßig gearbeitet werden würde, so müßte man davon im Geistigen der Stadt einen Niederschlag finden. Ähnliche Auflichtungen in der Aura der Stadt müßten auch durch die Wirkung des modernen Kultus sichtbar werden.

W. W.: Könnten Sie etwas Konkretes nennen, wie und was sich durch die Wirksamkeit des Kultus in der Stadt objektiv ändert?

A. Suckau: Das ist deswegen schwierig, auch wenn man konkret in der Stadtgeschichte und weiterem darinnen steht, weil man nicht genau sagen kann, durch welchen konkreten Faktor sich etwas Bestimmtes ausgewirkt hat. Auch wenn sich in einer Stadt, in der man lange arbeitet, plötzlich positive spirituelle Ansätze ergeben, so weiß man noch lange nicht, ob diese speziell durch die Tätigkeit der Christengemeinschaft bewirkt worden sind. Schließlich gibt es manches andere, was ähnliche Wirkungen hervorrufen könnte. Da muß man sehr vorsichtig sein, Konkretes zu behaupten. Man darf sich aber sagen, daß man zu den guten Wirkungen durch den Kultus beitragen kann.

W. W.: Kann eigentlich eine Menschenweihehandlung gestört werden, zum Beispiel durch abträgliche Gedanken und schlechte Stimmungen der Anwesenden?

A. Suckau: Man kann schon den Eindruck haben, daß es Tage gibt, an denen – im Bilde ausgedrückt – die Sonne nicht so voll aufgeht, so als ob es eine etwas zugezogene Wolkenlandschaft gäbe. Man fühlt sich so, als ob man nicht mit allem durchgekommen wäre, das einem vorgeschwebt hat. Ob das nun an den realen Teilnehmern oder an anderen Vorgängen am Ort oder im Zeitgeschehen gelegen hat, das kann man wohl nur schwer ausmachen.

W. W.: Gibt es objektive Störungen der Menschenweihehandlung zum Beispiel solche, die von spiritistischen Sitzungen oder schwarzen Messen ausgehen?

A. Suckau: Möglich wäre dies schon, zum Beispiel durch okkulten Unfug im Nachbargebäude. Allerdings habe ich den Eindruck, daß der christliche Kultus, wenn er richtig durchgeführt wird, so stark ist, daß derartige Auswirkungen nicht sehr gravierend sind. Das einzige, was man tun kann – denn man kann ja nicht die Nachbarschaft ausräuchern –, ist, daß man das Eigene immer intensiver und intensiver betreibt. Gerade im christlichen Bereich gibt es einen starken Selbstschutz. Daß ein Kultus unmöglich gemacht wird, glaube ich nicht. Ich denke dabei an das Markus-Evangelium: «Ihr werdet Gift trinken, aber das Gift wird euch nicht schaden» (Mk. 16,18). Im realen Sinne sind wir natürlich noch nicht soweit, aber im übertragenen Sinne kann ich mir dieses schon als etwas Reales vorstellen.

Hygienisches Denken: das Virus am Kelch!

W.W.: Damit kommen wir auch zum letzten Problem: In Dänemark bekommt in vielen protestantischen Gemeinden jeder sein einzelnes Glas während des Abendmahles, weil man sich – tränke man aus einem Kelch – anzustecken fürchtet. In der Christengemeinschaft trinkt man aus einem Kelch. Nun hört man Christengemeinschafts-Gemeindemitglieder immer wieder einmal ängstlich nach der Option der Ansteckung am Kelch fragen; die Antwort seitens der Priester – soweit mir bekannt – ist dann immer, man könne sich nicht anstecken. Nähere Erläuterungen bleiben meist aus. Wie sehen Sie das?

A. Suckau: Wenn man sagt, man könne sich nicht anstecken, so klingt dies dogmatisch, auch wenn es aus einem Vertrauen heraus gesprochen worden ist. Man kann der Meinung sein, daß der Christus, in einer Stunde der Vereinigung mit ihm, einen vor solcher Ansteckung bewahren würde. Aber es ist eine Grenzfrage. Man kann schlecht neutrale Aussagen machen, denn alle sind mit dem Vertrauen durchwoben. – Hinzu kommt ein gewisser Anstand der Gemeindemitglieder, daß, wenn zum Beispiel bei einer starken Erkältung der Schnupfen nur so blüht, man nicht zur Altarkommunion geht, zumindest nicht unbekümmert. Ich würde das als Gemeindemitglied dann nicht tun.

Was die passive Seite betrifft, so kann man sich ja auch woanders anstecken, zum Beispiel in der U-Bahn, wenn einen jemand anhustet. Warum soll das nicht auch im Gottesdienst passieren? Die eigentliche Störung aber ist, wenn die Gemeindemitglieder auf hygienische Gedanken kommen! Das ist die eigentliche Störung! Aber ein gewisses Vertrauen sollte man schon haben; ich als Priester muß ja hinterher auch den Kelch austrinken. Insofern ist man eine Solidargemeinschaft. Andererseits sollte man während eines Gemeindeabends darauf hinweisen, daß es eine Illusion ist zu meinen, immer an der Altarkommunion teilnehmen zu müssen. Wenn man weiß, daß man nicht jeden Sonntag zur Altarkommunion gehen muß und es reicht, an der Menschenweihehandlung teilzunehmen, so regelt sich manches von selbst.

W.W.: Also weder mit hygienischem Blick auf das Virus schauen, noch dogmatisch behaupten, man könne sich nicht während des Kultus anstecken!

A. Suckau: Genau!

Sakramente und Glauben in der katholischen Kirche

INTERVIEW MIT PROF. DR. FRANZ GEORG UNTERGAßMAIR

von Michael Alberts

Prof. Dr. Franz Georg Untergaßmair

Universitätsprofessor Dr. theol. habil. Franz Georg Untergaßmair, *geb. 1941 in Olang/Südtirol, ist Professor für Biblische Theologie: Exegese des Neuen Testaments im Fachbereich Katholische Theologie (Osnabrück-Vechta) der Universität Osnabrück.*

Von seinen Publikationen seien genannt:

Im Namen Jesu. Der Namensbegriff im Johannesevangelium. Eine exegetisch-religionsgeschichtliche Studie zu den johanneischen Namensaussagen (Forschung zur Bibel 13), Stuttgart 1. Aufl., 1974;

Kreuzweg und Kreuzigung Jesu. Ein Beitrag zur lukanischen Redaktionsgeschichte und zur Frage nach der lukanischen «Kreuzestheolgie» (Paderborner Theologische Studien 10), Paderborn 1980;

Zum Thema «Friede» nach den Evangelien (Handreichung für Erwachsenenbildung, Religionsunterricht und Seelsorge «Zum Thema», hg. v. F.G. Untergaßmair/H.J. Urban), Paderborn 1983;

Der traditionelle Sakramentsbegriff und die Bibel. Biblische Aspekte einer Sakramententheologie, in: Sakramente. Heilszeichen für das Leben der Welt, hg. v. W. Eckermann, R. Sauer, F.G. Untergaßmair (Vechtaer Universitätsschriften Bd. 3), Cloppenburg 1987.

Er ist Mitherausgeber der Reihe «Handreichung für Erwachsenenbildung, Religionsunterricht und Seelsorge. ‹Zum Thema›», in der zum Beispiel die Themen «Martin Luther», «Friede nach den Evangelien», «Was ist evangelisch - was katholisch?», «Diaspora und Ökumene» behandelt worden sind und in der als Hintergrundliteratur für dieses Interview das Bändchen «Lehrverurteilungen - kirchentrennend? Eine katholische Lesehilfe» in Kürze erscheinen wird.

Neben dem bereits in der ersten Auflage dieses Heftes erschienenen Interview mit Johannes Lenz sowie dem neuhinzugekommenen mit Arnold Suckau - als Vertreter der Christengemeinschaft - wollten wir auch Vertreter der evangelischen und der katholischen Kirche zum Thema Sakramente befragen. Trotz mehrerer Versuche ist es nicht gelungen, ein Interview mit einem Bischof der katholischen Kirche zu erhalten. Dankenswerterweise erklärte sich Prof. Dr. Untergaßmair, Dekan des Fachbereiches katholische Theologie der Universität Osnabrück, bereit, ein Interview zu geben.

Michael Alberts: Was sind eigentlich Sakramente, wodurch kennzeichnen sie sich?

Prof. Dr. Franz Georg Untergaßmair: Sakramente sind Heilszeichen für das Leben der Welt. Sie sind Bestandteile der christlichen Heilslehre. Christus selbst wird als das Ursakrament bezeichnet und zwar deshalb, weil er durch seine Menschwerdung zeichenhaft und gleichzeitig auch wirklich zum Ausdruck gebracht hat, daß das Heil angebrochen ist. So heißt es in Mk 1,15 : «Die Zeit ist erfüllt, das Reich Gottes ist nahe. Kehrt um und glaubt an das Evangelium!» Dadurch ist ausgedrückt, daß die Heilszeit Jesu Christi, die schon im Alten Testament durch die Propheten angekündigt worden ist, angebrochen ist. Die Zeit der Verheißung geht jetzt in Erfüllung. Dies betrifft hier natürlich die Heilszuwendung.

M.A.: Bedeutet dies, daß mit Christus als Ursakrament die Sakramente gestiftet werden? Gibt es in der Zeit vor Christi den Sakramenten Vergleichbares, d.h. etwas, was man als vorchristliches Sakrament bezeichnen könnte?

F.G. Untergaßmair: Man muß dazu folgendes sagen: Vor Christus gibt es auch Heilszeit. Die gesamte Geschichte der Menschheit ist nach dem Alten Testament, den alttestamentlichen Zeugnissen eine Geschichte Gottes mit der Menschheit. Das Heil beschränkt sich dabei nicht nur auf das alttestamentliche Volk Israel. In der Genesis 1-11, wo von der Urgeschichte die Rede ist, werden Fragen behandelt, die eigentlich jedes Volk und jeden Menschen berühren: die Frage nach dem Guten, dem Bösen, nach Tod, Sünde, Leid usw. Jedes Volk hat auf seine Weise versucht, diese Fragen zu beantworten. Im Alten Testament ist Gott der Schöpfer und Lenker der Geschichte der Menschheit, der das Gute belohnt, das Böse aber bestraft. Dies zeigt sich «zeichenhaft» in der alttestamentlichen Darstellung der Geschichte Israels und der Völker.

M.A.: Könnten Sie ein Beispiel dafür geben, wo man – im oben genannten Sinne – etwas finden kann, von dem man sagen könnte: «Dies ist eine Art vorchristliches Sakrament?»

F.G. Untergaßmair: Die Verwendung des Begriffes Sakrament im traditionellen Sinn geht auf Tertullian u.a. zurück, die diesen Ausdruck – er ist kein biblischer Ausdruck – in die christliche Terminologie aufgenommen haben. Seine eigentliche Entwicklung erfuhr er in der Patristik, Früh- und Hochscholastik. Die mit «Sakrament» bezeichnete Sache gibt es, wie wir noch sehen werden, bereits im Neuen Testament, Anknüpfungspunkte und veranschaulichende Vorgaben aber bereits im Alten Testament. Die Sache gibt es – so würde ich es sagen – in jedem Volk. Das alttestamentliche Volk Israel spricht in seinen Schriften von Zeichen und Symbolhandlungen, in denen es das Einwirken Gottes als Heilswirken Gottes erfuhr.

M.A.: Würden Sie das vorchristliche Passah-Mahl als eine solche Erfahrung, als ein solches Sakrament sehen?

F.G. Untergaßmair: Nein, als Sakrament würde ich es nicht bezeichnen, wohl aber als ein geschichtsträchtiges und wichtiges Symbolgeschehen. Wir wissen von den Propheten, daß sie symbolhafte Handlungen vorgenommen haben. Sie haben im Auftrage Gottes nicht nur gesprochen und das Gesprochene gedeutet, sondern sie haben dieses Gesprochene auch mit symbolhaften Handlungen begleitet (vgl. etwa die Symbolhandlungen von Jeremia: Jer 13,1-14; 16,1-9, oder von Hosea: Hos 1,2-9). Da gibt es Ansätze für den neutestamentlichen Sakramentsbegriff. Auch der neutestamentliche Sakramentsbegriff hängt zunächst am Zeichen. Zum Sakramentsbegriff kommt immer das äußere Zeichen und dann die Wirkung, die das Zeichen ansagt oder verdeutlicht. Zum Beispiel beim Sakrament der Taufe: Das äußere Zeichen ist das Wasser bzw. das Wort, das dazu gesprochen wird. Die Waschung mit Wasser und die Bezeichnung: «Ich taufe Dich im Namen des Vaters, des Sohnes und des Heiligen Geistes», das ist das Zeichen. Dieses Zeichen sagt etwas an, verdeutlicht etwas, ein Abwaschen zum Beispiel. Aber Wasser kann auch vieles andere auch ausdrücken. Wasser kann das Leben ausdrücken, die Möglichkeit in der Wüste zu überleben – unter den damaligen palästinischen Bedingungen usw. Wasser ist ein Begriff, der im Neuen Testament sehr häufig vorkommt, im Johannes-Evangelium zum Beispiel, wo vom «Wasser des Lebens» die Rede ist. Schon da wird dieser Begriff, der im Stande ist, symbolhaft, gleichnishaft etwas auszudrücken, verwendet.

Aber die Sakramente, die wir heute als solche bezeichnen – nach katholischer Ansicht sind es sieben Sakramente –, werden im Neuen Testament noch nicht als Sakramente bezeichnet. Wie aber schon angedeutet, werden sie der Sache nach im Neuen Testament feststellbar.

Die Einsetzung der Sakramente

M.A.: Man kann also von einer direkten Einsetzung der Sakramente nicht sprechen?

F.G. Untergaßmair: Damit kommen wir zu der Frage: Hat Jesus die sieben Sakramente nach katholischer Sicht eingesetzt? Das ist die Frage nach der Historizität. Wie war das? Gehen die sieben Sakramente auf den historischen Jesus zurück?

Man stützt die Sakramentenlehre auf Aussagen der Heiligen Schrift. Gehen wir einfach der Reihe nach die einzelnen Sakramente durch. Da ist zunächst das Sakrament der Taufe. Die Taufe wird als Zeichen für die Eingliederung in die Kirche Jesu Christi, als Zeichen für das Abwaschen von Schuld, als Zeichen für die Geistausgießung angesehen. Dafür gibt es viele Belegstellen im Neuen Testament. Historisch-kritischer Exegese entsprechend ist heute im Neuen Testament kein Stiftungswort des irdischen Jesus bezüglich der Sakramente auszumachen. Der Taufbefehl in Mt 28,19 und die Einsetzungsworte in Mk 14,22-25 zeugen aber unmißverständlich von der festen Überzeugung der Jünger und den sich bildenden nachösterlichen Gemeinden, daß sie aufgrund eines Auftrages durch den Auferstandenen die Botschaft vom Anbruch des Gottesreiches und der Heilserfüllung in der Person Jesu Christi weiterzuverkünden und -zuvermitteln haben. Zeichen dafür, daß und wie es tatsächlich geschieht, sind die Sakramente. Sie garantieren die Verwirklichung des Vermächtnisses Jesu Christi. Damit beauftragt ist die Kirche Jesu Christi.

M.A.: Trotzdem scheint es verschiedene Auffassungen über die Anzahl der Sakramente zu geben. Die evangelische Kirche kennt im Grunde genommen nur zwei ...

F.G. Untergaßmair: ... Wobei wir heute im ökumenischen Gespräch da schon weiter sind und hier eigentlich keine großen Unterschiede mehr feststellen. Das liegt im unterschiedlichen Sakramentsbegriff, der sich im Laufe der Jahre entwickelt hat, bis zur Zeit der Reformation und danach, sowohl in den reformatorischen Kirchen als auch in der katholischen Kirche. Luther selbst hat an mehr als an zwei Sakramente geglaubt. In der katholischen Kirche ist der Sakramentsbegriff ein viel weiterer als in der evangelischen, da er die Historizität der Einsetzung jedes *einzelnen* Sakramentes durch den *irdischen* Jesus selbst nicht impliziert.

Aber wir wollten zu den einzelnen Sakramenten noch mehr sagen. Wie gesagt, ihr Ausgangspunkt liegt im Neuen Testament. Mit der Taufe verbunden war von Anfang an der sogenannte Umkehrgedanke, entsprechend der programmatischen Stelle in Mk 1,15: «Kehrt um und glaubt an das Evangelium!» Hier stoßen wir auf eine Praxis, die es auch im Urchristentum gegeben hat, nämlich die Sündenvergebung, also das Sakrament der Beichte.

Kindertaufe und Ökumene

M.A.: Vorher hätte ich aber noch eine Frage zum Sakrament der Taufe. Die Kindertaufe wird von einigen Kirchen bzw. Bekenntnissen abgelehnt. Diese Kirchen begründen das damit, daß der Glaube aktiv bekannt werden muß, was man ja auch mit dem «Kehrt um ...» begründen kann. Soweit mir bekannt ist, wird eine Kindertaufe in der Heiligen Schrift nicht bezeugt. Wie begründet sich die Kindertaufe aus katholischer Sicht?

F.G. Untergaßmair: Sie sprechen hier ein sehr wichtiges Thema an, das auch in der Ökumene bei der Bewältigung von konkreten Einzelbereichen eine Rolle spielt. Ich könnte hier verweisen auf mehrere Konsens- oder Konvergenzdokumente – das bekannteste ist wohl das Lima-Papier; ich weiß nicht, ob Sie es kennen?

M.A.: Nein, es ist mir nicht bekannt.

F.G. Untergaßmair: Die Kommission für Glauben und Kirchenverfassung (Faith an Order) des Ökumenischen Rates der Kirchen hat Anfang 1982 Konvergenzerklärungen über «Taufe, Eucharistie und Amt» verabschiedet, woran sich auch die katholische Kirche beteiligt hat. In den Nrr. 11 und 12 über die Taufe wird das Thema «Gläubigen- und Säuglingstaufe» behandelt. Darin wird darauf hingewiesen, daß es Kirchen gibt, die die Kindertaufe nicht anerkennen und nur die Erwachsenentaufe praktizieren. Dies hat verschiedene Gründe. Erstens wird verwiesen auf das Neue Testament: eine Kindertaufe sei dort nicht nachgewiesen. Zweitens gehören zur Taufe als wesentliche Voraussetzung beim Menschen Umkehr und Glauben. Daraus wird geschlußfolgert: Ein Säugling ist nicht in der Lage, den Glauben zu bekennen. Daher sei abzuwarten, bis das Kind soweit ist, daß es selbst den Glauben bekennen kann. Hier wird ein richtiger und wichtiger Gedanke zum Ausdruck gebracht, wie er uns auch im Neuen Testament begegnet – denn ich muß sagen, daß im Neuen Testament von Kindertaufe nicht ausdrücklich die Rede ist. Es wird aber gesagt, daß nur getauft werden kann, wer seinen Glauben zu Jesus Christus bekennt. Dies ist in der Ökumene auch nicht umstritten. Es ist aber zu fragen: Auch wenn im Neuen Testament die Kindertaufe nicht ausdrücklich erwähnt wird, ist damit wirklich ausgeschlossen, daß es diese Praxis überhaupt gegeben hat? Man verweist in diesem Zusammenhang gerne auf die sogenannte Oikos = Haus-Formel, das heißt die Redeweise, daß ein ganzes «Haus» getauft wurde (vgl. 1 Kor 1,16; Apg 16,15; 18,8 u.ö.). Bei einer solchen Angabe behauptet man, daß damit die Taufe sämtlicher Familienmitglieder, auch der Säuglinge gemeint sei. Eindeutige Auskunft bekommt man in unserer Frage von diesen Stellen aber nicht.

Viel wichtiger aber ist der andere Aspekt, daß nämlich der Glaube notwenig ist. Nun ist der Glaube aber kein Werk des Menschen. Auch der Glaube ist bereits schon ein Geschenk Gottes. Der Glaube ist geistgewirkt. Der Mensch kann also von sich aus überhaupt nichts tun, um das Heil zu verdienen. Überhaupt nichts. Allem Tun des Menschen geht voraus ein Tun Gottes; und das hat Paulus – das ist etwas sehr wichtiges – verschiedentlich zum Ausdruck gebracht. Zum Beispiel wenn er sinngemäß sagt: «Wir sind Kinder Gottes geworden durch Jesus Christus, durch seinen Kreuzestod, in der Taufe durch den Glauben.» Damit hat er eigentlich die Reihenfolge der Heilsereignisse schon angedeutet. Zuerst wird der Mensch in die Heilssituation versetzt, aus der heraus er dann tätig werden soll. Dazu gehört auch der Glaube.

M.A.: Liegt in dem von Ihnen angedeuteten Geschenk Gottes auch die Begründung für die Wirksamkeit der Sakramente? So heißt es, daß die Sakramente den Glauben nähren und ihn stärken sollen. Im Falle der Taufe würde diese dann den Glauben des Säuglings stärken und nähren?

Taufe und Glauben

F.G. Untergaßmair: So würde ich das nicht sagen. Der Glaube ist zunächst nicht ein Werk des Menschen, gleichgültig ob er erwachsen oder ob er ein Säugling ist. Schon der Glaube, der vom Menschen verlangt wird, ist geistgewirkt, kommt von Gott. Es gäbe den Glauben nicht, wenn es nicht das «Evangelium» gäbe. Paulus sagt im Römerbrief: Kein Glaube wo kein Evangelium und wo kein Verkündiger des Evangeliums ist (Röm 10,14 f.). Die Verkündigung des Evangeliums, des Heils, muß vorausgehen, damit der Mensch dieses annehmen kann. Aber dann, beim Annehmen, beim Glaubensbekenntnis ist auch der Mensch aktiv gefordert. Aber selbst Sie oder ich, die wir uns als Gläubige bezeichnen dürfen, stehen ja in einem Glaubensprozeß. Dieser ist heute nicht abgeschlossen. Der Glaube muß noch verstärkt werden. Auch mein Glaube muß noch verstärkt werden. Dies bedeutet für uns alle die Notwendigkeit eines lebenslänglichen Hineinwachsens inden Glauben an Christus. In diesem Prozeß bin ich nicht allein. Ich verdanke meinen Glauben Gott. Die Umwelt, die Menschen der Umgebung, in die ich hineingeboren bin, in der ich aufwachse, haben dabei eine gewisse Mittlerrolle. Daher kann man sagen, daß das Kind, das in eine bestimmte Gemeinschaft hineingeboren wird, vom Glauben dieser Gemeinschaft berührt und getragen wird. Das kann von Kind zu Kind natürlich individuell und unterschiedlich zum Ausdruck kommen. Ich meine jetzt nicht, daß das Kind bewußt vom Glauben tangiert wird; es gibt ja Stadien, die dem vollen Bewußtsein vorausgehen. Man betont hier, daß der Glaube kein Einzelakt ist, sondern daß der Glaube ein Prozeß ist, der sich über das ganze Leben hinweg erstreckt, und daß das Kind in diesen Prozeß mit einbezogen werden kann. Dieser Tatbestand soll bei der Kindertaufe in besonderer Weise zum Ausdruck gebracht werden dadurch, daß die für das Kind Verantwortlichen - die Eltern oder Paten - als Zeugen dafür auftreten, daß das Kind in einer Glaubensgemeinschaft aufwächst.

Wo das allerdings nicht gewährleistet ist, wäre eine Kindertaufe nicht zu verantworten. Dies wird heute auch so gesehen. Man muß also in der Ökumene hinsichtlich der Taufpraxis in zwei Richtungen sprechen: Die Kirchen, die die Kindertaufe ablehnen, wird man bitten, ihre Position zu überdenken, besonders was ihre Interpretation von «Glaube» bedeutet. Vor dem Hintergrund über das soeben zum Verhältnis «Glaube - Taufe» Gesagte wird man die Kirchen, die die Säuglingstaufe auch praktizieren (das ist bekanntlich nicht nur die katholische Kirche, sondern z.B. auch die griechisch-orthodoxe und viele evangelischen Kirchen), darum bitten, daß sie für die Voraussetzungen sorgen, daß im Kind der notwendige Glaubensprozeß «in Gang» kommen kann. Eine völlig heidnische oder glaubenslose «Umgebung» würde eine Kindertaufe nicht rechtfertigen. Die Taufe darf nicht zu einer bloßen formalen Familienangelegenheit verkommen. So wird in der Regel vor der Taufe in der katholischen Kirche - ich war selber fünf Jahre praktisch in der Seelsorge tätig und habe dann auch getauft usw. - ein Taufgespräch mit Eltern, Großeltern, Verwandten und Paten geführt. Sollte sich dabei herausstellen, daß die ganze Umgebung des Kindes inhaltlich nichts von der Taufe und vom Glauben hält, sondern nur taufen lassen will, um nach außen hin nicht aufzufallen, dann wäre dies ein Grund, ernsthaft über den Verzicht auf eine solche Taufe nachzudenken.

M.A.: Wird dies auch so in der katholischen Kirche praktiziert?

F.G. Untergaßmair: Das ist nicht nur meine, sondern die offizielle Meinung. Aber man kann natürlich nur sehr schwer, wenn überhaupt, über das innere Glaubensleben anderer entscheiden.

M.A.: Wer entscheidet dann letztlich darüber, ob ein Kind getauft wird oder nicht? Darf ein Pfarrer das alleine entscheiden?

F.G. Untergaßmair: Für das Kind erbitten die Eltern - oder stellvertretend eine ihm sonst nahestehende Person - die Taufe. Der in der Regel dafür zuständige Gemeindepfarrer - Sie wissen ja, daß im Notfall jeder Christ die Taufe spenden kann - wird eine derartige Bitte nicht ausschlagen können. Er hat aber die Anweisung, darauf hinzuwirken, daß die notwendigen Voraussetzungen zu einer gültigen Taufe erbracht werden.

M.A.: Was ist unter der Unauslöschlichkeit der Taufe zu verstehen? Wenn man davon ausgeht, daß jemand sich im Laufe seines Lebens vom Glauben abwendet, wie wirkt sich dann die Unauslöschlichkeit der Taufe aus?

F.G. Untergaßmair: Sie meinen die im Zusammenhang mit einigen Sakramenten, zum Beispiel Taufe, Weihe vertretende Lehre vom sog. caracter indelebis (= unauslöschbares Merkmal). In der Tat kann jemand, der gültig getauft worden ist, nicht wiedergetauft werden. In der Taufe wird der Mensch von Gott angenommen, wird ihm seine «Erbschuld» abgenommen, wird er in die Gemeinschaft der Gläubigen aufgenommen. Dies ist ein einmaliger und unwiederholbarer Akt. Darum gilt in der katholischen Kirche, aber auch in anderen christlichen Kirchen die Praxis, daß beim Übertritt von gültig Getauften, die Taufe nicht wiederholt werden darf. Hierzu gibt es in der katholischen Kirche feste Richtlinien.

M.A.: Es werden also die anderen Taufen anerkannt?

F.G. Untergaßmair: Nicht alle, sondern nur diejenigen Taufen, deren Gültigkeit nicht in Zweifel gezogen wird. Die Gültigkeit resultiert aus dem der Heiligen Schrift entnommenen christlichen Taufverständnis. Über Gültigkeit und Nichtgültigkeit von Taufen nach katholischer Sicht informiert im einzelnen das Buch von W. Bartz, «Orientierung über die Gültigkeit der in Freikirchen und christlichen Sondergemeinschaften gespendeten Taufe», Trier 1971.

Das Sakrament der Sündenvergebung

Aber wir wollten auch noch auf die anderen Sakramente zu sprechen kommen. – Genauso wie die Taufe ist auch die Sündenvergebungspraxis im Neuen Testament belegt. Ihm zufolge hat es diese Praxis, in den urchristlichen Gemeinden, von allem Anfang an gegeben. Sie wurde von der jüdischen Umwelt abgelehnt mit dem Einwand, daß nur Gott Sünden vergeben kann. Die christlichen Gemeinden haben als Antwort darauf auf Jesus verwiesen, der sich gesandt wußte, «um die Sünder zu rufen, nicht die Gerechten» (Mk 2,17). Dafür gibt es eine Reihe von Beispielen in den Evangelien, vgl. bes. Mk 2,1-12: die Heilung des Gelähmten.

Die urchristlichen Gemeinden haben nun dem «Aussendungsbefehl» des Auferstandenen inhaltlich auch den Auftrag, im Namen Gottes Sünden zu vergeben, entnommen. Dies wird besonders artikuliert in den biblischen Abschnitten von der Übergabe der «Schlüsselgewalt» an Petrus (Mt 16,19) und an alle Apostel (Mt 18,18) und in der Ostererzählung von der Beauftragung der Jünger (Joh 20,19-23). An all diesen Stellen macht sich die urchristliche Sündenvergebungspraxis bemerkbar.

Die Hierarchie der Weihe

M.A.: Die Taufe und die Sündenvergebung sind also recht deutlich auf das Neue Testament zurückzuführen. Wie ist es aber mit der Priesterweihe? Taufe und auch Sündenvergebung sind ja Sakramente, die alle Menschen empfangen können. Das Sakrament der Priesterweihe ist aber doch nur gewissen Menschen vorbehalten!

F.G. Untergaßmair: Man sollte besser vom Sakrament der Weihe sprechen, das gestuft ist, mit der Weihe zum Diakon beginnt, durch die Priesterweihe die nächste Stufe erreicht und in der Bischofsweihe aufgipfelt. Die Weihe ist ein Standessakrament wie die Ehe. Diese Sakramente sichern wirkkräftig den Empfängern Gottes besondere Hilfe für den gewählten Stand zu.

M.A.: Das Sakrament der Priesterweihe ist meiner Ansicht nach insofern entscheidend, als daß mit ihm ja die Berechtigung zusammenhängt, Sakramente spenden zu dürfen. Welche Voraussetzungen müssen gegeben sein, um Sakramente spenden zu dürfen?

F.G. Untergaßmair: Zunächst muß man folgendes wiederholen: Es geht um das Heil des Menschen. Es geht um die Frage, wer das Heil des Menschen bewirkt, und das bewirkt allein Gott in seinem Sohn Jesus Christus und dessen Heilswerk. Dieses Heilswerk hört aber nicht mit der Auferstehung Jesu auf, sondern es geht weiter. Gott wirkt weiterhin Heil durch seinen Sohn in der geistgeleiteten Kirche Jesu Christi. Die Kirche dient als Werkzeug, um das Heil den Menschen weiterhin zu vermitteln. – Ihre Frage war nun: Gibt es hier spezielle Beauftragungen oder gibt es nur eine allgemeine Beauftragung? Gibt es ein spezielles Amt, oder gibt es nur ein allgemeines Amt, welches gleich für alle ist? Auch hier müssen wir zurückgreifen auf das Neue Testament, und hier zunächst auf Paulus, der nicht nur einer der ältesten, sondern auch einer der interessantesten Zeugen ist. Paulus versteht sich als Apostel, «berufen zum Apostel, auserwählt, das Evangelium Gottes zu verkündigen» (Röm 1,1). Diese Berufung verdankt er nicht Menschen wie zum Beispiel den Altaposteln in Jerusalem oder einer christlichen Gemeinde. Er weiß sich zum Apostel berufen, «nicht von Menschen oder durch einen Menschen, sondern durch Jesus Christus und durch Gott, den Vater» (Gal 1,1). D.h. seine Berufung im Apostelamt verdankt er Gott selbst. Aber mit sich weiß der Apostel jedes andere Gemeindeglied in den Dienst am Aufbau der Gemeinde genommen. 1. Kor 12,4-11 schreibt er: «Es gibt verschiedene Gnadengaben, aber nur den einen Geist. Es gibt verschiedene Dienste, aber nur den einen Herrn. Es gibt verschiedene Kräfte, die wirken, aber nur den einen Gott ...»

«So hat Gott in der Kirche die einen als Apostel eingesetzt, die anderen als Propheten, die dritten als Lehrer; ferner verlieh er die Kraft, Wunder zu tun, sodann die Gaben, Krankheiten zu heilen, zu helfen, zu leiten, endlich die verschiedenen Arten von Zungenrede. Sind etwa alle Apostel, alle Propheten, alle Lehrer?» (1 Kor 12,28f.). Nein, will er sagen, doch alle nehmen teil am allgemeinen Dienst am Heil der Menschen, der aber besondere Spezifizierungen kennt. So kann man sagen, daß das Neue Testament den allgemeinen Dienst, das «allgemeine Priestertum», aber auch das spezielle Amt kennt, im Apostolat sieht, neben dem es andere Dienste wie zum Beispiel den des Propheten (Eph 4,11), Evangelisten, Hirten und Lehrer gab, und das bereits im Neuen Testament eine Entwicklung genommen hat. Bestimmte Dienste hören mit der Zeit auf, zum Beispiel das Zungenreden. Am Apostolat, dessen besondere Stellung im Neuen Testament nie angefochten wird, werden schon bald die Presbyter (späteren Priester) und Diakone beteiligt.

Die Entwicklung nimmt dann im zweiten Jahrhundert ihren Lauf in Richtung hierarchischer Struktur des Amtes, als welches es heute zum Beispiel in der katholischen Kirche vorfindbar ist: Bischof, Priester, Diakon. Ihnen blieb vor allem der spezielle Dienst der Verkündigung und Sakramentenspendung aufgrund eines speziellen Auftrages des Auferstandenen an die Apostel und aufgrund eines ununterbrochen weitergegebenen Auftrages durch und in der Weihe vorbehalten. Die vielen Gnadengaben, Dienste und Aufgaben, die Paulus in seinen Briefen aufzählt, sind zum Teil wieder verschwunden, andere sind auf nur wenige Amtsträger konzentriert worden. Es steht aber nichts dagegen, daß man sich heute fragt: Muß das so sein? Müssen die «Dienste» heute nicht wieder mehr entflechtet und verteilt werden? Gerade wegen des Priestermangels stellt sich die Frage nach dem Verhältnis zwischen dem allgemeinen Priestertum und dem speziellen Priestertum, eine Frage, die vom II. Vaticanum als eine Aufgabe an die Zukunft weitergegeben worden ist.

Wer darf was?

M.A.: In eine ähnliche Richtung ging auch meine Frage. Wenn man sich mit den Sakramenten in der katholischen Kirche beschäftigt, so entsteht zunächst der Eindruck, daß nur ein geweihter Priester die Sakramente spenden kann. Es scheint aber - auch das findet man in der Literatur immer wieder - Ausnahmen in Notsituationen zu geben. Soweit mir bekannt ist, bezieht sich das dann vor allem auf die Taufe und die Letzte Ölung.

F.G. Untergaßmair: Von einer solchen Notsituation, in der jeder Christ zum Beispiel taufen kann, haben wir kurz gesprochen. Es geht bei dieser Frage immer um die Heilsvermittlung, um die Heilsnotwendigkeit. In der Bibel wird sowohl im Alten Testament als auch im Neuen Testament gesagt, daß Gott das Heil des Menschen will, daß der Mensch in das Heil miteinbezogen ist. Die Kirche ist beauftragt, dem Menschen in jeder Situation das Heil zu ermöglichen. Weil die Taufe als Voraussetzung zum Heil gilt, ist sie zwar nicht das Ursakrament - als solches bezeichnet man Christus selbst -, aber wohl das grundlegende Sakrament. Jeder getaufte Christ ist kraft des allgemeinen Priestertums zur Heilsverkündung beauftragt; im Notfall kann er die Taufe also spenden. Die Sakramente entspringen ja dem Priestertum Christi, aus dem das allgemeine und spezielle Priestertum in der Kirche abstammt. Die Spendung der Sakramente im einzelnen ist in der neutestamentlichen und nachneutestamentlichen Zeit mit Ausnahmen dem speziellen Priestertum zugeordnet worden. Hierin erkennt zum Beispiel das Lima-Dokument einen Punkt möglicher ökumenischer Gemeinsamkeit. Grundsätzlich ist es nach katholischer Sicht so, daß die Sakramente von den speziell dafür Beauftragten gespendet werden. Die Taufe kann wegen ihrer Heilsnotwendigkeit von jedem getauften Christen im Notfalle gespendet werden.

Die Wirksamkeit der Sakramente

M.A.: Es bleibt dann die Frage, ob es einen Unterschied in der Wirksamkeit der Sakramente gibt, abhängig davon, ob sie von einem im speziellen oder von einem im allgemeinen Priestertum Stehenden gespendet werden? Oder - weiter gefaßt - ob die Wirksamkeit der Sakramente abhängig ist vom Spender?

F.G. Untergaßmair: Die Wirksamkeit der Sakramente hängt nicht von der Würdigkeit oder zum Beispiel Sündelosigkeit des Spenders ab. Sie bringen vermittelnd die Gnade hervor, unabhängig vom Verdienst des Empfängers, jedoch unter der Bedingung einer gläubigen Disposition (Einstellung) des Empfängers und einer entsprechenden Intention seitens des Spenders. Er muß den Willen haben, das Sakrament nach Form und Inhalt richtig und gültig zu spenden.

Der Priester als Zeuge

M.A.: Man sagt in der katholischen Kirche, daß das Sakrament der Eheleute nicht von dem Priester gespendet werde, sondern daß sich die Eheleute dieses Sakrament selbst spendeten. Wie ist das zu verstehen? Welche Rolle hat der Priester?

F.G. Untergaßmair: Das sagt man nicht nur so, das ist so. Der Priester ist da eigentlich nur der öffentliche Zeuge der Kirche. Das Sakrament der Ehe ist ein Sakrament, das innerhalb der Gemeinschaft der Kirche wiederum eine Gemeinschaft begründet. Da die Kirche nach einem gewissen Recht strukturiert ist, muß feststellbar sein, ob die Ehe wirklich geschlossen ist oder nicht bzw. ob es zur eigentlichen Eheschließung gekommen ist. Dies geht nicht anders als daß jemand dies für die Kirche im Auftrage bezeugt.

M.A.: Es reicht also nicht, wenn man sich mit seinem Partner allein in einer feierlichen Stimmung gegenseitig das Sakrament der Ehe spenden würde?

F.G. Untergaßmair: Da wäre dann wohl eine sogenannte Naturehe geschlossen worden. Sie würde aber nicht rechtskräftig sein für die Kirche. Das hätte im Falle eines späteren Scheiterns besondere Folgen. Sie wissen ja, daß die Ehe nach dem Verständnis der katholischen Kirche unauflöslich ist. Das heißt: Im Falle einer Naturehe, die nie rechtskräfig geworden ist, wäre eine solche auflösbar, ja bräuchte gar nicht aufgelöst zu werden, da sie nicht zustandegekommen ist. Eine geschlossene und vollzogene Ehe – vollzogen meint hier die geschlechtliche Vereinigung der Eheleute, weshalb letztlich die Eheleute sich selbst dieses Sakrament spenden – ist nicht mehr auflösbar. Das Kirchenrecht kennt aber auch dann noch Ausnahmen, die sehr diffizil darzustellen sind.

M.A.: Man kann sich, wenn ich das recht verstehe, nur für eines der beiden Standessakramente entscheiden. Entweder ich heirate oder werde Priester. Wie ist das begründbar?

F.G. Untergaßmair: Das ist wohl eher eine geschichtliche Entwicklung. Dogmatisch würde das eine Sakrament das andere nicht ausschließen. Es hat ja im ersten christlichen Jahrtausend die verheirateten Priester gegeben, es gibt sie bis heute noch in der griechisch-orthodoxen Kirche. Also eine diesbezüglich ungebrochene Tradition.

M.A.: Es ging mir in meiner Frage hauptsächlich darum zu erfahren, ob die Begründung für das Entweder-Oder von der Ehe oder das Sakrament der Priesterweihe in den Sakramenten selbst liegt.

F.G. Untergaßmair: Nein, Sie wissen sicherlich, daß die Frage des Zölibats durchaus auch eine Frage innerhalb der katholischen Kirche ist. In der evangelischen Kirche ist es ja seit Luther so, daß die Priester wieder beide Sakramente empfangen. Das ist also keine dogmatische Sache. Es ist aber in der katholischen Kirche durchaus möglich, daß jemand, der verheiratet war, dessen Frau gestorben ist, zum Priester geweiht wird. Es gibt aber auch Fälle, wo ein verheirateter evangelischer Pastor, der nachträglich zum katholischen Glauben übergetreten ist, dann als verheirateter Priester und Familienvater in der katholischen Kirche tätig ist. Gäbe es einen dogmatischen Grund dagegen, wäre das nicht möglich. Ein wichtiger Aspekt des Zölibats ist, daß mit ihm eine Lebensform gewählt wird, die auf die Zukunft, das Eschaton, das jenseitige Leben hinweist, in dem, wie es im Neuen Testament heißt – dann keine Ehen mehr geschlossen werden (vgl. Mt 22,23-33). So gesehen ist der Zölibat ein eschatologisches Zeichen, das Priester setzen, wenngleich dies auch nicht immer überzeugend geschieht. Es gibt in der katholischen Kirche auch die Meinung, Priestertum und Zölibat: Ja – dieses Junktim aber nicht als Kirchengebot sondern als Charisma.

Das Abendmahlsverständnis in der katholischen Kirche

M.A.: Wie ist das Abendmahlsverständnis der katholischen Kirche? Man geht von einer realen Gegenwart Christi in den Gestalten von Brot und Wein aus. Gibt es in evangelischen Kirchen nicht andere Vorstellungen hierzu? Wie kann man die «Wandlung», die Anwesenheit Christi, verstehen?

F.G. Untergaßmair: Ihre Fragen berühren einen Hauptpunkt auch im ökumenischen Gespräch. Wie versteht ihr das Abendmahl? Dabei geht es erstens um die Gegenwart Jesu Christi beim Abendmahl, zweitens darum, ob das Abendmahl ein Opfermahl ist oder nicht, und drittens um die Art, wie das Abendmahl gefeiert wird, um den Usus.

Sie haben zunächst den entscheidenen Punkt genannt, nämlich die Realpräsenz – also die wirkliche Gegenwart Jesu Christi. In diesem Zusammenhang tauchen Begriffe auf wie Transsubstantiation, Ubiquität – der Begriff des Überall-Anwesend-Seins ist geprägt von Luther –, Transsignifikation und Transfinalisation.

Die Hauptfrage ist: Wird Jesus Christus in den Gestalten von Brot und Wein gegenwärtig, und zwar aufgrund der neutestamentlichen Aussage der Einsetzungsworte: «Dies ist mein Leib, dies ist mein Blut». Wie ist das zu verstehen? Im ökumenischen Gespräch ist man sich heute einig darüber, daß heute nicht das «Daß», sondern das «Wie» der Realpräsenz Christi im Abendmahl (katholischerseits spricht man gerne von «Eucharistiefeier», «Meßopfer») zur Klärung ansteht. Entsprechend beziehen sich die vorhin genannten Begrifflichkeiten auf dieses «Wie», die zu verschiedenen Zeiten als Deutungshilfen eingebracht wurden.

In der alten Kirche hat man sich der Sprachbegrifflichkeit der platonischen Philosophie bedient. Dem dort begegnenden Begriffspaar «Urbild» und «Abbild» entsprechend bezeichnete man Christus als das Urbild und die «verwandelten» Gestalten von Brot und Wein als dessen Abbild. Im Abbild sei immer auch das Urbild anwesend. So sei die Realpräsenz zu verstehen. Diese Sprachlichkeit wurde dann als unzureichend im Mittelalter, besonders im Hochmittelalter durch die der Hochscholastik abgelöst. Diese bediente sich der aristotelischen Naturphilosophie mit ihren Begriffen von «Substanz» (= Wesen) und «Akzidens» (bleibende äußere Wirklichkeit). Unter Anwendung dieser Terminologie kam es zur Lehre von der «Transsubstantiation», dergemäß die Realität der Verwandlung einerseits (Substanz) und die bleibende Wirklichkeit des Zeichens andererseits (Akzidentien) gleichzeitig festgehalten und ausgesagt werden. Hinsichtlich Abendmahl und «Wandlung» konnte man jetzt sagen: Bei der Wandlung wandelt sich nur die Substanz, d.h. das, was Brot und Wein «sind», ihr nur im Denken erfaßbares «Wesen», was von Brot und Wein sichtbar bleibt, sind Akzidentien.

Aber auch diese Erklärung befriedigte nicht mehr, als sich im Spätmittelalter der Substanzbegriff dahingehend änderte, daß die Ausdehnung (Quantität) nun zu den Wesensbestimmungen der körperlichen Substanz gerechnet wurde. Man kann folgerichtig nicht mehr von einer Substanzwandlung bei bleibenden Akzidentien reden. Gegen die Beibehaltung der «Transsubstantiationslehre» als Erklärung der Realpräsenz unter einem veränderten Substanzbegriff wandten sich die Reformatoren im 16. Jahrhundert mit Recht. Es ist hier nicht Raum und würde zu weit führen, die nun beginnenden Auseinandersetzungen über die Lehre vom «Wie» der Realpräsenz darzulegen.

Heute ist man in der Ökumene der Meinung, daß das Bekenntnis zur wirklichen Gegenwart des Herrn in der Eucharistie nicht notwendig an bestimmte theologische Erklärungsmodelle gebunden ist. Die Studie «Ökumenischer Arbeitskreis evangelischer und katholischer Theologen, Lehrverurteilungen - kirchentrennend? Rechtfertigung, Sakrament und Amt im Zeitalter der Reformation und heute», hg. v. K. Lehmann und P. Pannenberg; «Dialog der Kirchen. Veröffentlichungen des Ökumenischen Arbeitskreises evangelischer und katholischer Theologen unter dem Protektorat von Bischof H. Kunst und H. Kardinal Volk», Bd. 4 (Freiburg-Göttingen 1986) sieht die Möglichkeit eröffnet, den Glauben an die Realpräsenz in einem neuen, von den Denkvoraussetzungen des Mittelalters und der Zeit des 16. Jahrhunderts unabhängigen «Erklärungsmodell» auszusagen.

M.A.: Wie ist das Abendmahlsverständnis der katholischen Kirche heute? Verwendet man noch den Substanzbegriff?

F.G. Untergaßmair: Auch in der katholischen Kirche wird seit geraumer Zeit unter dem Terminus «Transsignifikation» das Mysterium der Wandlung aussagbar zu machen versucht. Wenn man davon ausgeht, daß ein Wesen, eine Substanz in einem Beziehungszusammenhang gesehen werden muß, der ihm seine Bedeutung grundlegend verleiht, dann kann ein Bedeutungswandel zur Wandlung des Wesens, der Substanz führen. Auf das Abendmahl übertragen hieße das: Der Beziehungs- und Bedeutungsumfang des Mahles gewinnt durch die Aussage: «Das ist mein Leib, das ist mein Blut» einen neuen Inhalt. Transsignifikation. - Die Bedeutung also wandelt sich. Das Mahl ist nun nicht mehr ein Mahl schlechthin, sondern das Mahl ist mehr, indem Jesus anwesend ist, indem Jesus wirksam ist, indem Jesus heilsvermittelnd da ist.

M.A.: Wann ereignet sich die Präsenz Christi im Abendmahl?

F.G. Untergaßmair: Man kann das nicht an einem Punkt festmachen. Diese Frage wurde von den Kirchen eher unterschiedlich beantwortet: während die griechisch-orthodoxe Kirche besonders durch die Epiklese (Herabrufen des Geistes) die Verwirklichung der Realpräsenz gewährleistet sieht, verbinden viele evangelische Kirchen sie mit der eigentlichen Speisung beim Mahl, sieht die katholische Kirche in den Wandlungsworten den zentralen Moment. Das ökumenische Gespräch hat in dieser Frage die Kirchen auf die jeweils sicherlich richtigen Interpretationen aufmerksam gemacht, ihnen aber gerade durch deren Unterschiedlichkeit zu verstehen gegeben, daß die Realpräsenz nicht punktuell oder momentan geschieht, sondern mit dem gesamten Mahlgeschehen verbunden zu sehen ist. Darauf verweist auch der Begriff «Transsignifikation», dem es nicht nur um eine Sache geht, sondern um den Beziehungsumfang und dieser betrifft das ganze Mahl. Das war ja damals schon ein Grund für Luther, die Praxis der Eucharistie im 16. Jahrhundert zu kritisieren, daß man nämlich den Mahlcharakter der Eucharistiefeier zuwenig beachtete.

M.A.: Wenn man den Gedanken der Transsignifikation in der von Ihnen geschilderten Weise verfolgt, könnte da schon die Anwesenheit bei einer Abendmahlsfeier zum Empfang des Sakramentes genügen?

F.G. Untergaßmair: Nein, das würde ich nicht sagen. Christus hat seine Präsenz zugesagt mit den Worten: «Nehmt, das ist mein Leib ... das ist mein Blut ...» (Mk 14,22-24). Hierdurch ist das Mahlgeschehen eindeutig für den Empfang des Sakramentes als notwendig charakterisiert.

M.A.: Gehört zum Abendmahl die Kommunion in beiderlei Gestalt - also in Brot und Wein - dazu?

F.G. Untergaßmair: Die Kommunion unter beiderlei Gestalt hat es zu allen Zeiten gegeben und gibt es heute auch wieder in der katholischen Kirche. Das II. Vatikanische Konzil hat diese Praxis wieder belebt, was ja ein Zeichen dafür ist, daß es sie schon vorher gegeben hat und nunmehr dokumentiert wird. Es geht ja bei dieser Frage darum, ob es ausreicht, wenn nur unter einer Gestalt kommuniziert wird. Es reicht aus, denn Christus ist nicht teilbar. Er hat sich nicht aufgeteilt in die Gestalt des Brotes und in die Gestalt des Weines, sondern ist realpräsent in Brot, in Wein. Hier dürfte der Begriff Transsignifikation wiederum größere Klarheit bringen und die Zusammenhänge artikulieren.

Nachwort von Prof. Dr. F. G. Untergaßmair:

Selbstverständlich kann von diesem Interview keine erschöpfende Darstellung der katholischen Lehre über die Sakramente erwartet werden. Es bietet eine erste, sehr schnelle Antwort auf Fragen hinsichtlich einzelner Aspekte der katholischen Sakramenten- bzw. Heilslehre. Ich bin mir auch im klaren darüber, daß manche Vereinfachung der Gefahr der Verkürzung ausgesetzt ist. Dem wirklich an der Materie Interessierten werden Fragen nicht nur beantwortet, sondern sicherlich auch zusätzlich geweckt. Ihn verweise ich auf zwei vertiefende, aber allgemeinverständliche Darstellungen des Themas Sakramente:

Anmerkungen:

1) Sakramente. Heilszeichen für das Leben in der Welt, hg. v. W. Eckermann, R. Sauer, F.G. Untergaßmair (Vechtaer Universitätsschriften Bd. 3), Cloppenburg 1987

2) G. Hintzen, A. Klein, H.J. Urban, Zum Thema: «Lehrverurteilungen - kirchentrennend?» Eine katholische Lesehilfe (Handreichung für Erwachsenenbildung, Religionsunterricht und Seelsorge, hg. v. F.G. Untergaßmair/H.J.Urban, Paderborn 1988

Luther würde sich im Grabe umdrehen

INTERVIEW MIT ANDREAS RÜß

von Annegret Kühl

Andreas Rüß

Pastor Andreas Rüß, *geboren am 12.12.1943 in Braunschweig. Schulbesuch bis 1962 in Goslar und Bad Harzburg. 1962/63 «Diakonisches Jahr» im Stephansstift Hannover. Anschließend Studium der Theologie und Pädagogik in Düsseldorf. 1967 bis 1969 Berufsschullehrer in Wuppertal-Barmen. 1969 - 1970 Vikariat in Hamburg-Lurup und in Hamburg-Blankenese.*

19.04.1970 Ordination im Dom zu Schleswig. Seit Mai 1970 Pastor an der Kreuzkirche zu Henstedt-Ulzburg 1.

Seit dieser Zeit: Vorsitzender des Kirchenvorstandes und Mitglied der Kreissynode. 1979-1985 Mitglied der ersten NEK-Synode.

Weitere Aufgaben: Religionsunterricht am Gymnasium, Mitarbeit in der Erwachsenenbildung des Landes Schleswig-Holstein (Sozialministerium) für den Bereich Ethik und Religionspädagogik. Mitglied der Generalversammlung des Nordelbischen Missionszentrums. Autor und Mitarbeiter der «Lutherischen Stunde» bei RTL. Autor und Prediger beim NDR und DLF (Übertragung von Andachten und Gottesdiensten). Mitarbeit beim «Liturgisch-homiletisches Korrespondenzblatt». Unregelmäßige Mitarbeit: Dozent für Liturgik in der Kirchenmusikerausbildung.

Hobby: Kirchenmusik (Tenor-Sänger in der Kantorei) und Mitglied des «Forum Musikum» (Erste Violine).

In den ersten nachchristlichen Jahrhunderten kam es zu Glaubenskontroversen und in der Folge zu Kirchenspaltungen. Im deutschsprachigen Raum ist die Trennung in die evangelische und die katholische Kirche am bekanntesten. Wobei «evangelisch» keine eindeutig definierte Ausprägung christlichen Glaubens bezeichnet, sondern eher ein Sammelbegriff für alle aus der Reformation hervorgegangenen Kirchen ist. In erster Linie sind hier die reformierten, die unierten und die evangelisch-lutherischen Kirchen zu nennen.

Luther und Melanchthon, die Väter der evangelisch-lutherischen Kirchen, beabsichtigten ursprünglich keine Kirchenspaltung. Sie sahen ihre Bestrebungen vielmehr als Reinigung und Erneuerung innerhalb der katholischen Kirche an und wandten sich scharf gegen Zeitgenossen, die eine Kirchenspaltung vorantrieben.

In der 1530 verfaßten Confessio Augustana,[1)] die seit 1555 Rechtsgrundlage für die evangelisch-lutherische Konfession ist, legte Melanchthon in Übereinstimmung mit Luther großen Wert auf die Bibel-, Staats- und Kirchentreue der einzelnen Artikel. Die Confessio Augustana wurde jedoch in wesentlichen Punkten von Kaiser und Kirche abgelehnt. So wurden Luther und Melanchthon wider Willen zu Begründern einer neuen Kirche.

Wie sieht die evangelische Kirche, speziell eine evangelisch-lutherische Gemeinde, heute aus? Was sagt ein evangelischer Pastor über seine Kirche? Was sagt er über Sakramente? Um diesen Fragen nachzugehen, besuchte ich Pastor Andreas Rüß in Henstedt-Ulzburg. Gemäß der Struktur der evangelischen Kirche sind die Antworten, die Herr Rüß mir gab, Aussagen *eines* Pastors und nicht Lehrsätze der evangelischen Kirche.

Annegret Kühl: Welche Sakramente kennt die evangelisch-lutherische Kirche?

Pastor Andreas Rüß: Die evangelisch-lutherische Kirche kennt eigentlich «zweieinhalb» Sakramente. Klassisch theologisch formuliert sind zwei Sakramente: die heilige Taufe und das heilige Abendmahl, wenngleich für Luther ursprünglich auch die Beichte zu den Sakramenten zählte. Er hat sie aber später nicht mehr so stark als Sakrament ins Feld geführt, weil für ihn das «Element» bei der Beichte fehlte. Beim heiligen Abendmahl und bei der heiligen Taufe wird durch die Verbindung von Element und Wort das Sakrament: Wasser und Wort bei der Taufe; Wein und Wort beim heiligen Abendmahl. Bei der Beichte fehlt dieses sichtbare Zeichen des Elementes, und deshalb ist Luther zu dem Ergebnis gekommen, daß die nach dem Neuen Testament klassischen Sakramente die Taufe und das Abendmahl seien.

A. K.: Was ist ein Sakrament, und was unterscheidet das Sakrament von einer Segenshandlung?

A. Rüß: Eine Segenshandlung schließt das Sakramentale nicht aus, sondern mit ein. Der Begriff Sakrament kommt vom griechischen Wort Mysterium – Geheimnis. Dort, wo im griechischen Urtext Mysterium steht, wird es im Lateinischen mit Sakrament übersetzt. Daher wird Christus auch als Ursakrament der Kirche bezeichnet. Man spricht in der Theologie von Christus als dem Geheimnis der Menschwerdung Gottes, und in der Abendmahlsliturgie heißt es nach der Konsekration: «Geheimnis des Glaubens». Das Sakrament ist also das sichtbare Zeichen der unsichtbaren Gnade Gottes oder, wie man in unserer Kirche auch sagt: verbum visibile, das sichtbare Wort.

A.K.: In der katholischen Kirche wird das Zusammenwirken von Wort und Substanz nicht als notwendig angesehen, um ein Sakrament zu stiften. Dort werden ja auch Kommunion, Eheschließung, Sterbesakrament und Priesterweihe als Sakramente angesehen.

A. Rüß: Die Definition ist dort eine etwas andere, aber das ist heute kein kontroverstheologischer Punkt zwischen den beiden Konfessionen mehr. Im ökumenischen Dialog ist das nicht mehr von entscheidender Relevanz. Wir könnten uns auch als Lutheraner zur Siebenzahl der Sakramente bekennen, ohne daß wir dadurch Wesentliches unserer Theologie aufgeben müßten.

«Luther hat die Beichte für sehr, sehr bedeutend gehalten.»

A.K.: Sie sagten bereits, daß Luther ursprünglich auch die Beichte als Sakrament angesehen hat. Wie wird die Beichte heute in der evangelisch-lutherischen Kirche gehandhabt, und was unterscheidet sie von einem seelsorgerischen Gespräch?

A.Rüß: Zunächst zur Beichte: Wir müssen natürlich feststellen, daß der Stellenwert der Beichte in unserer Kirche sehr gesunken ist. Man muß konstatieren, daß diese heutige Praxis mit lutherischer Theologie eigentlich nichts mehr zu tun hat; denn Luther hat die Beichte für sehr, sehr bedeutend gehalten. Er selbst hatte bis zum Sterbetag seinen persönlichen Beichtvater und für ihn war die Einzelbeichte eine frohmachende Bereicherung des Glaubenslebens. Luther hat sich lediglich dagegen gewehrt, daß die Beichte verordnet wird, daß es den formalen Beichtzwang gibt. Eine Kirche jedoch, die die Einzelbeichte nicht mehr ernstnimmt, wird faktisch der Weisung und dem Willen Jesu nicht mehr gerecht.

Wir haben hier in unserer Gemeinde ganz regelmäßige Zeiten – einmal wöchentlich – um die Einzelbeichte wahrzunehmen, und dieses Angebot wird vermehrt angenommen.

Nun zur Unterscheidung zwischen Beichte, Beichtgespräch und Seelsorgegespräch. Hier gibt es fließende Übergänge. Ich erlebe im Seelsorgebereich seltener, daß jemand kommt und sagt: «Ich möchte beichten», weil die Begriffe wie «Beichte» und «Buße» negativ besetzt sind. Sie erinnern an schlimme Vergehen, an Verbrechen, an Bußgeldkatalog oder ähnliches. Von daher sieht man nicht die Chance der Beichte, sondern kennt eher eine Beichtscheu mit dem Gefühl: «Ich werte mich selbst ab, indem ich beichte.» Beichte und Buße bedeuten aber Umkehr im Sinne von Heimkehr zum Vater. Im Rahmen des Seelsorgegesprächs wird dann doch letztlich oft der Wunsch nach Beichte direkt oder indirekt artikuliert. Dann wird nicht nur gesagt, daß derjenige, der an die Liebe Gottes glaubt und sich ihr erneut zuwendet, mit der Vergebung rechnen darf, sondern die Vergebung wird dann dem Beichtenden direkt im Namen des dreieinigen Gottes persönlich zugesprochen. – Das Beichtgespräch ist mehr oder weniger eine indirekte

Zusage der Vergebung, während die Beichte auch formal voraussetzt, daß jemand seine Schuld vor Gott bekennt und dann Absolution erfährt, den Zuspruch der Vergebung.

A.K.: Gibt es für das Bekenntnis der Schuld eine feste Form?

A.Rüß: Im Anhang unseres Kirchengesangbuches ist für das Gemeindemitglied eine Form gegeben, an die es sich halten kann, aber nicht muß.

A.K.: Ist für Sie als Pastor die Antwort in einer liturgischen Form gegeben?

A.Rüß: Die Antwort erfolgt in einer liturgischen Form, aber da gibt es für uns nach unseren agendarischen Vorgaben mehrere Möglichkeiten, an die man sich halten kann. Aber man ist nicht sklavisch daran gebunden. Ich verstehe vorgegebene liturgische Formen auch als Hilfe, weil Sie uns vor individueller Willkür bewahren.

A.K.: Der evangelische Pastor muß also die Form nicht wahren, sondern kann eine freie Form wählen?

A.Rüß: Inhaltlich ist er schon gebunden. Der Zuspruch der Vergebung der Sünde im Namen des Vaters, des Sohnes und des Heiligen Geistes muß deutlich werden.

A.K.: Also die Trinität muß angerufen werden?

A.Rüß: Ja. Nur in der Vollmacht des dreieinigen Gottes kann und darf ich die Beichte hören und die Absolution erteilen.

Was ist das Amt der Schlüssel?

A.K.: Im kleinen Katechismus wird im Zusammenhang mit der Beichte vom «Amt der Schlüssel» gesprochen. Dort steht: «Was ist das Amt der Schlüssel? Es ist die besondere Gewalt, die Christus seiner Kirche auf Erden gegeben hat, den bußfertigen Sündern die Sünden zu vergeben, den unbußfertigen aber die Sünden zu behalten, solange sie nicht Buße tun.»[2] Wie steht es mit dem Amt der Schlüssel heute in der evangelisch-lutherischen Kirche?

A.Rüß: Das Pastorenamt ist eigentlich vom Amt der Schlüssel nicht zu trennen. Eigentlich meint pastorale Versorgung der Gemeinde und seelsorgerische Gemeindebetreuung nicht nur seelsorgerische Verschwiegenheit, sondern auch, daß Seelsorge durch die Beichte wahrgenommen wird. Wenn ich mich hier als Pastor verweigere, nehme ich mein Amt an dieser Stelle sicher nicht ernst. Ich habe Ihnen ja schon gesagt, daß wir hier in unserer Gemeinde das Amt der Schlüssel in der Weise ernstnehmen, daß einmal wöchentlich Beichtgelegenheit gegeben ist.

A.K.: Ist das Amt der Schlüssel an das Amt des Pastors gebunden, oder ist es auch Laien gegeben?

A.Rüß: Generell sollte man sich bewußtmachen, daß das Amt der Schlüssel nicht jedem mit der Taufe gegeben ist. Wir sprechen ja vom Priestertum aller Gläubigen, dem allgemeinen Priestertum, an dem wir durch die heilige Taufe teilhaben. Daneben gibt es aber auch das besondere Priestertum, welches das Amt der Schlüssel beinhaltet. Dadurch wird der Pastor nicht in seiner Funktion und schon gar nicht in seiner Person überhöht, sondern derjenige, der beichtet, braucht eine persönliche und personalisierte Institution, bei der er davon ausgehen kann, daß das Beichtgeheimnis gewahrt bleibt. Der christliche Bruder oder die Schwester haben nicht vor Gott und einer Gemeinde das Gelübde abgelegt, daß Beichtgeheimnis unverbrüchlich zu halten. Von daher hat es sicherlich seine gute Ordnung, wenn ein Pastor das Amt der Schlüssel ausübt, obgleich ich durchaus der Überzeugung bin, daß es auch ohne Pastor die Gewißheit der Vergebung geben kann, wenn Christen in einem Zweiergespräch miteinander versammelt sind und der eine dem anderen sagt: «Du, ich bin gewiß, daß Gott Dir vergeben wird», und die beiden gemeinsam um Vergebung im Gebet bitten.

A.K.: Hat dies auch Wirkung?

A.Rüß: Es hat Wirkung, sicher, denn es ist wahr und wirklich! Nur ist dieses brüderliche oder schwesterliche Gespräch keine Beichte im klassisch-theologischen Sinn.

A.K.: Was unterscheidet die klassische Beichte von einem derartigen Gespräch unter zwei nicht ordinierten Gläubigen?

A.Rüß: Ein Seelsorgegespräch können Christen auch untereinander führen, dazu bedarf es nicht unbedingt des Pastors. Aber der direkte Zuspruch: «Im Namen Gottes des Vaters und des Sohnes und des Heiligen Geistes spreche ich dich frei, ledig und los. Dir sind deine Sünden vergeben», ist an das Amt der Schlüssel gebunden, und dieses Amt ist durch die Ordination in besonderer Weise gegeben.

A.K.: Wenn Luther vom allgemeinen Priestertum aller Gläubigen spricht, beinhaltet das bei ihm, daß das Amt der Schlüssel auch Laien gegeben ist?

A.Rüß: Das allgemeine Priestertum schließt das besondere Priestertum nicht aus. Ich kann nur vom allgemeinen Priestertum aller Gläubigen sprechen, wenn ich auch das besondere Priestertum kenne. So ist das auch mit Luthers Theologie zu verstehen.

Das besondere Priestertum bestand ursprünglich darin, daß der Priester sich allein vor Gott unmittelbar wissen durfte. Er war der Vermittler und Überbringer der Gnadengaben Gottes. In dieser Mittlerfunktion war er dem übrigen Volke voraus und hatte qua Amt einen anderen Stellenwert. Nun wird vom Neuen Testament her gesagt, daß dieses für Christen nicht mehr gelte, denn durch die Taufe sind wir alle Gott unmittelbar; wir bedürfen nicht der Fürsprache oder der Fürbitte eines Priesters, sondern stehen jeder für sich unmittelbar vor Gott und dürfen uns an ihn wenden. Das meint das allgemeine Priestertum. Es bedeutet nicht, daß in der Kirche jeder alles können sollte oder dürfte.

A.K.: Wer übt in Ihrer Gemeinde das Amt der Schlüssel aus?

A.Rüß: Die Pastoren.

«Die Gemeinde muß sich oftmals den Pastor erziehen.»

A.K.: Wie wird man evangelisch-lutherischer Pastor?

A.Rüß: Das ist sehr unterschiedlich. Ich denke, es ist ganz wichtig, daß jemand, der sich mit dem Gedanken trägt, Pastor werden zu wollen, sich zunächst fragt, ob er so etwas wie einen Ruf oder eine innere Berufung zu dem Amt verspürt oder vernommen hat. Eine lebendige Beziehung zum Herrn der Kirche und das Bewußtsein, von ihm in dieses Amt gerufen zu werden, sind für mich unabdingbare Voraussetzungen; ohne die wird es – denke ich – schwierig.

A.K.: Dann studiert man Theologie ...

A.Rüß: Ich kann auch ohne diese Voraussetzungen, die ich eben nannte, Pastor werden. Ich könnte als Glied der Kirche, das atheistische Ambitionen hat, durchaus Theologie studieren. Ich könnte mich sogar dementsprechend äußern, es würde mich niemand in Frage stellen und sagen: «Hör' auf, Theologie zu studieren!» Da gibt es – was ich bedauere – keine Schranken, die mich daran hindern könnten, Theologie zu studieren. Wenn ich mein Abitur bestanden, mein Grecum, Hebraicum, Latinum absolviert habe und das Know-how theologischen Denkens drauf habe, kann ich ordiniert werden. Nach meiner geistlichen Kompetenz werde ich fast gar nicht gefragt.

A.K.: Liegt darin nicht eine gewisse Tragik für die Kirche?

A.Rüß: Andere bezeichnen das als evangelische Freiheit. Ich nenne es ein Trauerspiel, daß das so ist. Daß in vielen Gemeinden Irritation besteht über das, was eigentlich letzte Motivation der Pastoren ist und wie Kirche sich überhaupt versteht, hängt sicherlich auch gerade mit den Ausbildungsfragen zusammen, die nicht immer unbedingt geistlich gelöst sind.

A.K.: Dann ist das einzige Regulativ für den Pastor der Kirchenvorstand seiner Gemeinde, der ihn eventuell entläßt; oder greift die Kirchenleitung ein?

A.Rüß: Die Kirchenleitung reguliert zunächst so gut wie gar nichts. Die erste Institution, die nach unserer Nordelbischen Verfassung etwas regulieren könnte, ist der Kirchenvorstand. Aber der geht davon aus ...

A.K.: ... daß der Pastor glaubt!?

A.Rüß: Ja, erstens, daß der Pastor glaubt; zweitens, daß alles, was die Ausbildung des Pastors anbelangt, von der Kirchenleitung positiv geregelt worden ist. Aber dann erlebt der Kirchenvorstand, daß dadurch allein nicht Gewähr dafür gegeben ist, daß der Geistliche auch Geistlicher ist. Nun ist der Kirchenvorstand gefragt und muß versuchen – wenn es ihm dann überhaupt gelingen kann – den Pastor ein Stück weit zu erziehen bzw. ihm Grenzen pastoralen Wirkens aufzuzeigen, wenn er sich zum Beispiel als Sozialingenieur mit parteipolitischen Ambitionen versteht. Ich denke, daß die längste Ausbildungsphase heute für die Theologen leider nicht im universitären Bereich oder im Predigerseminar der Kirche liegt, sondern in der Gemeinde. Die Gemeinde muß sich oftmals den Pastor erziehen; mehr oder weniger geistlich mag es dann gelingen. Oft gelingt es nicht.

A.K.: Wozu verpflichtet sich ein Mensch, der Pastor werden will, bei der Ordination?

A.Rüß: Bei der Ordination werden zunächst folgende Bibelstellen verlesen: Matthäus 28, woraus hervorgeht, daß Jesus seine Jünger in die Welt sendet, damit sie lehren und taufen; Johannes 20, wo die Rede von der Begabung mit dem Heiligen Geist und von dem Amt des Bindens und Lösens ist; 2. Korinther 5, wo es heißt: «So sind wir nun Botschafter an Christi Statt»; Epheser 4 und 1. Timotheus 3, der besagt, daß der Bischof, sprich Pastor, Vorbild der Gläubigen sein solle im Glauben, Wort und Wandel in der Liebe, im Ermahnen und Lehren, bis Jesus wiederkommt.

Dann folgt die Frage: «Lieber Bruder, in diesen Worten der Heiligen Schrift hast Du gehört, was uns befohlen ist, die wir zu Bischöfen, das ist zu Hirten und Predigern, berufen sind. So frage ich Dich: Willst Du das Amt, daß Dir befohlen wird nach Gottes Willen, in Treue führen, das Evangelium von Jesus Christus, wie es in der Heiligen Schrift gegeben und im Bekenntnis unserer evangelisch-lutherischen Kirche bezeugt ist, lauter und rein predigen, die heiligen Sakramente ihrer Einsetzung gemäß verwalten, das Beichtgeheimnis unverbrüchlich wahren, mit Deinem ganzen Hause, soviel an Dir ist, in einem gottgefälligen Leben denen vorangehen, die Dir anvertraut sind, so bezeuge es vor dem Angesichte Gottes und vor dieser christlichen Gemeinde mit Deinem Ja.»

Das ist das Gelübde, daß wir bei der Ordination zu sprechen haben, und ich denke, das ist nicht wenig anspruchsvoll, und man muß sich fragen: Was ist aus dem Gelübde geworden? Entspricht die Wirklichkeit noch diesem Gelübde? Wie weit klaffen hier Anspruch und Wirklichkeit auseinander?

A.K.: Sie verpflichten sich also auf die lutherischen Bekenntnisschriften. Darin unterscheidet sich sicherlich die Ordination eines evangelisch-lutherischen Pastors von der eines evangelisch-reformierten oder eines evangelisch-unierten, und doch werden alle als evangelische Pastoren bezeichnet!?

A.Rüß: Das Amtsverständnis der Lutheraner unterscheidet sich ganz gewiß von dem der Reformierten oder der Unierten. Da wir in der Evangelischen Kirche Deutschland nicht nur Lutheraner sind, sondern auch unierte und reformierte Christen, ist das evangelische Amtsverständnis überhaupt nicht einheitlich zu beschreiben.

A.K.: Werden Sie als lutherischer Pastor Ihr Leben lang in lutherischen Gemeinden arbeiten? Kann man überhaupt von einer Gemeinde eindeutig sagen, sie sei lutherisch, reformiert oder uniert, oder finden sich in jeder Gemeinde Gläubige aller Bekenntnisse?

A.Rüß: Wir leben heute in einer mobilen Gesellschaft. Den Menschen, die aus dem Rheinland nach Schleswig-Holstein ziehen und die die reine lutherische Ausprägung der Kirche bis dahin nicht erlebt haben, ist manches, was sie hier auch an liturgischer Darstellung und Ausgestaltung der Gottesdienste erleben, eher katholisch im Sinne von römisch-katholisch. Sie haben zunächst Schwierigkeiten, das nachzuvollziehen, und man muß ihnen erklären, daß sie eigentlich tatsächlich aus einer anderen Kirche kommen. Das unierte Kirchenverständnis ist anders als das lutherische, weil es der Versuch einer Zusammenbindung von lutherischer und calvinistischer Lehre ist. Da stellt sich die Frage nach dem Kirchenverständnis, dem Amtsverständnis und dem Verständnis der Sakramente doch auch immer wieder anders. Ich denke, daß uns Lutheraner diesbezüglich von den Katholiken in der Tat weniger trennt als von den Reformierten.

Die drei G's des Abendmahls

A.K.: Wie versteht die evangelisch-lutherische Kirche das Abendmahl? In der Literatur habe ich die Bezeichnung der «drei G's des Abendmahls» gefunden: Gedächtnis, Gemeinschaft, Gegenwart. Können Sie diese drei Begriffe näher erläutern?

A.Rüß: Wir sprechen als Lutheraner ebenso wie die reformierten Christen vom heiligen Abendmahl als von einem Gedächtnismahl. Dies geschieht aber nicht in der Weise, daß wir sagen: Es ist ein Erinnerungsmahl, bei dem wir uns daran erinnern, was Jesus für uns getan hat; sondern wir sprechen von Gedächtnis in der Weise, daß wir der Tatsache eingedenk sind, daß Christus, der für uns gestorben und auferstanden ist, gegenwärtig ist. Dieses Gedächtnismahl ist also nicht rückwärts gewandt, sondern es berührt die Gegenwart und auch die Zukunft. Man spricht auch von der eschatologischen Dimension des Abendmahls, indem wir nicht nur an das denken, was Christus für uns getan hat, sondern auch an das, was der jetzt im Sakrament gegenwärtige Herr in Zukunft für uns vollbringen wird. Im Abendmahl wird mir eine neue Zukunft geschenkt, in die ich hineingenommen werde, und ich habe teil an der Ewigkeit. Diesen erweiterten Gesichtspunkt erkennen und betonen die Lutheraner anders als zum Beispiel die Reformierten. Das drückt sich auch in der Liturgie aus. Wenn wir vor dem «Heilig» sagen, daß wir mit allen Heiligen, Vollendeten, mit allen Engeln – gleichsam mit der ganzen himmlischen Welt – in den Lobgesang der Herrlichkeit Gottes einstimmen und davon überzeugt sind, daß wir während der Mahlfeier auch Gemeinschaft mit den uns im Glauben Vorangegangenen haben, drückt das wirklich die Größe lutherischer Abendmahlstheologie aus. Diese Dimension fehlt, wenn man das Gedächtnismahl nur als Erinnerungsmahl an das, was einmal war, interpretiert.

Das zweite G meint die Gemeinschaft. Es ist ganz wichtig, daß wir uns verdeutlichen, daß es im heiligen Abendmahl nicht nur um die Kommunikation geht, sondern hauptsächlich um die Kommunion, d. h. die Gemeinschaft mit Christus. Das Besondere ist, daß hier von Seiten Jesu Gemeinschaft mit den Sündern, die wir ja sind, eingegangen wird und daß wir durch die Teilnahme am heiligen Abendmahl Vergebung der Sünden zugesprochen bekommen bzw. erfahren. Weil diese Gemeinschaft mit Christus eine sehr freudige ist, spricht man auch vom Freudenmahl; und weil Christus der Herr des Abendmahls ist, bezeichnet man es auch als Herrenmahl. Freude über die Kommunion mit Christus, über die Vergebung der Sünden und natürlich in zweiter Linie auch über die Gemeinschaft mit den anderen Mitchristen. Wir empfangen den Leib Christi in der Gemeinschaft derer, die gleichsam Christi Leib sind. Die Kirche ist nach 1. Korinther 12 Leib Christi. Ob in unseren heutigen Abendmahlsformen der Gemeinschaftscharakter mit Christus ganz deutlich ist, ob es immer eindeutig in Erscheinung tritt, daß Er allein der Herr im Abendmahl ist und leibhaftig zu uns kommt, wir also engste Begegnung mit ihm haben, wage ich zu bezweifeln, wenn man zum Beispiel an manche Formen denkt, wie sie auf dem Kirchentag praktiziert werden.

A.K.: Damit sind wir beim dritten G, der Gegenwart Christi im Abendmahl.

A.Rüß: Die Gegenwart Christi im Abendmahl wird in der lutherischen Theologie so beschrieben, daß wir sagen: «in, cum, sub»; in, mit und unter den Gaben von Brot und Wein ist Christus real gegenwärtig, d. h. Realpräsenz Christi im Sakrament. Daraus ergibt sich die sehr lobpreisende, demütige, ehrfurchtsvolle Haltung, die auch in der Liturgie ihren Ausdruck findet. Der Gottesdienst erfährt seinen Höhepunkt im heiligen Abendmahl, weil man weiß, da ist Christus in, mit und unter den Gaben von Brot und Wein gegenwärtig.

«Gott begegnet mir niemals gleichsam pur»

A.K.: Was bedeutet «in, mit und unter»?

A.Rüß: Sie können natürlich sagen, wenn ich da stehe oder knie und das heilige Abendmahl empfange, sehe ich lediglich Brot und Wein. Aber Gott handelt in Raum und Zeit. Er begegnet mir niemals gleichsam pur, vom Himmel, sondern so, daß ich ihn in Raum und Zeit annehmen kann: Jesus ist wahrer Mensch und wahrer Gott, die Bibel ist Gottes Wort im Menschenwort und im heiligen Abendmahl: Leib und Blut Jesu Christi in, mit und unter den Gaben von Brot und Wein. Wenn man so will, sind Brot und Wein die Träger der wirklichen Gegenwart Jesu Christi. Mysterium fidei. Das ist – wie ich oben schon sagte – «Geheimnis des Glauben.»

A.K.: Nach Luther sind sie doch nur dann die Träger, wenn das Wort hinzutritt?

A. Rüß: Ja natürlich! Ohne das Wort ist das Sakrament kein Sakrament.

A. K.: Bleiben Brot und Wein nach dem Gottesdienst Träger des Leibes und des Blutes Christi?

A. Rüß: Das ist die Frage nach der Konsekration und nach der Bedeutung und Dauer der «Wandlung». Da gibt es bei uns die weitverbreitete Ansicht, daß wir nur während des Gebrauchs oder nur während der Feier des heiligen Abenmahles davon ausgehen können, daß die wirkliche und wahre Gegenwart Christi im Sakrament gegeben sei.

A. K.: Das hieße dann, daß die Gegenwart nur gegeben ist, wenn Wort und Substanz zusammenwirken?

A. Rüß: Ja, aber es ergibt sich die Frage, die Luther sich auch stellte: Wie ist es, wenn ich nach dem Gottesdienst die konsekrierten Gaben nehme und damit zu einem Kranken gehe? Muß ich die Gaben noch einmal konsekrieren? Luther sagt: Nein.

A. K.: Die Gaben sind dann also nach Luthers Auffassung auch nach dem Gottesdienst konsekriert. Wie verträgt sich das mit seiner Aussage, daß man die Gaben nach dem Gottesdienst verbrennen könne?

A. Rüß: Für Luther ist es ganz wichtig, daß mit den gesegneten Gaben kein Mißbrauch getrieben wird.

A. K.: Deshalb verbrennen?

A. Rüß: Richtig. Luther kennt die Sumption – d.h., daß man die konsekrierten Gaben verzehrt – und die Verbrennung. Jedenfalls will er sichergestellt wissen, daß sie nicht in irgendeiner Form magischer Ausdeutung oder zu falscher Anbetung der «Materie» mißbraucht werden können.

A. K.: Also, daß sie weder angebetet noch an die Spatzen verfüttert werden, um es einmal drastisch zu sagen?

A. Rüß: ... daß sie weder angebetet, noch an die Spatzen verfüttert, noch als magisches Vehikel benutzt werden. Es ist beispielsweise vorgekommen, daß man meint: «Ich nehme eine Hostie und lege sie zu Hause unter meine Matratze, und dann ist unsere Ehe gesegnet».

Es ist auch eine Frage an unsere gegenwärtige Praxis: Wie gehen wir als Pastoren mit den konsekrierten Gaben um? Manchem Katholiken dreht sich das Herz im Leibe um, wenn er sieht, wie bei uns die Frage der Konsekration gehandhabt wird. Das fängt bereits bei der Feier des heiligen Abendmahles an: Da kann man erleben, daß der Küster mit einem annähernd leeren Kelch in der Sakristei verschwindet und Wein nachgießt, der bestimmt nicht konsekriert ist. Der Pastor gibt dann diesen Kelch an die Gläubigen weiter und sagt vielleicht auch noch: «Christi Blut für Dich gegeben.»

Dann ist es auch eine Frage, wie man nach dem Gottesdienst mit den konsekrierten Gaben umgeht. Allgemeine Praxis vieler Amtsbrüder ist es, die konsekrierten Gaben mit den unkonsekrierten zu vermischen. Für Luther ist das unmöglich gewesen. – Um noch einmal auf Ihre Frage, wie lange die Realpräsenz wirke, zurückzukommen; da muß man einfach feststellen: Darüber sagt die Schrift nichts aus! Hierbei können wir uns nur an die Devise Luthers halten, mit den konsekrierten Gaben so ehrfurchtsvoll wie möglich umzugehen, ohne sie anzubeten. Eine wiederholte Konsekration der Gaben entspricht nicht lutherischer Theologie. In dieser Gemeinde hier haben wir einen Abendmahlstresor, in dem die konsekrierten Gaben aufbewahrt werden, so daß die Vermengung zwischen konsekrierten und unkonsekrierten Gaben unterbleibt.

A.K.: Ist das eine Besonderheit in dieser Gemeinde?

A.Rüß: Es ist nicht nur hier so, aber wir achten besonders darauf. Das liegt sicherlich auch daran, daß wir jeden Sonntag das Abendmahl feiern und eine große Zahl von Abendmahlsgästen haben. Wir erleben hier die Freude, daß der Gottesdienst jeden Sonntag gut besucht ist. Es gibt hier so etwas wie sakramentale Frömmigkeit eigener Prägung. Meine Erfahrung ist, daß gewiß das Wort Gottes dazu angetan ist, Menschen zum Glauben zu rufen; aber es gibt eben auch so etwas wie Bekehrungserlebnisse aus dem Empfang der Sakramente und eine unwahrscheinliche Verstärkung und Verlebendigung des Glaubens daraus. Ihnen ist sicherlich bekannt, daß wir die meisten Menschen aus unserer Kirche eher herausgepredigt als herausgefeiert haben. Wegen einer Sakramentsfeier ist noch niemand aus der Kirche gegangen, sondern die Leute sind über die Predigten verstört, die keinen mehr erreichen. Sie haben das Gefühl, daß Fragen beantwortet werden, die keiner gestellt hat. Das Sakrament ist in seiner Vollgültigkeit und Wirksamkeit gleichsam objektiv für den einzelnen da, losgelöst von der Person des Pastors, der eigentlich nur das heilige Abendmahl verwalten kann; hoffentlich tut er es auch stiftungsgemäß. Die Predigt hingegen begegnet dem einzelnen doch auch immer wieder in ihrer gebrochenen Existenz und spricht den einen an und den anderen nicht.

A.K.: In der Predigt spricht der Pastor also Worte, die durch seine Person gefärbt sind, während seine Person im Sakrament keine Rolle spielt, weil er da lediglich Verwalter ist?!

A.Rüß: Eben, die Person des Pastors tritt ganz in den Hintergrund. Die Predigt hat ja die Chance, daß der Pastor sich mit seiner ganzen Existenz einbringen kann, um das Evangelium zu verdeutlichen und den anderen Menschen zur Christusnachfolge zu rufen. Aber ich muß feststellen, daß ich in meiner Art zu predigen, auch wenn ich Richtigkeiten sage und dem Evangelium gemäß predige, nicht alle anspreche. Das Sakrament ist für den einzelnen doch unbefangener und unmittelbarer erlebbar.

Die Gegenwart Christi

A.K.: Sie sprachen von der Realpräsenz Christi im Abendmahl. Können Sie näher erläutern, wie sich die Gegenwart ereignet, und welche Bedeutung sie für den Abendmahlsempfänger hat?

A.Rüß: Nicht umsonst wird nach der Konsekration als erster Satz ausgesprochen: «Geheimnis des Glaubens.» Die Gegenwart Christi läßt sich, selbst wenn sie mir unter dem sichtbaren Zeichen von Brot und Wein vermittelt wird, nicht verobjektivieren. Ich erfahre engste Gemeinschaft mit Jesus Christus in diesen Gaben von Brot und Wein. Ich darf also gewiß sein, so wahr ich Brot und Wein esse, in mich aufnehme, so wahr empfange ich damit Christus.

A.K.: Christus verheißt: «Wo zwei oder drei in meinem Namen zusammen sind, da bin ich mitten unter ihnen»; das heißt doch, daß Christus in jeder Menschenbegegnung, die christlich geprägt ist, anwesend ist. Was unterscheidet die Gegenwart Christi im Gespräch von seiner Gegenwart im Gottesdienst, und was ist das Besondere an der Gegenwart Christi im Abendmahl?

A. Rüß: Richtig, die Verheißung der Gegenwart Christi gilt nicht nur für das heilige Abendmahl, sondern für den ganzen Gottesdienst, und es ist auch völlig eindeutig von Jesus gesagt: «Wo zwei oder drei versammelt sind in meinem Namen, da bin ich mitten unter ihnen.» Nur die Art der Gegenwart im Wortteil und im Sakramentsteil ist unterschiedlich. Man könnte es damit vergleichen, wie sich auch menschliche Begegnungen unterschiedlich darstellen. Zwei Menschen, die sich sehr liebhaben, erleben Liebe im persönlichen Gespräch. Nur so lernt man sich kennen und lieben, ohne das Gespräch ist Liebe gar nicht möglich. Aber gerade dann, wenn das Gespräch die beiden wirklich miteinander verbindet, drängt es sie auch zur Verleiblichung. Ich kann das Platonische nicht gegen das Verleiblichte ausspielen, denn wir brauchen beides. Deshalb ist es auch so schön, daß im Gottesdienst beides stattfindet: Wort und Sakrament. Das heißt, ich habe den Wortteil, der mir sagt: «Dir sind deine Sünden vergeben», und dann darf ich das auch im heiligen Abendmahl gleichsam handgreiflich erfahren und erleben.

A. K.: Welche Bedeutung hat dieses Erlebnis für den Abendmahlsempfänger?

A. Rüß: Es ist zum Beispiel ein Unterschied, ob ich jemandem bloß «Guten Tag» sage oder ihn anschaue und ihm die Hand gebe. Der Handschlag sagt mehr als der bloße Gruß. Aber eigentlich gehört beides zusammen.

A. K.: Ist die Gegenwart Christi im Abendmahl abhängig vom Glauben oder von der Person des Pastors oder des Empfängers?

A. Rüß: Nein, Gott sei Dank ist das heilige Abendmahl nicht abhängig vom Glauben. Nicht mein Glaube zaubert, wie auch immer, die Gegenwart Christi herbei, sondern die Realpräsenz Christi ist realiter vorhanden, ganz gleich ob ich glaube oder nicht glaube. Mein Glaube macht nicht das heilige Abendmahl. Nur sagt Paulus im 1. Korinther 11, und mit ihm selbstverständlich Luther, daß der Ungläubige es sich zum Gericht empfange. Der Gläubige empfängt also Vergebung der Sünden und hat hier und heute bereits Teil an der Ewigkeit, während der Ungläubige es sich zum Gericht empfängt. Daher muß es uns als Sakramentsverwalter auch darum gehen, Menschen, die unwürdig sind, vom heiligen Abendmahl fernzuhalten.

A. K.: Wie machen Sie das?

A. Rüß: Um ein konkretes Beispiel zu nennen: Da ist jemand, der in eine ganz bestimmte Form der Sünde verfallen ist und seiner Familie und anderen Verwandten enorm schadet. Ich habe ihn darauf aufmerksam gemacht, und er läßt es nicht, kommt aber zum heiligen Abendmahl. Dann ist für mich der Punkt gekommen, wo ich ihm sage und auch sagen muß: «Solange Du da immer wieder bewußt schuldig wirst und von daher Unfrieden im häuslichen Bereich hast, kannst Du nicht hierherkommen, um Vergebung und engste Gemeinschaft mit Christus zu erfahren.»

A. K.: Können Sie als Pastor das entscheiden?

A. Rüß: Ja. Ich habe das auch einmal praktiziert, und es hat sich sehr positiv ausgewirkt. Dieser Mensch hat tatsächlich sein Leben geändert, weil er sich in seiner Sünde ernstgenommen fühlte. Das ist eigentlich in der Kirche immer so gewesen; aber ich muß als Pastor damit sehr behutsam umgehen, weil man eventuell den Menschen von der Ewigkeit ausschließt. Da muß man sich als Pastor fragen: Wer gibt mir das Recht dazu, hab' ich die Kompetenz und die Vollmacht dazu? Darf ich das in diesem Falle tun? Das gehört auch zum Amt der Schlüssel, zum Amt des Bindens und des Lösens dazu.

A.K.: Man kann also zusammenfassend sagen: Die Gegenwart Christi und die Wirksamkeit des Abendmahls vollziehen sich unabhängig von der Person des Pastors und unabhängig vom Glauben des Abendmahlempfängers. Aber wie sich die Gegenwart auf den Empfänger auswirkt ist abhängig von seinem Glauben und seiner Würdigkeit?

A.Rüß: Richtig, ob das heilige Abendmahl zum Segen oder zum Gericht empfangen wird, ist abhängig vom Glauben desjenigen, der es empfängt.

Hoc est corpus meum

A.K.: Ist das Ereignis der Gegenwart abhängig von der Form, in der der Abendmahlsgottesdienst gehalten wird?

A.Rüß: Grundsätzlich nein. Es gibt allerdings Formen, die mir hilfreicher bestätigen oder darstellen können, worum es im heiligen Abendmahl geht.

A.K.: Sind diese Formen lediglich für mich hilfreicher oder erleichtern sie auch dem Christus die Gegenwart.

A.Rüß: Diese Formen können für mich hilfreich sein. Jedoch bestimmen die Formen nicht die «Qualität» der Gegenwart Christi, das wäre wirklich traurig. Dann wären wir ja die Herren des Abendmahls. Die Hauptsache ist, daß wirklich die verba testamenti, also die Einsetzungsworte über Brot und Wein gesprochen werden, daß der Heilige Geist angerufen wird, daß gebetet wird und daß das Sakrament dann gläubig empfangen wird. Aber das sind alles Dinge, die wir nicht machen können, und von daher sind wir nicht Herren des Abendmahls.

A.K.: Warum müssen die verba testamenti gesprochen werden, wenn die Gegenwart Christi sich, wie Sie vorhin sagten, unabhängig von den Formen ereignet?

A.Rüß: Das heilige Abendmahl wird ja nicht dadurch, daß wir es dazu erklären, heiliges Abendmahl, sondern dadurch, daß wir es stiftungsgemäß verwalten, und dazu gehört die Konsekration, und Teil der Konsekration ist, daß die Abendmahlsworte Jesu über Brot und Wein gesprochen werden. Das ist keine Formfrage. Die verba testamenti beschreiben den inhaltlichen Aspekt, den substantiellen Aspekt des Abendmahls.

A.K.: Das hieße dann aber doch, daß eine gewisse liturgische Form gewahrt werden muß?

A.Rüß: Solange die Inhalte, die das Wesen des Sakramentes ausmachen, nicht tangiert werden, ist das Sakrament nicht an Formen gebunden.

A.K.: Das zu entscheiden ist doch wohl schwierig? Es fängt schließlich schon damit an, ob der Pastor mit Luther die Einsetzungsworte: «Das ist mein Leib» spricht oder mit Zwingli sagt: «Das bedeutet mein Leib.»

A.Rüß: Es steht im Lateinischen: «hoc est corpus meum». Und im Griechischen ist das ebenso eindeutig formuliert: «Das *ist* mein Leib.» Daran kann man nicht vorbei. Wenn jemand aus dem «ist» «bedeutet» macht, dann ist das bereits eine Interpretation. (Irrlehre nach lutherischem Verständnis)

A.K.: Was geschieht, wenn ein Pastor im Abendmahlsgottesdienst die Einsetzungsworte so spricht: «Das bedeutet mein Leib»?

A. Rüß: Wenn er sie so sprechen würde, dann wäre es eine Verdrehung des Wortes Gottes, dann wäre es kein Abendmahl.

A. K.: Wäre dann die Gegenwart Christi noch gegeben oder nicht?

A. Rüß: Nein, ich denke nicht. Er feiert dann etwas anderes, aber kein Abendmahl. Realpräsenz im Sakrament wäre dann nicht gegeben. – Für mich ist auch die Frage, ob die Kirche es sich einfach erlauben kann, den Wein durch Traubensaft zu ersetzen. Ich hätte die Freiheit nicht und ginge zu keinem heiligen Abendmahl, in dem an Stelle von Wein Traubensaft angeboten würde.

Abendmahlsgemeinschaft in beiderlei Gestalt

A. K.: Wie machen Sie es dann mit Menschen, die aus gesundheitlichen Gründen keinen Alkohol trinken dürfen?

A. Rüß: Wir handhaben es hier so, daß der Alkoholkranke nur die Hostie empfängt. Er gibt ein Zeichen, daß er den Alkohol nicht verträgt – das gilt ja nicht nur für Alkoholkranke – und ihm wird verbal zugesprochen: «Christi Blut für dich vergossen.» Er darf gewiß sein, daß er, auch wenn er «nur» die Hostie empfangen hat, die volle sakramentale Gemeinschaft hat und nicht ein Abendmahlsgast zweiter Klasse ist.

A. K.: Für Luther ist doch aber die Abendmahlsgemeinschaft in beiderlei Gestalt ein wichtiger Punkt gewesen.

A. Rüß: Das ist richtig, aber auch bei der Krankenkommunion kann es sein, daß der Kranke nur in einerlei Gestalt das Sakrament empfangen kann und man ihm dann zusprechen muß: «Christi Leib für dich gegeben. Christi Blut für Dich vergossen.» Und bei aller Kritik, die wir der römisch-katholischen Praxis gegenüber haben können, können wir ja nicht einfach behaupten, daß die Art und Weise, in der die katholische Kirche das Sakrament feiert, keine segensreiche sakramentale Wirkung habe.

A. K.: Warum war Luther die Kommunion in beiderlei Gestalt so wichtig?

A. Rüß: Weil es stiftungsgemäß ist. Jesus hat das Abendmahl so eingesetzt.

«Jesus war dem Wein nicht grundsätzlich abgeneigt»

A. K.: Warum gerade Brot und Wein als Substanzen?

A. Rüß: Das heilige Abendmahl ist ja im Rahmen des Passahmahles entstanden. Zum Passahfest gehört bis zum heutigen Tage für den Juden Wein obligatorisch dazu, deshalb denke ich, daß man nicht einfach Traubensaft nehmen kann. Der Wein erinnert an die Geschichte der Kundschafter, die Mose ausgeschickt hat und die aus dem gelobten Land mit Wein zurückkamen. Wein war von daher ein Zeichen der besonderen Gegenwart Gottes, der Führung und des Segens Gottes, ein Zeichen der Freude über Gottes Wirken. Jesus war dem Wein nicht grundsätzlich abgeneigt, wie Sie aus der Geschichte von der Hochzeit zu Kana wissen. Da ist die Rede vom Wein, der auch Symbol der Freude ist. Da das Abendmahl auch Freudenmahl ist, trinken wir dabei kein Dutzendgetränk, sondern etwas Besonderes, weil die Gegenwart Christi auch etwas Besonderes ist. Ich kann nicht sagen: Wenn Jesus heute leben würde, dann würde er wohl Traubensaft nehmen, damals konnte man das aufgrund der vorgegebenen Möglichkeiten noch nicht. Wenn man so argumentiert, benutzt man die Bibel als assoziatives Sprungbrett und braucht sie fast nicht mehr. Wein hat also vom Passahmahl her Tradition im Bewußtsein der Juden als Zeichen der Freude und als Zeichen erfahrener Rettung. Im Abendmahl erleben wir auch Gemeinschaft mit Christus und Rettung dadurch, daß wir teilhaben an der himmlischen Wirklichkeit und uns Vergebung der Sünden zugesprochen wird.

«So alltäglich wie wir Brot erleben ...»

A.K.: Warum als zweite Substanz Brot?

A.Rüß: Brot ist damals wie heute ein Grundnahrungsmittel. So alltäglich wie wir Brot erleben, so begegnet uns Gott auch im Alltäglichen. Gott erniedrigt sich und tritt in Erbärmlichkeit in Jesus als Mensch auf, und darin liegt das ganze Heil. Das wiederholt sich ein Stück weit im heiligen Abendmahl. Das Brot, daß bei uns ganz normales, alltägliches Lebensmittel ist, wird im Sakrament zu einem besonderen Lebens-Mittel im weitesten Sinne. Es meint hier nicht nur die «Stärkung» des irdischen Lebens, sondern es beinhaltet auch die Teilhabe am ewigen Leben.

Das Liebesmahl – Agape

A.K.: Heute werden in vielen evangelischen Gemeinden neben den Abendmahlsgottesdiensten auch Agapegottesdienste gefeiert. Was ist der Unterschied zwischen beiden; warum wird Agape gefeiert?

A.Rüß: Ich persönlich sehe Agapemahlfeiern etwas kritisch, weil sie vom normalen Gemeindemitglied gerne mit der Abendmahlsfeier verwechselt werden. Nach den neutestamentlichen Befunden hat es das Agapemahl in Anbindung an das heilige Abendmahl ursprünglich nicht gegeben. Es hat sich dann in der Untergrundkirche vor der konstantinischen Wende als Möglichkeit zur Versorgung der Armen entwickelt. Nun kommt es aber darauf an, ob es Judenchristen oder Heidenchristen waren. Für die Juden war die Mahlzeit ohnehin kultisch besetzt, da war dann das Liebesmahl, Agape, in Nachbarschaft zum heiligen Abendmahl durchaus denkbar und wurde auch sakramental gesehen. Die Heidenchristen haben die Mahlzeit nicht so verstanden und feierten dementsprechend Agape gesondert vom Abendmahl als «Sozialbetreuung». Schon 150 n. Chr. hat Kichenvater Justin ausdrücklich bestätigt, daß das heilige Abendmahl integraler Bestandteil des Gottesdienstes ist und das Agape davon zu trennen sei.

Heute sagt man: «Die Kommunion interessiert uns weniger, uns interessiert die Kommunikation, und das gemeinsame Essen verbindet uns.» Deshalb veranstalten einige Gemeinden ein Gottesdienstfrühstück. Ich kann gerne sagen: «Wir treffen uns nach dem Gottesdienst zum gemütlichen Beisammensein». Wenn man das aber mit Agape bezeichnet, so ist das Etikettenschwindel. Das erlebe ich in unserer evangelischen Kirche gelegentlich, auch auf Kirchentagen, daß man zwischen dem heiligen Abendmahl, der besonderen Würde des Sakramentes und der Kommunikation nicht recht unterscheiden kann. Das drückt sich ja auch in gelebter Frömmigkeit aus, zum Beispiel daß man sich das Knien beim Abendmahlsempfang abgewöhnt hat oder daß einer dem anderen die konsekrierten Gaben gibt, selbst auf die Gefahr hin, daß etwas verschüttet werden kann.

Da wird eben vieles miteinander vermischt und deshalb ist meine Einstellung gegenüber den Agapemahlfeiern eher negativ.

A.K.: Leitet sich das Agapemahl auch aus der Tradition der reformierten Kirche her, die im Abendmahlsgeschehen mehr Gewicht auf Gedächtnis und Gemeinschaft legt und weniger Gewicht auf die Gegenwart Christi?

A.Rüß: Ich glaube, die Reformierten haben in diesem Zusammenhang keinen so großen Einfluß. Man stellt fest, daß in unserer Kirche eine gewisse Vereinsamung stattfindet, die offensichtlich bei den Pastoren anfängt, die feststellen müssen: «Ich komme nicht so an, wie ich mir das wünsche.» Wir meinen ja oft, wenn wir selbst in unserer ganzen Person fragwürdig sind, es läge möglicherweise an den traditionellen Formen. Ich bin davon überzeugt, daß es nicht so sehr an den Formen liegt, sondern an unserer eigenen Glaubwürdigkeit. Sie ist gefragt! Dadurch, daß ich einen Jazzgottesdienst oder einen Happeninggottesdienst mache, wird die Sache nicht glaubwürdiger und die Gemeinde auf Dauer nicht lebendiger. So ist es auch mit der Form des Abendmahls oder der Entwicklung von Agapefeiern. Gemeinde wird dadurch nicht lebendiger.

Kann jede Gemeinde machen, was sie will?

A.K.: Kann der Pastor die Form des Gottesdienstes nach eigenem Ermessen gestalten, oder untersteht er diesbezüglich einer «Dienstaufsichtsbehörde»?

A.Rüß: Wir haben eine «Dienstaufsichtsbehörde» in Form der Kirchenleitung, aber inwieweit die ihre Aufsicht wahrnimmt, das ist eine andere Frage. In der Regel wird die Aufsicht nicht wahrgenommen. Jeder Christ hat doch das Gefühl, daß offensichtlich jede Gemeinde machen kann, was sie möchte, und daß sich von daher auch die Gottesdienstformen sehr unterschiedlich gestalten. Natürlich sind alle Gottesdienstformen, die für unsere evangelisch-lutherische Kirche Geltung haben, von Synoden vorher als verbindliche Form verabschiedet worden. Wie weit man sich daran hält, das ist dann eine zweite Frage.

A.K.: Ist die Form, in der in Ihrer Gemeinde Gottesdienst gehalten wird, von der Synode verabschiedet worden?

A.Rüß: Wir haben in unserer Gemeinde den besonderen Reichtum, daß wir einen liturgischen Chor haben, auch Schola genannt. Die Aufgabe des liturgischen Chors ist hauptsächlich, den Introitus, d.h. den Eingangspsalm und den Halleluja-Vers zu singen.

Nach den Empfehlungen der liturgischen Kammer unserer Kirche sollte der Psalm in jedem Gottesdienst nicht gesprochen, sondern von einem liturgischen Chor gesungen werden: Die 150 Psalmen sind das Gesangbuch des Alten Testaments, deshalb hat die liturgische Kammer der Vereinigten Evangelisch-Lutherischen Kirche Deutschlands empfohlen, daß man den Psalm, wenn es irgend geht, singen möge. Nur wenn sich die Möglichkeiten überhaupt nicht eröffnen und auch nicht herzustellen sind, dann möge man den Psalm sprechen oder besser ganz auf den Psalm verzichten. Wie sieht die Wirklichkeit aus? In der Regel wird der Psalm gesprochen. In unserer Gemeinde wird er gesungen. Wir halten uns also an die Empfehlung und gelten damit schon ein Stück weit als Exoten. Das gilt übrigens auch für die sonntägliche Feier des heiligen Abendmahls in unserer Gemeinde. Die ist auch von der liturgischen Kammer empfohlen, indem man sagt: Der reguläre Gottesdienst ist der Hauptgottesdienst, der durch Wort und Sakrament bestimmt wird, d.h., daß das heilige Abendmahl als wesentlicher Bestandteil in jedem Gottesdienst enthalten sein sollte. Wie sieht aber die Wirklichkeit aus? In den meisten Gemeinden wird das heilige Abendmahl einmal im Monat angeboten. Das ist genauso fragwürdig, wie wenn ich sagen würde: Ich predige nur noch am ersten Sonntag im Monat, im übrigen halten wir Sakramentsfeiern.

A.K.: Die übliche Praxis mag fragwürdig sein, aber wer fragt danach?

A.Rüß: Es fragt keiner nach. Unser Bischof zum Beispiel hat empfohlen, das Sakrament häufiger zu feiern. Bloß wenn Sie sich fragen: «Was wird daraus?», und wenn Sie sich im Lande umsehen, stellen sie fest: in der Regel wenig oder gar nichts. Man kann nur hoffen, daß über die Kirchenvorstände der Wunsch, das heilige Abendmahl öfter zu feiern, immer stärker durchsetzt. Jeder Theologiestudent lernt spätestens im zweiten Semester, daß das heilige Abendmahl nach neutestamentlichem Verständnis in jeden Gottesdienst gehört. Er hat bei der Ordination das Gelübde getan, das heilige Abendmahl schriftgemäß zu verwalten. Was daraus wird, das sieht man ja: Diejenigen, die sich daran halten, fallen schon etwas aus dem Rahmen.

A.K.: Wie erklären Sie sich die große Zurückhaltung gegenüber dem Abendmahl seitens der Pastoren?

A.Rüß: Wer selbst nicht durchdrungen ist von der Wirksamkeit des Sakramentes und selbst sakramentale Frömmigkeit nicht erlebt hat, der kann dieses auch offensichtlich nicht anderen weitergeben. Ich persönlich habe von Jugend auf erlebt, daß in unserer Gemeinde jeden Sonntag das heilige Abendmahl gefeiert worden ist, und ich könnte mir meinen Glauben ohne Sakrament gar nicht vorstellen. Von daher ist es für mich sicherlich auch leichter als für manche Amtsbrüder, das heilige Abendmahl zur zentralen Mitte gottesdienstlichen Lebens der Gemeinde zu machen.

A.K.: In Begegnungen mit evangelischen Pastoren habe ich häufig diese Zurückhaltung erlebt, und daß sie gar nicht klar ausdrücken konnten, was das Abendmahl überhaupt ist.

A.Rüß: Richtig! Ich finde das erschütternd und bedrückend!

Etikettenschwindel in der evangelischen Kirche?

A.K.: Bei der Vorbereitung für dieses Gespräch wurde mir deutlich, daß die Abendmahlsauffassung innerhalb der evangelischen Kirche sehr unterschiedlich ist. Es beginnt bei den Reformierten, die sagen: «Das bedeutet mein Leib», und reicht bis zu den Lutheranern, die sagen: «Das ist mein Leib», und von der Realpräsenz Christi im Abendmahl ausgehen.

A.Rüß: Einerseits gibt es diese großen Unterschiede und andererseits gibt es die Leuenberger Konkordie, wo geregelt wird, daß man innerhalb der evangelischen Kirche Kanzel- und Abendmahlsgemeinschaft hat, also sich gegenseitig zuläßt. Aber wenn Sie mich fragen: «Findet in Ihrer Gemeinde die Leuenberger Konkordie statt?», dann sage ich Ihnen: «Nein, sie findet nicht statt.»

A.K.: Wieso nicht?

A.Rüß: Wenn zum Beispiel ein reformierter Pastor hierher käme und eine Gottesvertretung übernehmen wollte, dann würde ich ihm sagen: «Das darfst Du gerne, aber dann ohne Abendmahl.»

A.K.: Warum?

A.Rüß: Weil sein Abendmahlsverständnis ein total anderes ist. Es wäre dann für mich Etikettenschwindel. Abendmahlsgemeinschaft setzt Glaubensgemeinschaft voraus. Daß jeder von uns seinen Glauben etwas anders interpretiert und auf einer anderen Bewußtseinsebene Glauben erfährt, ist ohnehin klar. Und das ist auch gut so. Aber wenn von vorneherein diese grundsätzlichen gravierenden Unterschiede da sind, halte ich die Gemeinschaft in diesem Punkt für ein Falschspiel, für Heuchelei. Man sollte die Gemeinschaft dort pflegen, wo wir wirklich Gemeinsames aussagen können. Im Gebet und über den Stellenwert der Heiligen Schrift sind wir uns einig. Aber gerade im Abendmahlsverständnis nicht. Von daher halte ich die Leuenberger Konkordie für gar nicht realisierbar, wenn man das lutherische Bekenntnis ernst nimmt. Luther würde sich im Grabe umdrehen.

A.K.: Ist einem normalen Gemeindemitglied dieser große Unterschied zwischen reformierter und lutherischer Auffassung überhaupt bewußt, oder sagt es sich eher: «Wir sind alle evangelisch, und dann werden wir schon dasselbe glauben.»?

A.Rüß: So, wie Sie es eben formulierten, ist die Überzeugung der meisten. Ich denke, daß das manchmal beklagenswert ist, aber im großen und ganzen ist es für mich ein Trost, daß die meisten evangelischen Christen über den wahren Zustand ihrer Kirche nicht im Bilde sind. Stellen Sie sich vor, wenn jeder um die unterschiedlichen theologischen Ansätze wüßte, wie sie nun einmal konfessionell, innerevangelisch gegeben sind und wie sie dann aber auch noch quer durch alle Konfessionen durch die unterschiedlichen Theologien, die dann noch von Professor XY in die Kirchen hineingestreut werden, vertreten werden!

A.K.: Das gäbe eine ungeheure Verunsicherung.

A.Rüß: Wenn die Gemeindemitglieder darum wüßten, dann wäre ganz gewiß die Verunsicherung noch viel stärker als sie so schon ist. Andererseits ist es natürlich traurig, daß viele evangelische Christen rein dogmatisch zu wenig wissen und unsere Kirche dogmatisch auch zu wenig vermittelt. Ich denke, daß jeder Sektierer, der drei Monate in einer Sekte ist, mehr über grundsätzliche Lehrfragen seiner Sekte weiß als 80% aller konfirmierten evangelischen Christen.

«Es kann nicht angehen, daß jeder Schrift und Bekenntnis interpretiert, wie er will.»

A.K.: Die evangelische Kirche bietet bezüglich der Dogmatik wenig klare Konturen. Man stößt bei der Beschäftigung mit evangelischer Theologie zunächst auf die großen Unterschiede zwischen den Konfessionen, über die wir zum Teil schon gesprochen haben und dann auf die große Freiheit in dem, was der einzelne Pastor glaubt und wie er seinen Glauben im Konfirmandenunterricht oder im Gespräch vermittelt. Man gewinnt dabei den Eindruck, daß in der evangelischen Kirche Lehrfreiheit besteht.

A.Rüß: Ja, ja, diese sogenannte «Freiheit». Sie sprechen von «Lehrfreiheit». Vom Ordinationsgelübde her haben wir sie eigentlich nicht. Aber rein faktisch ist es so, daß die

Lehrfreiheit unwahrscheinlich stark ist. Es geht ja zu Lasten der Gemeindemitglieder, die verunsichert sein müssen, wenn sie hier in der Kirche ganz anderes erleben als in der Nachbarschaft, und anderswo wieder ganz anderes. Das trägt nicht dazu bei, daß die Gemeindemitglieder die Einheit in der Vielheit entdecken und diesen Zustand als Reichtum erleben, sondern eher dazu, daß sie irritiert sind und sich sagen: «Ja, bevor ich mir Gedanken über meinen Glauben mache, werdet ihr euch doch selbst erst mal einig über das, was ihr wollt.»

A.K.: Kann das Problem, das sie jetzt geschildert haben, innerhalb der evangelischen Kirche überhaupt gelöst werden? Wie kann dies geschehen?

A.Rüß: Es kann gelöst werden, indem man sagt: Die Schrift- und Bekenntnisgebundenheit der Pastoren muß stärker betont werden. Das ist mein persönlicher theologischer Standpunkt: Es kann nicht angehen, daß jeder Schrift und Bekenntnis interpretiert, wie er will. Auch Gehorsam des Pastors gegenüber Christus bedarf der Verleiblichung. Wenn jeder sagt: «Ja, mein Gewissen ist an Christus gebunden.», dann kann sich daraus etwas sehr Unterschiedliches entwickeln; deshalb muß sich das auch verleiblichen, auch gerade im Kirchenrecht.

A.K.: Wie meinen Sie das?

A.Rüß: Ich würde schon sagen, daß es durchaus eine gesunde Hierarchie innerhalb der evangelischen Kirche geben müßte, wo der Pastor nicht nur kontrolliert wird in dem, was er sagt, sondern auch schneller zur Rechenschaft gerufen werden kann, und ihm gesagt wird: «Bis hierher und nicht weiter.» Aber Sie wissen ja auch, daß Lehrzuchtverfahren bei uns äußerst selten vorkommen. Diese sind zu einer schwierigen Einrichtung geworden, weil das alles immer medienwirksam wird und dann gleich geschrien wird: «Halt! Hier ist wieder die alte Inquisition.» Davor hat die Kirche Angst. Es ist nicht publikumswirksam, wenn man Lehrzuchtverfahren durchführt. Aber ich wage zu bezweifeln, daß es auf die Dauer «publikumswirksam» ist, wenn die Wahrheit des Evangeliums divergierend erscheint. Die «Hamburger Verhältnisse» sprechen da für sich. Nur noch gut 40% aller Bürger sind Glied einer Kirche.

A.K.: Sie sagten eben, es sei ganz gut, daß die Menschen gar nicht wissen, wie unterschiedlich die Bekenntnisse sind und wie der Zustand der Kirche ist.

A.Rüß: Das ist die eine Seite.

A.K.: Andererseits stellt sich mir die Frage, ob die Menschen heute nicht sehr genau wissen müßten, was zum Beispiel das Abendmahl eigentlich ist und was dabei geschieht. Durch die verwirrende Vielfalt der Abendmahlstheologien scheuen sie aber davor zurück, sich mit diesen Fragen auseinanderzusetzen und verbleiben in einem gewissen dumpfen Nebel.

A.Rüß: Wissen Sie, es ist ja so: Je nachdem in welcher Situation Sie sind und durch wen und wodurch Ihr Interesse geweckt wird, so stellen Sie auch Fragen bzw. stellen keine mehr. Ich denke, daß es unsere Aufgabe als Pastoren ist, Interesse im sakramentalen Bereich zu wecken, zum Beispiel dadurch, daß ich das heilige Abendmahl stiftungsgemäß feiere, nämlich mindestens in jedem Sonntagsgottesdienst. Dann ist automatisch die Fragestellung des normalen Gemeindemitgliedes gegeben: «Warum wird eigentlich neuerdings bei uns das Abendmahl sonntäglich gefeiert? Früher war das doch nicht so, da wurde es dreimal im Jahr gefeiert.» – Dann fragen die Gemeindemitglieder. Als Pastor weiß ich vorher, daß sie da Fragen haben werden oder Aufregungen. Dann lädt man die Gemeinde zu einem Abend ein, an dem diese Fragen gründlich besprochen werden, und wird sicherlich auf ein lebhaftes Interesse stoßen. So jedenfalls ist es mir ergangen.

«Wie konnten wir das früher überhaupt so aushalten, ohne?»

A.K.: Wurden Ihnen an diesem Abend – oder in weiteren Gesprächen – auch direkte Fragen zu Ihrem Sakramentsverständnis gestellt?

A.Rüß: Die Frage der Häufigkeit der Abendmahlsfeier beinhaltet auch immer gleichzeitig die Frage nach dem Inhalt und dem Wesen des heiligen Abendmahls.

A.K.: Können die Gemeindemitglieder diese Fragen formulieren, oder fehlen ihnen dafür die Worte?

A.Rüß: Ja, sie können ihre Fragen formulieren. Ob sie sie immer theologisch adäquat formulieren, ist eine andere Frage, aber es wird deutlich, was gemeint ist. Sie fragen zum Beispiel: «Reicht es denn nicht, wenn ich einmal im Jahr das heilige Abendmahl feiere und dann besonders andächtig dabei bin? Ist es nicht schlimm, wenn das heilige Abendmahl nichts Besonderes mehr ist, sondern mir eventuell zur Gewohnheit wird?»

A.K.: Was antworten Sie auf diese Frage?

A.Rüß: Darauf antworte ich: Stellen Sie sich einmal folgendes vor. Sie sind verheiratet und ich würde Ihnen erzählen: «Ich kann Ihnen einen guten Tip geben, wie ihre Ehe sich lebendig gestaltet: Ich küsse meine Frau einmal im Jahr. Darauf einigen wir uns, und das rechnen wir uns vorher aus. Jeweils an ihrem Geburtstag küssen wir uns, und dann mag es vielleicht auch zur geschlechtlichen Vereinigung kommen. Aber damit ist das für uns beide ein unvergeßlicher Eindruck und etwas Besonderes. Das vergessen wir das ganze Jahr nicht, und wir leben darauf hin.» Was würden Sie mir dazu sagen? Dann schüttelt jedes Gemeindemitglied den Kopf und sagt: «Also, das ist ja unmöglich!» Dann sage ich: «Ja! Und so ist es auch mit dieser engsten, dieser verleiblichten Gemeinschaft, die wir mit Christus im Sakrament haben dürfen. Diese sollten wir nicht so selten wie nötig haben, sondern so oft wie möglich, natürlich in Freiheit. Es ist keiner genötigt, jeden Sonntag zu kommen. Aber es ist eben ein Ausdruck engster Verbundenheit und der Gemeinschaft mit Christus. Und daher kann man das heilige Abendmahl nicht häufig genug feiern». Das ist natürlich noch nicht für alle Gemeindemitglieder nachvollziehbar. Insofern kann man sie nur einladen, das zu tun, was man mit «learning by doing» bezeichnet: «Versucht's mal. Laßt Euch mal darauf ein, und dann werdet Ihr selbst erfahren wie segensreich es ist, und dann werdet Ihr Euch eines Tages selbst fragen: ‹Sag mal, wie konnten wir das früher überhaupt so aushalten ohne?›»

Literatur:

1) siehe: Evangelisches Kirchengesangsbuch, Ausgabe für die Nordelbische Kirche, o. J., S. 87ff.

2) ebd. S. 84.

Messe und Menschenweihehandlung

IHR URSPRUNG UND IHRE BESTIMMUNG
EIN VERSUCH

Lothar Peinemann

I. Alter und neuer Kultus

Wer die Menschenweihehandlung, den Gottesdienst der Christengemeinschaft, erst kennenlernt, begegnet in ihr einer Form gottesdienstlichen Lebens, die ihm vielleicht zunächst fremd erscheint: er begegnet dem Kultus. Besonders in Norddeutschland, wo eine jahrhundertelange Tradition des protestantischen Predigtgottesdienstes besteht, finden viele zu einem kultischen Gottesdienst keinen rechten Zugang. In katholischen Gegenden dagegen ist die Bevölkerung mit dem Kultus vertraut, weil er durch die katholische Kirche, insbesondere in Gestalt der Messe, seit Jahrhunderten ausgeübt worden ist. Was sind die wesentlichen Merkmale eines kultischen Gottesdienstes? Es wird stets ein Ritual verwendet, das ist ein festliegendes Wortgefüge, das verbindlichen Charakter hat. Es ist sozusagen sakrosankt, darf also durch den einzelnen Priester nicht anders als in der vorgeschriebenen Weise verwendet werden. Zum Kultus gehört aber auch seine äußere Erscheinung im Raum, also kultische Gegenstände wie Kelch und Rauchfaß, Altarkerzen und Altarbild, ein farbiger Altarbehang und farbige Priestergewänder, aber auch bestimmte Gesten und Bewegungen, die den Ablauf der Kultushandlung begleiten. Alles dies gehört mit zum festen, unveränderlichen Bestand des Kultus. Diese Merkmale des Kultischen findet der Kenner der römisch-katholischen Messe in der Menschenweihehandlung wieder und sagt dann wohl: das ist ja wie in der katholischen Kirche. Immer wieder wird von neu herankommenden Menschen die Verwandtschaft von Messe und Menschenweihehandlung hervorgehoben. Und daran ist etwas Wahres. Nur muß die Beziehung, die zwischen römischer Messe und Menschenweihehandlung besteht, recht genau ins Auge gefaßt werden, um nicht der verbreiteten Auffassung Vorschub zu leisten, die Christengemeinschaft bzw. Rudolf Steiner (auf den der Kultus der Christengemeinschaft doch wohl zurückgeht) habe die Grundstruktur ihres «neuen» Gottesdienstes dem Katholizismus entlehnt und diesem lediglich eine modernisierte Form gegeben.

Bevor wir diese Fragen untersuchen, wollen wir aber zunächst die ganz elementare Frage stellen: warum überhaupt Gottesdienst in kultischer, d. h. ritueller Form? Geht es nicht auch anders, und zwar beweglicher, lebendiger, spontaner? Ein Ritual hat nämlich für viele Menschen heute etwas Starres, und die sichtbare Außenseite einer Kultushandlung wird oft als bloße Dekoration, wenn nicht gar als Theater, erlebt. Das kann zumindest dann leicht der Fall sein, wenn der Teilnehmer selbst noch wie von außen auf das Geschehen hinschaut. Die festen Formen des Kultus haben sich für ihn noch nicht mit Sinn und Leben erfüllt. Aber welcher Sinn und welches Leben soll denn in dem scheinbar starren Ritual verborgen sein?

II. Wesen des Kultus

Bei näherem Eingehen auf eine Kultushandlung (Messe oder Menschenweihehandlung) bemerkt man sehr bald, daß sie im wesentlichen aus lauter Bitten besteht. Sie ist ein einziges großes Gebet. Aber eben kein frei formuliertes, aus dem Augenblick heraus entstandenes Gebet, sondern ein solches, das in einen festgefügten «Wortleib» hineingegossen worden ist. Zu dieser Leiblichkeit gehören auch die erwähnten Geräte, Gesten, Gewänder und Farben, durch welche die innerlich erlebten Vorgänge beim Vollzug dieses Gebetes äußerlich gebildet werden.

Welchen Sinn hat nun ein solcher «kultischer» Leib für ein in Gemeinschaft zu vollziehendes Gebet und wie kommt er zustande? Machen wir uns das anhand des Grundgebetes der Christenheit, des Vaterunsers, klar. Bekanntlich ist dieses Gebet von Christus selbst eingesetzt worden. Es ist so alt wie das Christentum. Und doch würde es auch heute niemandem einfallen, die Wortgestalt des Vaterunsers als veraltet oder erstarrt anzusehen. Vielmehr zeigen die Erfahrungen der Christenheit im immer wiederholten Umgang mit diesem Gebet, daß sein vorgegebener «Wortleib» sich immer neu mit Leben und Seele erfüllen kann, wenn er in der rechten inneren Haltung verwendet wird. Ja, die vorgegebene Gestalt und Struktur dieses Urgebetes erleichtert und fördert unsere Erhebung zu dem «Vater in den Himmeln». Woran liegt das? Könnten wir nicht auch mit frei und persönlich gewählten Worten beten? Es liegt auf der Hand, daß die Worte des Vaterunsers, da sie ja von Christus selber stammen, nicht aus dem begrenzten Bewußtsein des Erdenmenschen hervorgegangen sind, sondern ihre Zusammenfügung einem höheren Bewußtsein verdanken. Sie sind so gewählt und gesetzt, daß der Betende durch sie aus seiner subjektiven Befangenheit und Begrenztheit gelöst wird. Die objektiv gültigen Geistworte des Vaterunsers weisen den Menschen über sich selbst hinaus und geleiten ihn zur Welt seines Ursprungs. – Eben das ist der Sinn aller aus einem erhöhten Geistbewußtsein heraus entstandenen Gebete und Kulte. Die Menschheit verdankt sie dem erleuchteten Bewußtsein der Heiligen, Gottesboten oder Eingeweihten. Auch die bei der Meditation verwendeten Mantren wären hier zu nennen.

Was wir so vom Vaterunser feststellen können: sein geist-geoffenbarter Ursprung, daß läßt sich auch vom christlichen Meßgottesdienst sagen, der in seiner für unsere Zeit erneuerten Gestalt Menschenweihehandlung heißt. Wann und wie ist nun die Messe entstanden? Wo liegen ihre Ursprünge?

III. Die Opferhandlung als religiöse Erfahrung

In ihrem Kern ist die Messe eine Opferhandlung. Die Idee der Opferhandlung ist uralt und geht auf früheste religiöse Erfahrungen der Menschheit zurück. Genau betrachtet ist es die Idee zweier ineinanderwirkender Opfer – eines vom Menschen dargebrachten und eines göttlichen Opfers –, die dieser uralten religiösen Handlung zugrunde liegt. Stets begann sie damit, daß der Priester ein äußerlich sichtbares Opfer als Ausdruck eines innerlich erlebten Opfers am Altar oder Opferstein darbrachte. Es wurde ein Opfertier geschlachtet, es wurden Erntegaben des Feldes am Altar niedergelegt, es wurde ein Feuer entzündet und Räucherwerk verwendet: immer bildeten diese von den entsprechenden

Gebeten begleiteten Akte bestimmte Empfindungen ab, die in den Seelen der anwesenden Opfernden lebte, und die man folgendermaßen beschreiben kann: Der Schauplatz der Erde ist uns Menschen von Gott als Freistatt für unsere Entfaltung zur Verfügung gestellt worden. Wir dürfen hier, frei von Gottes «Aufsicht» und seinem unmittelbaren Eingreifen, unser Ich durch alle Irrtümer, Fehler und Schwächen hindurch entwickeln. Gott übt in diesem Freiraum des Menschen, auf der Erde also, seine Allmacht nicht aus, sondern entäußert sich ihrer um des selbständigen Menschen willen. Als «kleiner Gott der Welt» regiert der Mensch in diesem gott-entleerten Freiraum nach eigenem Belieben. Bringen wir nun Gott aus freien Stücken ein Opfer, so heißt das, wir schaffen durch Anbetung, Verehrung, Hinwendung der seelischen Kräfte zu Gott in der eigenen Seele unsererseits einen Freiraum, einen selbstlos gewordenen inneren Bereich, in dem Gott wieder einziehen kann. Wir rufen ihn in die gottleere Menschenwelt aus eigener Einsicht herein. Und wir dokumentieren dies auch äußerlich, indem wir auch ein Stück aus unserem materiellen Besitz opfern (zum Beispiel ein Opfertier), um es am Altar Gott zu weihen. Dies ist der erste, vom Menschen zu leistende Teil einer solchen Opferfeier. – Nimmt nun der angerufene Gott das Opfer an, so antwortet er mit einer Kundgebung seines Willens. Er fügt sich der menschlichen Bitte um Gegenwart, es kommt zu einer Manifestation, zu einer Wesensoffenbarung der Gottheit an der Opferstätte, die von dem innerlich vorbereiteten Anwesenden auch gemerkt werden kann. (Siehe dazu im Alten Testament das Opfer des Kain und Abel, die Opferung Isaaks durch seinen Vater Abraham, das durch Elias herbeigeführte Gottesurteil auf dem Berge Karmel). – Indem sich der Gott der Bitte um eine Wesensbekundung fügt, bringt er dabei selbst ein Opfer. Er «geht aus sich heraus», er opfert sich von seiner göttlichen Höhe auf den irdischen Schauplatz herunter.

So können durch diese beiden sich begegnenden, sich ineinanderfügenden Opferschritte die beiden getrennten Welten: Menschenwelt und Gotteswelt, wieder zueinanderfinden, es kommt zur Vereinigung, zur «Communio». Die Opferhandlung baut eine Brücke über die Kluft zwischen zwei Seinsbereichen. Der Priester wurde im alten Rom der Pontifex (= Brückenbauer) genannt.

Der Gedanke der beiden ineinandergreifenden Opfer liegt als «Bauplan» auch dem christlichen Meßgottesdienst zugrunde. Er ist dessen eigentliches Wesen.

IV. Der Ursprung der christlichen Meßfeier

Die Einsetzung der christlichen Eucharistiefeier, der Keimzelle aller späteren Formen der Messe, geschah durch Christus selbst und vollzog sich in zwei impulsierenden Einsetzungs-Schritten.

Der erste ist ein auch äußerlich dokumentierter Vorgang: die Abendmahlsfeier am Gründonnerstag im Coenaculum. Mit dieser Handlung stellte sich Christus in die Tradition des altehrwürdigen jüdischen Passah-Ritus hinein, erfüllte es aber mit einem ganz neuen, universellen Sinn. Das jüdische Passahmahl war eine rein vergangenheitsbezogene Feier, der Erinnerung an den Auszug des Volkes Israel aus Ägypten gewidmet. Am Tage vor diesem Auszug wurde auf Geheiß Jahves in jeder israelitischen Familie ein Lamm geschlachtet und sein Blut an die Türpfosten gestrichen. In der Nacht zog der Todesengel durch die Straßen und verschonte die Häuser, an deren Türen das Blut des Gottesbundes haftete. Das Opferblut eines Lammes wurde so zum Unterpfand der Errettung vor dem Verderben. Im Gedenken an diese Schicksalsnacht wurden traditionsgemäß in Israel alljährlich zum Passahfest Hunderttausende von Lämmern geschlachtet und in den Familien rituell verzehrt. – In diese alte Opferfeier gestaltete Christus am Gründonnerstag seine Abendmahlshandlung hinein und gab ihr einen ganz neuen Sinn. Er selbst ist nun das Lamm Gottes, dessen Blut «vergossen wird für viele zur Errettung von der Sündenkrankheit». Historisch hat dieses Gottesopfer einmal am Karfreitag stattgefunden – als «mystische Tatsache» (Rudolf Steiner) wiederholt es sich jedesmal beim Vollzug der Meßfeier, wenn Brot und Wein am Altar konsekriert und in Leib und Blut Christi hineinverwandelt werden. So ist am Gründonnerstag bzw. Karfreitag durch Christus ein Strom göttlichen Opferwillens angeregt worden, der durch alle seither gehaltenen Opferfeiern hindurch weiterströmt. In der Sicht des Protestantismus allerdings ist das Opfer Christi am Karfreitag ein- für allemal gebracht worden und daher unwiederholbar. So kann ein heutiges Abendmahl nach dieser Auffassung nur ein symbolisches Gedächtnismahl sein. Messe und Menschenweihehandlung betrachten es dagegen als Mahl der Vergegenwärtigung Christi, als ein Weiterbilden am mystischen Leib des Auferstandenen.

Der zweite Einsetzungsschritt der durch Christus selbst begründeten Eucharistiefeier ist ein rein okkulter, äußerlich nicht oder kaum dokumentierter Vorgang. Er vollzog sich als esoterische Unterweisung des Jüngerkreises durch den im Geistleib wirkenden Auferstandenen nach dem Ur-Osterfest. In der Apostelgeschichte des Lukas findet sich dazu der Hinweis: «40 Tage lang erschien er ihren schauenden Seelen und sprach zu ihnen von den Mysterien des Gottesreiches» (Kap. 1,3) Die Osterberichte der Evangelien schildern immerhin einige der Begegnungen der Jünger mit dem Auferstandenen, die eintraten, wenn sie im Gedenken an ihn beim Mahle versammelt waren. Es handelte sich dabei um das heilige Gedächtnismahl, das sie in Anknüpfung an das Abendmahl des Gründonnerstags miteinander hielten, und bei dessen Vollzug sie nun die Erfahrung machten, daß der Auferstandene «in ihre Mitte trat». Es zeigte sich also, daß die am Gründonnerstag eingesetzte Form des kultischen Mahles sich immer neu mit Leben erfüllte durch das übersinnliche Erscheinen Christi. Aus Erinnerung («... solches tut zu meinem Gedächtnis ...») wurde unmittelbare Gegenwart dessen, an den man sich erinnerte. Aus dieser österlichen Erfahrung des Jüngerkreises ist der christliche Meßgottesdienst hervorgegangen. Insbesondere hat Jakobus der Gerechte, der «Herrenbruder» (nicht der im Evangelium genannte Jünger), an der ersten Ausgestaltung der Abendmahlsfeier der Urchristen entscheidend mitgewirkt. Nach der Überlieferung sind ihm die Offenbarungen des Auferstandenen zuteil geworden, die unmittelbar zur Einsetzung eines kultischen Mahles in der Urgemeinde führten. Er wurde der erste Bischof der Jerusalemer Urgemeinde und starb den Märtyrertod.

Rudolf Steiner hat in seinem Vortrag «Die Lehren des Auferstandenen» (13.04.1922, Den Haag) ausführlich über die Inhalte dieser Christus-Offenbarungen gesprochen. Es sei auf die «Lehren des Auferstandenen» zurückzuführen, heißt es dort, daß sich im Urchristentum schon bald eine rituelle Form des Gottesdienstes mit einer viergliedrigen Struktur herausgebildet habe. Diese vier Glieder, die sowohl der Messe wie der Menschenweihehandlung ihre Struktur geben, sind: Verkündigung (Evangelienlesung), Opferung, Wandlung (Transsubstantiation) und Kommunion. Die Urgestalt des Meßgottesdienstes geht demnach auf Offenbarungen aus der geistigen Welt zurück, sie erweist sich als eine von Christus selbst bestätigte Form und Hülle seines Hereinwirkens in die irdische Welt.

V. Die Schicksale der Kirche und ihre Auswirkung auf die Messe

Während der ersten drei christlichen Jahrhunderte stand über der urchristlichen Gemeinschaft «der Himmel noch offen». Erleuchtungen, Geistberührungen, übersinnliche Erfahrungen waren für die Urchristen an der Tagesordnung und stellten sich oftmals während der Teilnahme an den kultischen Handlungen ein. Diese Handlungen hatten Mysteriencharakter. Man lebte in dem Bewußtsein, durch sie die Schwelle in eine andere Welt zu überschreiten. Die Taufe zum Beispiel, damals an Erwachsenen vollzogen, war zugleich die Aufnahme in die Gemeinde und mit einem Bekenntnis verbunden. Sie hatte Initiationscharakter und fand in besonders feierlicher Form in der Osternacht statt. Die Meßfeier hatte einen öffentlichen und einen geschlossenen Teil. Allgemein zugänglich war nur die Verkündigung, während die eigentliche Messe mit Opferung, Wandlung und Kommunion als Mysterienhandlung galt, die denen vorbehalten war, die durch ihre Tauf-Initiation und ihr geleistetes Bekenntnis vollbewußt «dazugehörten».

Das vierte nachchristliche Jahrhundert stellt eine schicksalshafte Wende in der Kirchengeschichte dar. Das Christentum wurde zur Staatsreligion, die Kirche verband sich mit der weltlichen Macht. Damit begann ihr Sündenfall. Die Initiationserkenntnis, die bisher den Zugang zu dem lebendigen Geist eröffnet hatte, wurde jetzt verleugnet. Nach Rudolf Steiner bildete sich in dieser Zeit in Italien sogar «ein Kollegium zur Ausrottung der Geisterkenntnis». Die Kirche stellte sich als Institution, die die Gnadenmittel verwaltete, zwischen den Menschen und die göttliche Welt. Die offenbarten christlichen Wahrheiten wurden dogmatisiert, neue Offenbarungen blieben dem Papst oder den Konzilien vorbehalten. Die unmittelbaren Geist-Erfahrungen nahmen ab, stattdessen wuchs die Unsicherheit über die christlichen Glaubenswahrheiten. Es kam die Zeit der großen Kirchenkonzilien mit ihrem Streit, z.B. über das Verhältnis des Sohnes zum Vatergott (Arius und Athanasius). – In den folgenden Jahrhunderten wurde am «Bauwerk» der Messe ständig weitergebildet. Viele Gebete, namentlich im Opferungsteil, wurden neu eingefügt – manches davon stammte aus guten «erleuchteten» Quellen und trug zur Vertiefung der Messe bei, anderes schob sich als Rankenwerk zwischen und um die vier Hauptteile und verwischte ihre klare Struktur. Die allgemeine theologische Unsicherheit wirkte sich in bezug auf die Messe dahingehend aus, daß man ihren inspirierten ursprünglichen Kern nicht mehr klar erkannte und ihn daher auch nicht rein erhalten konnte.

Im 9. Jahrhundert findet der «Sündenfall der Kirche» seine Fortsetzung. Das 8. ökumenische Konzil von 869, auf das Rudolf Steiner immer wieder mit größtem Nachdruck hingewiesen hat, erklärt die Trichotomie des Menschen, d.h. seine Dreigliederung nach Leib, Seele und Geist, als ketzerisch, spricht also dem individuellen Menschen das geistige Glied seines Wesens ab. Fortan durfte nur noch von einer Dichotomie des Menschen, d.h. einer Zweigliederung nach Leib und Seele, gesprochen werden, wobei dem seelischen Wesensglied einige geistige Eigenschaften «zuerkannt» wurden. – Mit diesem Konzilsbeschluß wurde eine für das Abendland verhängnisvolle Entwicklung eingeleitet, an deren Folgen wir heute noch tragen. Der einzelne Mensch durfte gerade das in seinem

Wesen, was ihn zum Glied einer göttlich-geistigen Welt macht: den «göttlichen Funken» in sich, nicht mehr wahrhaben. So konnte er ihn auch nicht in sich erleben und von sich aus an seiner Entwicklung und Kräftigung arbeiten. An die Stelle des verleugneten geistigen Wesenskernes im Menschen, der sich mit der göttlichen Welt eins weiß, setzte sich die «allein seligmachende» Kirche, die das Tor zum Himmel auf- oder zuschloß. Eine Lähmung der aktiv nach dem Geistigen strebenden Kräfte der Menschenseele war die Folge und ist es noch heute. – Auch in der römischen Messe fand das Menschenbild des Konzils von 869 seinen Niederschlag. Ganz deutlich ist im Text der Messe der Dualismus der sündigen, erlösungsbedürftigen, schwachen Seele einerseits und der göttlichen Gnadengaben andererseits ausgebildet. Dazwischen ist eine Kluft. Von einer inneren Anspannung, von einem Aufschwung der geistigen Kräfte im Menschen in nirgends die Rede.

Einen gewissen Höhe- bzw. Tiefpunkt erreicht der «Sündenfall der Kirche» im hohen Mittelalter, um 1200 und danach. Es ist die Zeit der gewaltigsten äußeren Macht- und Prachtentfaltung der Kirche und des Papsttums. Joachim von Fiore nennt den Papst den «Antichrist in Rom». Die Kirche lädt die Blutschuld der Ketzerverfolgungen auf sich. Korruption und Sittenverfall greifen im Priesterstand immer mehr um sich. – In dieser Zeit kommt es in der Entwicklung der Messe zum Kelchentzug für die Gläubigen. Die spirituelle Bedeutung des Kommunizierens in «beiderlei Gestalt» von Brot und Wein war vergessen worden oder sollte den Gläubigen nicht mehr zugutekommen.

In den folgenden Jahrhunderten, der Zeit der heraufkommenden Bewußtseinsseele, wurde der Kultus, da in seiner spirituellen Bedeutung unverstanden, immer mehr als «magischer Hokuspokus» erlebt (das Wort Hokuspokus ist bekanntlich eine Verballhornung von hoc est corpus meum, den vom Priester nur geflüsterten Einsetzungsworten im Wandlungsteil der Messe). Der «Sündenfall der Kirche» trug dazu bei. So nimmt es nicht wunder, daß Martin Luther die magisch-dekadente Welt des Katholizismus gern als «Babylon und Ägypten» bezeichnete. Die Reformation wurde als der Auszug aus dieser entarteten Welt erlebt. Als neuer Typus des Gottesdienstes bildete sich der Predigtgottesdienst heraus, der dem religiösen Empfinden der mündig werdenden Einzelpersönlichkeit mehr entsprach. Die überpersönliche spirituelle Substanz des Meßgottesdienstes wurde dabei aufgegeben.

Im Zuge der Gegenreformation kommt es 1570 auf dem Konzil von Trient zur endgültigen Fixierung des Meßrituals, einer Messe allerdings, die durch Überlagerungen und Wucherungen nicht mehr sehr der kraftvoll-schlichten, urchristlichen Feier glich, die sie einmal war. Unverstanden in ihrem spirituellen Kern, wurde sie so bis in unser Jahrhundert forttradiert, bis das 2. Vaticanum der 60er Jahre sie aufgrund dieses Unverständnisses verstümmelte und ihr den lateinischen Wortleib nahm (von dem ihre Wirkung größtenteils abhing). So ging ihre Substanz endgültig verloren.

VI. Die Menschenweihehandlung

Am Anfang dieses Jahrhunderts trat erstmalig in der Geschichte des Abendlandes eine auf Initiationserkenntnis beruhende Geisteswissenschaft, die Anthroposophie, öffentlich in Erscheinung und führte zu einer umfassenden Bewegung der kulturellen Erneuerung auf fast allen Lebensgebieten. Auch die christliche Kirche erhielt einen entscheidenden

Impuls zu ihrer Fortentwicklung durch die Neubegründung eines Kultus «unmittelbar aus der geistigen Welt heraus» – ein erstmaliger Vorgang innerhalb der Kirchengeschichte. Das wurde dadurch möglich, daß bei der Neugründung einer christlichen Religionsgemeinschaft in unserem Jahrhundert von deren Begründern ausdrücklich die Hilfe eines Initiierten – Rudolf Steiners – gesucht wurde, der aufgrund der voll entwickelten höheren menschlichen Erkenntnisfähigkeiten Kultus-Offenbarungen aus der geistigen Welt empfangen konnte. So entstanden die Kulthandlungen der Christengemeinschaft mit ihren Ritualien als eine Neuschöpfung «von oben her». Dieses «von oben her» meint die gleiche Quelle der Inspiration, aus der auch das Urchristentum bereits geschöpft hat, als es zur Einsetzung eines christlichen Kultus kam. – Bei dieser Neu-Offenbarung zeigte nun der neue Meßgottesdienst, die Menschenweihehandlung, die gleiche viergliedrige Struktur, die auch die alte Messe bereits aufwies: Verkündigung, Opferung, Wandlung, Kommunion. Diese Übereinstimmung machte deutlich, daß es in der geistigen Welt ein geistiges Urbild der christlichen Meßhandlung gibt – es ist damals wie heute das gleiche. Dieses Urbild konnte in urchristlicher Zeit bereits einmal durch Inspiration in die irdische Meßhandlung hereingeholt werden. Dann trübte sich die Quelle der Inspiration, und die Messe verlor im Laufe der Jahrhunderte ihre ursprüngliche Gestalt. Durch den Eingeweihten unseres Jahrhunderts konnte sie an ihrem geistigen Urbild gereinigt und erneuert werden. So sind ihre vier Hauptteile in der neuen Messe, der Menschenweihehandlung, wieder klar und urbildlich zu erkennen und als Schritte eines inneren Weges zu Christus zu erleben.

Der neu inspirierte Kultus stellt aber nicht nur einen verlorenen Ur-Zustand der Messe wieder her. Der Bewußtseins-Fortschritt der Menschheit, der inzwischen stattgefunden hat, ist in die Gebete der Menschenweihehandlung eingegangen. Nach der Darstellung Rudolf Steiners ist der Erzengel Michael seit 1879 der geistige Regent unseres Zeitalters. Die Menschenweihehandlung zeigt deutlich einen «michaelischen Einschlag». Sie wendet sich an den geistigen Wesenskern des Menschen – von dem das Konzil von 869 nichts wissen wollte – und spricht von seiner inneren Erkraftung. Die Kluft zwischen dem sündig gewordenen Menschen und dem gnadespendenden Gott wird überwunden. Die Kraft Christi wirkt nicht mehr nur als Segen von außen wie im «Dominus vobiscum» der alten Messe, sondern als innerlichste Antriebsmacht des Menschengeistes – ausgedrückt im «Christus in euch» der Menschenweihehandlung. Aber nicht nur das dreigliedrige Menschenbild ist voll berücksichtigt, auch die dreigliedrige Gottheit, die Dreieinigkeit (Trinität) wird uns lebendiger zum Erlebnis gebracht als in jedem früheren Gottesdienst. Die Trinität wird nicht nur formelhaft angerufen wie in der alten Messe, sondern in ihrem Wirken als Vatergott, Sohnesgott und Geistgott charakterisiert. – Eine kultische Neuschöpfung sind die «Zeitengebete» am Anfang und Schluß der Menschenweihehandlung. Sie sind die Sprache des gegenwärtigen Christus, der im Geschehen des Jahreslaufes und der Jahresfeste wirksam ist. – Der neue Gottesdienst enthält auch ein grundlegend neugestaltetes Credo. Es spricht die christlichen Heilswahrheiten so aus, wie sie heute, vertieft und erweitert durch die Christuskunde der Anthroposophie, verstanden werden können.

Der neue christliche Kultus möchte das Werk der Reformation fortsetzen. Die Reformation Luthers wollte mit ihrem unkultischen Gottesdienst dem mündigen, auf sich selbst gestellten Menschen gerecht werden. Der Gottesdienst der Christengemeinschaft setzt die freie Persönlichkeit des Menschen ebenfalls voraus, gibt ihr aber mit dem neuen Kultus die überpersönliche religiöse Substanz wieder, die der Protestantismus verloren hatte.

Elias

Elias – Jona – Jesaja

GESCHICHTEN AUS DEM ALTEN TESTAMENT

neu erzählt von Wolfgang Weirauch

Wir möchten Sie auf drei Editionen aufmerksam machen, von denen noch ein Restposten zu beziehen ist. Es handelt sich um drei kartonierte Broschüren, in denen das Wirken der drei Propheten Elias, Jona und Jesaja in einer Weise neu erzählt wird, daß es sowohl für den Erwachsenen als auch für den Schüler der vierten Klassenstufe anschaulich und verständlich ist. – Die Bücher eignen sich auch vorzüglich für den Religionsunterricht.

Der Text ist von Adolf Weirauch mit Hand geschrieben; Radierungen von Gudrun Hofrichter sowie Linolschnitte von Ika Weirauch (ca. 12 pro Ausgabe) bereichern die Textseiten.

Jede Ausgabe: Format DIN A 4, 35 Seiten, DM 10,– plus Porto.

Jona

Das Dogma der Unfehlbarkeit

GIBT ES EINE «KATHOLISCHE ANTHROPOSOPHIE»?

Arfst Wagner

«Wenn aber jener kommt, der Geist der Wahrheit, wird er euch in die ganze Wahrheit führen. Denn er wird nicht aus sich selbst heraus reden, sondern er wird sagen, was er hört, und euch verkünden, was kommen wird.» (Joh. 16,13)[1)]

In diesem Beitrag soll es nicht darum gehen, einen Streit über die päpstliche Unfehlbarkeit vom Zaun zu brechen, sondern es soll versucht werden, die katholische Kirche in ihren Verlautbarungen selbst zu Wort kommen zu lassen und einen kleinen Teil der innerkatholischen Auseinandersetzungen zu diesem Thema darzustellen.

Für denjenigen, der sich vom Gesichtspunkt der Anthroposophie diesem Problem nähert, kann es dabei um die Frage gehen: Ergibt sich aus der sogenannten Unfehlbarkeit des Papstes etwas den heutigen Zeitanforderungen Angemessenes oder widerspricht das Dogma der Infallibilität des Papstes den heutigen Bewußtseinsnotwendigkeiten? Wir werden deshalb versuchen, die verschiedenen Lehramtsaussagen durch von Rudolf Steiner gegebene Mitteilungen der Geisteswissenschaft zu beleuchten.

Die Geisteswissenschaft geht vom Erkenntnisgesichtspunkt aus, nicht vom Glaubensstandpunkt. Der Glaube kann wiederum eine Vertiefung erfahren, wenn er sich auf Erkenntnis gründet. Dann ist der Glaube aber etwas ganz anderes als der sogenannte «naive» Glaube. Wir müssen also in dieser Arbeit einige Fragen aufwerfen, die sich für den um Erkenntnis ringenden Menschen ergeben, der sich mit dem angesprochenen Problemkreis auseinandersetzt.

Weshalb dies keine Streitschrift sein soll, möchte ich folgendermaßen erklären. Anthroposoph kann man sein, gleichgültig zu welchem religiösen Bekenntnis man sich als zugehörig empfindet. Eine Voraussetzung ist aber das Erkenntnisbemühen an sich; eine andere ist die Anerkennung des erforschbaren Geistes und der Möglichkeit, die Geisteswelt mit dem Bewußtsein erfahren zu können. Das Interesse an geistiger Offenbarung und Erkenntnis kann eine Toleranz gegenüber jeglicher Geisteserfahrung entfalten. Dennoch bleibt das Urteilsvermögen gefordert; auf dem Grunde innerer Wahrhaftigkeit (auch dem eigenen Standpunkt gegenüber) muß jeder Erkenntnissuchende die «Unterscheidung der Geister» für sich vollziehen.

Hier, im Erkenntnisprozeß der einzelnen Person, wird deutlich bzw. ist selbstverständlich und allgemein anerkannt, daß nur derjenige Fortschritte im Prozeß der Erkenntnis seiner selbst und der Erkenntnis der Welt machen kann, der bereit ist, seine eigenen Ansichten immer wieder, und zwar möglichst radikal, in Frage zu stellen.

Dieser Vorgang des In-Frage-Stellens dürfte erst in dem Augenblick aufhören, so können wir jedenfalls vermuten und an einfachen Beispielen auch gelegentlich erleben, wenn die oder eine absolute Wahrheit gefunden ist. In der Mathematik und der Geometrie ist das nachzuvollziehen. Nicht zu beantworten ist aber zunächst die Frage, ob die Wahrheit nicht auch an sich etwas Wandelbares ist. Auch dies ist an einfachen Beispielen zu zeigen. Die wandelbaren Wahrheiten und die unwandelbaren Wahrheiten scheinen zwei verschiedene Sphären zu sein. Um diese Sphären unterscheiden und beurteilen zu können, bedarf es eines übergeordneten Gesichtspunktes, den zu besitzen der Verfasser nicht vorgeben möchte.

Im Jahre 1870 auf dem Vaticanum I wurde der verbindliche Text des Unfehlbarkeitsdogmas festgeschrieben:

«Daß der römische Papst, wenn er vom Lehrstuhl aus (‹ex cathedra›) spricht, d.h. wenn er seines Amtes als Hirt und Lehrer aller Christen waltet und kraft seiner höchsten Apost. Amtsgewalt endgültig entscheidet, eine Lehre über Glauben und Sitten sei von der ganzen Kirche festzuhalten, er auf Grund des göttlichen Beistandes, der ihm im heiligen Petrus verheißen ist, sich jener Unfehlbarkeit erfreut, mit welcher der göttliche Erlöser seine Kirche bei der endgültigen Bestimmung über eine Lehre in Sachen des Glaubens oder der Sitten ausgerüstet haben wollte; und daß deshalb solche endgültigen Entscheidungen des römischen Papstes durch sich selber, nicht aber durch die Zustimmung der Kirche (‹ex sese, non autem ex consensu ecclesiae›) unabänderlich sind.»[2)]

Die Möglichkeit der unfehlbaren Aussage ist von den Päpsten bisher sehr selten angewandt worden; Johannes XXIII. soll die Anwendung dieser Möglichkeit sogar ganz von sich gewiesen haben. Überhaupt wurde sie, selbst von Päpsten, äußerst unterschiedlich gesehen und definiert. In der Enzyklika «Humani generis» vom 12. August 1950 «klagte Pius XII. die Theologen an, die Dogmen zu relativieren, das kirchliche Lehramt als entscheidende Instanz zur Erklärung der Glaubensquellen zu verkennen und die Heilige Schrift lediglich als historisches Dokument zu bewerten. (...) Um den Theologen gleich alle Möglichkeiten zu Ausflüchten zu nehmen, fügte Pius XII. bei, nicht nur Kathedralentscheidungen, sondern auch Enzykliken seien verbindlich und würden Streitfragen autoritativ entscheiden.»[3)] Hier zeigt sich eine sehr komplexe Frage: Wie weit wird die päpstliche Unfehlbarkeit von den Katholiken selbst ausgelegt? Selbst im Klerus herrschen sehr unterschiedliche Meinungen darüber.

Diese unterschiedlichen Ansichten bestehen bereits so lange, wie die Diskussion um die Infallibilität andauert:

«Interessanterweise sprach als erster der Franziskanerpater Petrus Olivi (1248–98) aus nicht ganz uneigennützigen Motiven dem Papst die Unfehlbarkeit zu. Im Jahre 1279 hatte Papst Nikolaus III. (1277–80) im Armutsstreit zugunsten der Franziskaner entschieden, indem er lehrte, auch der gemeinschaftlich geübte Verzicht auf Besitz sei ein möglicher Heilsweg. Ein Jahr später versuchte Petrus Olivi diesen päpstlichen Entscheid unrevidierbar zu machen, indem er behauptete, für alle Katholiken sei der Papst in Fragen des Glaubens und der Sitten untrüglicher Maßstab. Gut vierzig Jahre später entschied Papst Johannes XXII. (1316–34) in der Armutsfrage anders. Die Franziskaner beriefen sich auf die ‹unrevidierbaren› gegenteiligen Äußerungen seines Vorgängers Nikolaus III. Doch Johannes XXII. wollte von seiner eigenen Unfehlbarkeit nichts wissen. Er empfand das als ungehörige Einschränkung seiner Souveränitätsrechte und verurteilte in der Bulle ‹Qui quorundam› 1324 die franziskanische Lehre von der päpstlichen Infallibilität als Teufelswerk.»[4)]

Vielleicht scheint das zunächst grotesk, daß der Papst seine eigene Unfehlbarkeit ablehnt, weil er das als Einschränkung seiner Souveränität erlebt. Aber jeder Papst bliebe und bleibt heute an die «unfehlbaren» Aussagen seiner Vorgänger gebunden. In vielen Fragen päpstlicher Lehramtsaussagen ist heute der Spielraum der «Interpretation versteckter Gedanken» aus früheren Lehramtsaussagen sehr gering geworden, zum Teil ist er ganz geschwunden. Hier wird ein Konservierungsprozeß deutlich. Viele konservative Katholiken sind auch heute durchaus der Ansicht, daß die Wahrheit auf diese Weise konserviert werden könne, obgleich das dann etwas anders ausgedrückt wird. Aber kann man «die Wahrheit» konservieren?

Zusammengefaßt stellen sich jetzt bereits einige Fragen, die nicht so ohne weiteres übergangen werden dürfen, will man nicht unbemerkt in eine Verwirrung verfallen.

- Gesetzt, der Papst sei bei den Kathedralentscheidungen unfehlbar, so kann man davon ausgehen – zumindest nach der kirchlichen Dogmatik –, daß er außerhalb der Kathedralentscheidungen nicht unfehlbar sei, er also in diesen anderen Bereichen fehlen könne. Dann hätte sich Pius XII. geirrt, als er die päpstliche Unfehlbarkeit auch auf die Enzykliken u. a. ausdehnen wollte.
- Die Frage der päpstlichen Unfehlbarkeit ist zu einem Zeitpunkt entschieden worden, als diese selbst noch nicht gültig war, was sich aus der Sache ergibt. War es möglich, diese Unfehlbarkeit aufgrund einer unfehlbaren Entscheidung einzuführen? Wenn nicht, dann bleibt die Frage, ob diese Entscheidung nicht eine fehlbare gewesen ist, ob also ein Irrtum vorliegt.

Hierfür kann die Aussage von Papst Johannes XXII., daß die Unfehlbarkeitslehre Teufelswerk sei, herangezogen werden.

Die Kirche empfindet die Aufgabe, in unseren stürmischen Zeiten das Kirchenschiff durch alle Gefahren der modernen Welt zu steuern, die Gläubigen nicht zu verunsichern, sondern ihnen eine Lebenssicherheit zu geben. Diese Haltung ist verständlich. Will aber ein Mensch selbst den Erkenntnisweg beschreiten, dann sollten ihm von seiten seiner Kirche keine Steine in den Weg gelegt werden. Ein wenig mehr Zuversicht sei der Kirche zu wünschen, ganz im Sinne des Goethe-Wortes: «Wer immer strebend sich bemüht, den können wir erlösen». Die Angriffe gegen Hans Küng scheinen aber mehr aus der Furcht heraus geführt worden zu sein, er könne die Macht, und zwar die weltliche Macht der Kirche, in Frage stellen.[5]

Ein anderer Aspekt des Problems, den wir aber nicht weiter verfolgen wollen, ist: Bereits 1933 findet sich in der dem Nationalsozialismus kritisch gegenüberstehenden Zeitschrift «Schildgenossen» der folgende Satz des katholischen Prälaten Robert Grosche:

«Als im Jahre 1870 die Unfehlbarkeit des Papstes definiert wurde, da nahm die Kirche auf der höheren Ebene jene geschichtliche Entscheidung voraus, die heute auf der politischen Ebene gefällt wird: für die Autorität und gegen die Diskussion, für den Papst und gegen die Souveränität des Konzils, für den Führer und gegen das Parlament.»[6]

In dem «Jugendlexikon Religion» kann man lesen:

«Damit hatte sich der Papst mittels einer Lehrbestimmung zur Offenbarungsquelle gemacht. Den demokratischen, liberalen und auf Toleranz abzielenden ‹Gefahren› der Zeit setzte der die Autorität seines Amtes entgegen.»[7]

Wie kann man sich nun mit geisteswissenschaftlichem Bewußtsein diesen Fragen nähern?

Nehmen wir an, wir suchen die Antwort auf eine uns bedrängende Lebensfrage und wir suchen «außen» nach einer Autorität, die uns die Antwort geben kann. In seinem Buch «Die Diener des Logos» schreibt der Georg Kühlewind:

«Eine Beantwortung meiner Frage von außen kann nur etwas ähnliches bedeuten, indem man mir die Worte bietet – eine entsprechende Formulierung, eine erhellende Fragestellung –, die bereits Antwort sind. Denn immer muß man selbst entscheiden, ob die gegebene Antwort stimmt. Verlasse ich mich auf die Autorität des Antwortenden, so liegt es noch paradoxer; weil ich nämlich entscheiden muß, ob der Antwortende kompetent ist. Dazu gehört aber meistens eine viel größere Erkenntnisleistung als die, sich die gestellte Frage selbst zu beantworten. Zudem könnte es geschehen, daß die Autorität sich just in diesem einzigen Fall irrte. (...) Hieraus folgt, daß eine Antwort von außen zwar helfen kann, das Problem zu durchschauen, aber damit sie mir wirklich zur Antwort wird, muß ich sie beurteilen können. Also muß jemand, der eine wirkliche Frage stellt, auch die Fähigkeit besitzen, eine Antwort als richtig oder unzutreffend zu erkennen. (...) Ebenso liegt es, wenn verschiedene Antworten erfolgen. Dann muß der Fragende entscheiden, ob eine davon richtig ist und welche. Wenn er sich dann auch in seiner Entscheidung irrt – die Verantwortung bleibt bei ihm, er wird sie nicht los. (...) Eine wirkliche Frage zu stellen, bedeutet eine Intuition, und im Forführen dieser Intuition liegt die Antwort.»[8)]

Viele Menschen haben heute nicht die Kraft, sich auf den Boden der eigenen Fragen zu stellen, der ihnen Sicherheit geben könnte. Nun verdammt die Kirche aber auch diejenigen, die sich um diese eigene Erkenntnis-Sicherheit bemühen. Das Dogma der Unfehlbarkeit der katholischen (d. h. der allgemeinen) Kirche bezieht sich allerdings, das sollte hier noch angeführt werden, nicht auf alle Fragen menschlichen und geistigen Lebens.

«Gegenstand der Unfehlbarkeit sind alle von Gott durch Jesus Christus für seine Kirche geoffenbarten Wahrheiten (Glaubens- und Sittenlehren), ferner auch alles, was notwendig ist, um diese Wahrheit der Offenbarung vor Fälschung und Entstellung zu bewahren. Daher kann das kirchliche Lehramt auch über alles das urteilen, was mit diesen geoffenbarten Wahrheiten derart in Zusammenhang steht, daß dessen Leugnung und Behauptung den Glauben im Ganzen oder in einer einzelnen Wahrheit aufheben oder in Gefahr bringen würde.»[9)]

Insofern ist die Frage der Grenzziehung gewiß noch auszudiskutieren, insoweit es das katholische Selbstverständnis betrifft.

Das geisteswissenschaftliche Bewußtsein muß aber von dem Gesichtspunkt ausgehen, wie ihn Kühlewind in seinem eben zitierten Buch entwickelt hat. Rudolf Steiner, der Begründer dieser Geisteswissenschaft, kommt daher zu folgender Charakteristik dessen, was die Geistes- oder Initiationswissenschaft im Gegensatz zu demjenigen geistigen Impuls anstrebt, der von dem Dogmengebäude der römisch-katholischen Kirche ausgeht. Nach einer längeren Ausführung über den sogenannten «Antimodernisteneid» stellt Rudolf Steiner die Geisteswissenschaft als etwas dar, das von der Katholischen Kirche «unter allen Umständen» bekämpft wird:

«... was wird durch diese neuere Geisteswissenschaft bewirkt? Durch diese neuere Geisteswissenschaft wird bewirkt, daß die Menschheit ein Bewußtsein erhalten soll von dem vorgeburtlichen Leben, von der Präexistenz. Das darf nicht sein. Das darf unter keinen Umständen geschehen. Also muß die Geisteswissenschaft verdammt werden. Durch die Geisteswissenschaft wird der Mensch aufmerksam auf sein eigenes Wesen, wie er besteht aus Leib, Seele und Geist. Das darf unter keinen Umständen sein. Also muß die Geisteswissenschaft verdammt werden. Durch diese Geisteswissenschaft wird die wahre Natur und Wesenheit des Christus Jesus den Menschen kund. Das darf unter keinen Umständen geschehen, daher muß diese Geisteswissenschaft verdammt werden.»[10)]

Selbstverständlich muß man bei diesen Äußerungen Rudolf Steiners mit einbeziehen, daß gerade in den Jahrzehnten um die Jahrhundertwende besonders bedenkliche, ja totalitäre Entwicklungen in der katholischen Kirche zu beobachten waren, allerdings ist auch zu bedenken, daß die katholische Kirche selbst immer darauf besteht, daß es derselbe Geist ist, der aus ihr spricht und aus ihr gesprochen hat in den kirchenamtlichen Verlautbarungen, nämlich Jesus Christus selbst. Auch Rudolf Steiner bezweifelt nicht, daß in der katholischen Kirche wirklich eine Verbindung mit der geistig-spirituellen Welt vorhanden war. Allerdings muß man fragen, ob der Christus Jesus so etwas wie den Antimodernisteneid hätte schwören lassen. Dieser Eid verlangte von dem Geistlichen sein Bekenntnis, daß er niemals zu historischen Ergebnissen kommen könne und werde, welches den Dogmen, die von Rom ausgehen, widersprächen.

Man kann nur wünschen und hoffen, daß die Diskussion innerhalb der katholischen Kirche selbst immer mehr belebt wird, damit nicht ein vergangenes Menschheitsbewußtsein innerhalb dieser alten Institution konserviert wird, sondern hoffnungsvolle Ansätze weitergeführt werden können. In solchen Strömungen wie der Befreiungstheologie läßt sich manch bewunderungswürdiger Ansatz finden, der aus der Identifikation mit den Armen und Schwachen unserer Welt heraus zu persönlichem Mit-Leiden und zu einem Engagement führt, welches bereit ist, aus dem eigenen Wahrnehmen und Erkennen heraus – um der Wahrheit willen – auch eine Kollision mit der eigenen Gruppierung in Kauf zu nehmen.

Oft ist es, in Südamerika wie auch in Polen, gerade das Engagement des einzelnen Priesters, welches beeindrucken kann. Nach Rudolf Steiner wird sich die katholische Kirche allerdings immer gegen «das Heraufkommen des Individualbewußtseins» sträuben, wird dieses bekämpfen, wie sie auch die Geisteswissenschaft bekämpft.

«Die römisch-katholische Kirche vertritt als eine grandiose Körperschaft dasjenige, was der vertrocknete Ausläufer der Zivilisation der vierten nachatlantischen Zeit war. (...) Geisteswissenschaft, wie wir sie auffassen, soll dasjenige erfassen, was nun notwendig ist als fünfte nachatlantische Kultur. Die römisch-katholische Kirche vertritt in einer Summe von Dogmen als ein geschlossenes Gebäude, das zwar erstorben ist, das aber noch ein Leichnam ist, etwas, was innerlich in einer wohlgefügten Logik zusammenhängt, in einer Wirklichkeitslogik zusammenhängt. Und enthalten ist in diesem Gebäude der Geist einer vergangenen Epoche; aber der Geist ist darinnen. (...) Eine Institution, die von einem gewissen Geist als ihrer Seele durchtränkt war, kann als Institution, wenn man sie sich erhält, nur für das Vergangene kämpfen. Von der katholischen Kirche zu verlangen, daß sie für das Zukünftige kämpft, wäre eine Torheit. Denn nicht kann dieselbe Institution den Geist der fünften nachatlantischen Periode tragen, welche den vierten getragen hat.»[11)]

Was dachte nun Rudolf Steiner über das Dogma der Infallibilität? Auf dem Hintergrund der eben zitierten Passage aus dem Vortrag des Jahres 1920 wird nun auch die folgende Äußerung Rudolf Steiners verständlich:

«Sie wissen – um etwas Naheliegendes zu erwähnen –, in einem bestimmten Zeitpunkt wurde fixiert das Dogma der sogenannten Infallibilität. Dieses Dogma der Infallibilität – das ist nun das Wichtige – wird von vielen Menschen akzeptiert, angenommen. Derjenige, der nun ein wirklicher Christ ist, kann sich überlegen: Wie ist es mit diesem Dogma der Infallibilität? – Er kann sich zum Beispiel die Frage vorlegen: Was würden die ersten Kirchenväter, die noch näher dem ursprünglichen Sinne des Christentums gestanden haben, zu dem Dogma der Infallibilität gesagt haben? – Sie würden es eine Gotteslästerung genannt haben! Und damit würde man im christlichen Sinne wohl auch die Sache treffen können. Damit würde man aber hingedeutet haben auf ein außerordentlich wirksames okkultes Mittel, nämlich durch etwas im eminentesten Sinne Widerchristliches Glauben zu erwecken. Aber dieser Glaube ist ein wichtiger okkulter Impuls nach einer bestimmten Seite hin, um loszukommen von der normalen christlichen Entwickelung.»[12)]

Selbstverständlich kann derjenige, der diese Tatsachen kennt, dennoch eine große Bewunderung haben für die Leistungen, die auch heute noch im Namen der katholischen Kirche vollbracht werden.

Im Frühjahr 1983 erschien die erste Ausgabe der Zeitschrift «HERMETIKA – Zeitschrift für christliche Hermetik« in Kinsau/Lech, herausgegeben von Dr. Michael Frensch, der inzwischen ebenfalls Herausgeber der anthroposophischen Zeitschrift DIE KOMMENDEN wurde. In der Zeitschrift HERMETIKA wurde im besonderen ein Medium geschaffen, daß der Verbreitung der Gedanken des Anthroposophen und Katholiken Valentin Tomberg (1900–1973) dient. Inzwischen gibt es innerhalb der anthroposophischen Bewegung Gruppierungen, die sich «katholische Anthroposophen« nennen. Tomberg war gegen Ende des II. Weltkrieges zur katholischen Kirche übergetreten, nachdem ihm von anthroposophischer Seite wenig Entgegenkommen zuteil wurde.

In der Zeitschrift «MATERIALDIENST», herausgegeben von der Evangelischen Zentralstelle für Weltanschauungsfragen, findet sich ein Artikel von Günter Bartsch, der der Tomberg'schen «Grundlegung einer katholischen Anthroposophie» eine fragwürdige Ehre zuteil werden läßt. Fragwürdig nicht wegen der positiven Beschreibung dieser «Grundlegung», sondern wegen der vielen Ungenauigkeiten und dem mangelnden Vermögen Bartschs, eine Bekenntnis- von einer Erkenntnisströmung zu unterscheiden.

Bartsch schreibt u. a.: « (Tomberg) ... wünschte den Aufbau einer kontextuellen Anthroposophie, die den geschichtlichen und spirituellen Traditionen Osteuropas entsprechen sollte, indem sie statt einer Weltanschauung Christus in den Mittelpunkt stellte.»[13)] Hier wird deutlich, wie sehr Bartsch die Anthroposophie mißversteht. Im Mittelpunkt der mitteleuropäischen Anthroposophie steht durchaus der Christus. Anthroposophie will einen neuen Weg zum Christus, eben den Erkenntnisweg, erschließen, und zwar jedem einzelnen Menschen, da der Glaubensweg heute für viele Menschen nicht mehr begehbar ist, zumindest nicht ausschließlich gegangen werden kann. Der von der modernen Wissenschaft berührten Menschheit ist der naive Glaube weitgehend verlorengegangen, und sie muß sich über den Erkenntnisweg wieder einen Zugang zum Glauben neu erschließen. Der Glaube als solcher wird aber nicht abgewertet.

«Wenn der Mensch heute den Glauben zu den überlebten Gütern seiner Väter legt, so zehrt er doch in bezug auf seine Lebenskräfte der Seele von den alten Glaubensgütern, die er mit den Traditionen und Überlieferungen ererbt hat. Es hängt gar nicht vom Menschen ab, den Glauben abzulegen oder nicht, denn der Glaube stellt in der Menschenseele eine Anzahl von Kräften dar, eine Summe von Kräften, die zu den Lebenskräften der Seele gehören. Es kommt gar nicht darauf an, ob wir glauben wollen oder nicht, sondern darauf, daß wir die Kräfte, die das Wort ‹Glaube› ausdrückt, als Lebenskräfte der Seele haben müssen, daß die Seele verdorrt, verödet und vereinsamt, wenn sie nichts glauben kann.»[14]

Auf der anderen Seite heißt es in den «Anthroposophischen Leitsätzen» (GA 26, S. 14):

«Anthroposophie ist ein Erkenntnisweg, der das Geistige im Menschenwesen zum Geistigen im Weltenall führen möchte.»[15]

Die Anthroposophie ist also ein *Erkenntnisweg* und kein Glaubensweg. Deshalb kann man von einem anthroposophischen Gesichtspunkt aus auch nicht einfach an die Wahrheit der Dogmen der katholischen Kirche glauben, ebensowenig wie man den Aussagen Rudolf Steiners *glauben* soll (er bat selber darum, nichts deswegen zu glauben, weil *er*, also Rudolf Steiner, es sagen würde), sondern es handelt sich für den Anthroposophen darum, die Aussagen Rudolf Steiners und auch, unter anderem, die Dogmen der katholischen Kirche, zu Erkenntnisphänomenen, zu Erkenntnisproblemen zu machen.

Wie schon oben angegeben bei Rudolf Steiner zu lesen war, bezweifelte er in keiner Weise, daß innerhalb der katholischen Kirche Geist lebt. So ist auch von ihm nicht bezweifelt worden, daß in den Enzykliken Geist lebt. Rudolf Steiner sprach am 06.06.1920 selbst über eine Forschung, die er diesbezüglich unternommen hatte:

«... ich stellte mir zur Aufgabe, über diese Enzyklika (gemeint ist die Enzyklika «Pascendi dominici gregis» vom 08.09.1907, die eine Verurteilung sogenannter modernistischer Bestrebungen zum Inhalt hatte; d. Verf.) gewisse Forschungen anzustellen. Da muß ich sagen, wie in so manchen anderen Dingen: Dasjenige, was dazumal vom Papste ex cathedra verkündet worden ist, war ein wirkliches Ergebnis aus der geistigen Welt, das heißt, dasjenige, was in jene Enzyklika eingeflossen ist, kam aus der geistigen Welt herunter, nur war es merkwürdigerweise umgekehrt. Es war überall dasjenige, was als ‹Ja› bezeichnet werden sollte, als ‹Nein› bezeichnet, und umgekehrt. Das ist etwas, was in gewisser Beziehung (...) zeigen kann, daß auf jener Seite wirklich heute ein Zusammenhang mit der geistigen Welt vorhanden ist, aber ein für die Menschheit außerordentlich verderblicher Zusammenhang.»[16]

Diese Worte Rudolf Steiners muß man sicher auch im Kontext der damaligen Auseinandersetzungen Rudolf Steiners mit dem gegen die Anthroposophie hetzenden Pfarrer Kully sehen, aber die Forschung Rudolf Steiners bezüglich der Enzyklika spricht eine deutliche Sprache.

Allerdings dürfen solche Zitate auch nicht dazu benutzt werden, eine Konfession zu denunzieren – in dieser Weise sind sie von Rudolf Steiner nicht gemeint gewesen, aber wiederum wird hier im Sinne des «Prüfet ...» eine Aufgabe gestellt. Es ist ein Aufruf zur individuellen Urteilsbildung.

In dem genannten Artikel von Günter Bartsch finden sich noch eine ganze Reihe Ungenauigkeiten, die hier nicht alle zurechtgerückt werden können. Ein Punkt sei aber noch herausgenommen: Bartsch stellt dar, indem er mit seiner Argumentation der «Grundlegung einer katholischen Anthroposophie» glaubt Vorschub leisten zu können, das «Karmagesetz» der «Bergpredigt» gegenüber. Er schreibt: «Die Gerechtigkeit des Karma bedeutet einen Ausgleich in der Zeit innerhalb des irdischen Geschehens. Sie entspricht dem altestamentlichen Grundsatz: ‹Auge um Auge – Zahn um Zahn›; ...» Daß Bartsch dann hinzufügt, diese Idee sei im wesentlichen humanistisch, weil auf das Gewissen bezogen, ist fadenscheinig. Weiter Bartsch: «Es wird aber moralisch von der Bergpredigt überragt, deren Gerechtigkeit nicht auf Sühne, sondern auf Liebe gründet.»[17]

Der Vergleich des Karmagesetzes mit dem Grundsatz Auge um Auge – Zahn um Zahn stellt eine unglaubliche Verstümmelung der sehr schwierigen Problematik dar. Karma besitzt zum Beispiel auch wesentlich einen Zukunftsaspekt, so daß es auch unschuldiges Leiden gibt, das die Zukunft vorbereitet. Nach der Anthroposophie ist der Christus der Herr des Karmas, also der wahre Führer des menschlichen Schicksals. Karma als Begriff für die Vielschichtigkeit der menschlichen und menschheitlichen Schicksalsverflechtungen kann nur durch die Liebe geordnet werden. Diese Erfahrung kann jeder Mensch in seinem eigenen Leben machen.

Sicher kann Günter Bartsch nicht mit dem Kreis der «katholischen Anthroposophen» in Zusammenhang gebracht werden. Aber er verfälscht oder mißversteht die Aussagen Tombergs wie auch Rudolf Steiners. Dennoch werden hier einige Probleme in ihrer Vielschichtigkeit verdeutlicht, die jedoch von Bartsch nicht einer Lösung nähergebracht werden.

Niemand kann sich dagegen wenden, daß Menschen sich darum bemühen, ihren katholischen Glauben mit der Anthroposophie in eine Übereinstimmung zu bringen. Kann man doch, wie schon gesagt, Anthroposoph sein, gleichgültig welcher religiösen Gemeinschaft man angehört oder welchem Glauben man sich zugehörig fühlt. Auf der anderen Seite ist es nicht möglich, die Anthroposophie zu einem religiösen Bekenntnis umzugestalten, ohne ihren Wesenskern zu verleugnen.

Vielleicht hat Tomberg recht, wenn er sagt, die Anthroposophie benötige in Osteuropa einen anderen Ansatz als in Mitteleuropa, da die seelische Konfiguration der Menschen dort anders sei als hier. Aber der Unterschied liegt nicht in der fehlenden Christus-Orientierung der Anthroposophie. Diese ist durchaus Christus-orientiert, bzw. -zentriert.

In Heft 4/1983 der Zeitschrift HERMETIKA[18] findet sich in dem Aufsatz «Universität, Anthroposophische Gesellschaft und Kirche» des Herausgebers Michael Frensch eine Aufgabenverteilung: Die Universität habe für die Wissenschaft zu sorgen, die Anthroposophie sei dagegen die Statthalterin der Erkenntnis des Übersinnlichen, und die Kirche verkörpere die moralische Autorität.

Auch hier, jetzt bei einem wesentlichen Vertreter der «katholischen Anthroposophen», findet sich eine Verdrehung der Tatsachen. Sicher, die Kirche verkündet bestimmte moralische Anschauungen, die auch inhaltlich zum Teil durchaus zu begrüßen sind. Aber heute kann man kaum noch davon sprechen, daß eine Institution die Moral verwalten könne. Die Begründung von Moral kann doch wohl nur jeder einzelne Mensch in seinem Umgang mit sich selbst, mit anderen Menschen und auch mit seiner näheren und weiteren Umwelt vollziehen.

Da sich die «katholischen Anthroposophen» auch auf Rudolf Steiner berufen, sei hier eine sehr zentrale Aussage Rudolf Steiners zitiert:

«Aber zu wissen, was man tun soll, was das moralisch Richtige ist, das ist das Allerwenigste auf moralischem Boden. Das Allerwichtigste auf moralischem Boden dagegen ist, daß in uns Impulse leben können, welche durch ihre innere Stärke, ihre innere Gewalt in moralischen Handlungen sich umsetzen, welche also nach außen hin moralisch sich ausleben. Das tun bekanntlich moralische Predigten oder die Resultate moralischer Predigten durchaus nicht.»[19)]

Auch muß verständlich sein, daß bei einer solchen Behauptung der moralischen Autorität der Kirche (übrigens: welcher Kirche?) ein Blick auf kirchengeschichtliche Auswüchse geworfen wird. Als Anthroposoph erstaunt einen in dieser ganzen Diskussion am allermeisten, daß die Fragestellung stets heißt: «Anthroposophie und/oder katholische Kirche». Das Problem würde sich zu einem großen Teil klären lassen, wenn die Fragestellung lautete: «Katholische Kirche und/oder Christengemeinschaft.» Jeder Mensch kann Anthroposoph sein, auch «Cassius Clay, selbst seitdem er sich Muhamed Ali nennt und zum Islam konvertierte», wie «Pseudonymus» in INFO3 einmal so treffend schrieb. Das sollte allerdings auch von denjenigen Anthroposophen bedacht werden, die in der Gruppierung der «katholischen Anthroposophen» eine solche sehen, die man bekämpfen oder gar aus der Anthroposophischen Gesellschaft ausschließen müsse. Auch sollte man das Werk Valentin Tombergs nicht in Bausch und Bogen verdammen, denn dazu müßte man es von Grund auf studiert haben und beurteilen können, und selbst dann könnte man das Werk nur für sich ablehnen, denn ansonsten handelte man «katholischer als die katholische Kirche».

Das Werk Valentin Tombergs wird, zum Teil gegen seinen zu Lebzeiten geäußerten Willen, heute sehr verbreitet, besonders von katholischer Seite. Es wird als beispielhaft dargestellt, daß Tomberg seinerzeit zur katholischen Kirche übertrat. Wie Karl Boegner in der Einleitung der Erinnerungen des Tomberg-Freundes Stefan Lubienski schreibt,[20)] ist Valentin Tomberg nicht aus der Anthroposophischen Gesellschaft ausgetreten, sondern in Holland ausgeschlossen worden. Somit kann man Valentin Tomberg auch als ein Opfer des unseligen Ausschluß-Verfahrens der Anthroposophischen Gesellschaft ansehen, das heute allerdings nicht mehr praktiziert wird.

Wie Karl Boegner weiter schreibt, war Tomberg als Este ein «glühender Anti-Bolschewist». In der katholischen Kirche glaubte er die einzige geistige Macht zu sehen, die dem Bolschewismus gegenübertreten könne. Auch Rudolf Steiner bestätigt im Vortrag vom 06.05.1920 die Tatsache, daß die römisch-katholische Kirche die einzige Macht sei, die mit demjenigen, was seinerzeit in Rußland geschah, «fertig werden kann». Aber die römisch-katholische Kirche bemühte sich nach Kräften, das Individualbewußtsein, das im Bolschewismus die blinden Instinkte der Menschen ergriffen hatte, zu unterdrücken. Die Anthroposophie will dagegen diesem Individualbewußtsein die Aufgaben zukommen lassen, die zu ihm gehören, ihm den ihm gemäßen Platz in der menschlichen und individuellen Entwicklung einräumen. Nach den Worten Rudolf Steiners wolle das die katholische Kirche verhindern.

Es kann also hier am Schluß dieser Ausführungen nur noch einmal die Frage gestellt werden: Wie verhält sich die katholische Kirche zu den von Rudolf Steiner beschriebenen Aufgaben der Geisteswissenschaft? Hier seien insbesondere genannt:

- die Entwicklung des Bewußtseins von der Präexistenz;
- das Erwachen der Aufmerksamkeit des Menschen gegenüber seinem wahren Wesen, das aus Leib, Seele und Geist besteht;
- die Kunde der wahren Natur und Wesenheit des Christus Jesus, wie sie sich in den Beschreibungen der Geisteswissenschaft findet.

Es ist möglich, daß gerade durch das Werk Valentin Tombergs ein Gespräch über diese und auch andere Fragen angeregt wird. Das wäre sehr zu hoffen. Durch Verwässerungen oder Un-Worte, wie dem Ausdruck «katholische Anthroposophie», wird diesem wünschenswerten Gespräch aber leider keine Unterstützung gewährt, sondern es werden zu alten Wirrnissen nur neue hinzugefügt. Katholische Anthroposophen, anthroposophische Katholiken gibt es, kann es auch geben; eine katholische Anthroposophie aber nicht.

Literatur:

1) Einheitsübersetzung der Heiligen Schrift. Das Neue Testament. Hrsg. Katholische Bibelanstalt und Deutsche Bibelstiftung, Stuttgart 1980

2) Hrsg. C. Andresen, G. Denzler: dtv-Wörterbuch der Kirchengeschichte. München 1982

3) A. B. Hasler: Wie der Papst unfehlbar wurde. München/Zürich 1980, S. 221.

4) ebd., S. 8.

5) H. Küng: Unfehlbar? – Eine Anfrage. Frankfurt/Berlin/Wien 1980

6) bitte telefonisch erfragen: 04331/21412

7) Hrsg. H. Weber: Jugendlexikon Religion. Reinbek 1986, S. 535 f.

8) G. Kühlewind: Die Diener des Logos. Stuttgart 1981, S. 12

9) Hrsg. K. Rahner, H. Vorgrimler: Kleines Theologisches Wörterbuch. Freiburg 1980, S. 425 f.

10) Rudolf Steiner: Heilfaktoren für den sozialen Organismus. GA 198. Dornach 1969, S. 127 f. (Vortrag vom 06.06.1920)

11) ebd., S. 106 f. (Vortrag v. 03.06.1920)

12) Rudolf Steiner: Zeitgeschichtliche Betrachtungen. Bd. 2, GA 174. Dornach 1983, S. 232 (Vortrag v. 22.01.1917)

13) G. Bartsch: Tombergs Grundlegung einer katholischen Anthroposophie. In: Materialdienst. Hrsg. v.: Evangelische Zentralstelle für Weltanschauungsfragen. Stuttgart, Nr. 4/ 1987 vom 01.04.1987, S. 106 – 114.

14) Rudolf Steiner: Das esoterische Christentum. GA 130. Dornach 1977, S. 172 f. (Vortrag v. 02.12.1911)

15) Rudolf Steiner: Anthroposophische Leitsätze. GA 26. Dornach 1982, S. 14

16) Rudolf Steiner: Heilfaktoren ..., a.a.O, S.127.

17) G. Bartsch: Tombergs Grundlegung ..., a.a.O

18) Zeitschrift Hermetika. Hrsg. M. Frensch, Kinsau/Lech. Nr. 4, Dezember 1983, S. 6 ff.

19) Rudolf Steiner: Christus und die menschliche Seele. Über den Sinn des Lebens. Theosophische Moral. Anthroposophie und Christentum. GA 155. Dornach 1960, S. 70. (Vortrag v. 28.05.1912)

20) Stefan Lubienski: Vor der Schwelle. Lohengrin-Verlag. Rendsburg 1987.

Friedrich Rittelmeyer

«ER WOLLTE HINHORCHEN AUF DEN GEIST SEINER ZEIT UND IHN LÄUTERN BIS ZUM VERSTÄNDNIS DES GEISTES CHRISTI» 1)

Dorothee Jacobi

In diesen Worten faßt Eduard Lenz, frühverstorbener Mit-begründer der Christengemeinschaft, das innerste Anliegen Friedrich Rittelmeyers, einer der Ältesten im Kreise der Menschen, die sich 1922 für eine Bewegung für religiöse Erneuerung als erste Priester zur Verfügung stellten, zusammen. Es war dieses Anliegen, welches Rittelmeyer zunächst zum evangelischen Pfarrer, später zum Anthroposophen und zum Mitbegründer der Christengemeinschaft werden ließ – ein Weg, der sich in zahlreichen Schriften widerspiegelt. Hinhorchen auf den Geist seiner Zeit – Rittelmeyer, achtundzwanzig Jahre vor der Jahrhundertwende geboren, von klein auf zur christlichen Religiösität hingezogen, nie von ihr lassen könnend, setzte sich in seiner philosophischen Dissertation mit dem damals entschiedensten Christusgegner, Friedrich Nietzsche, auseinander. Er vertiefte sich in Tolstoi als einen der bedeutendsten Christen seiner Zeit. Zugleich lag ihm als Student, Vikar und auch als Pfarrer immer daran, die theologischen und religiösen Bewegungen seiner Zeit zu kennen und zu verstehen. So entschlossen er sich als Pfarrer in der evangelischen Kirche einsetzte – und seine Predigten waren bald überfüllt – so offen suchte er nach Neuem, nach Möglichkeiten, das religiöse Leben in der Gemeinde zu vertiefen, und die Person Jesu, in der er den Christus ahnte, zu verstehen. Es ist bezeichnend, wie es zur Begegnung mit der Anthroposophie kommt: Rittelmeyer will einen Vortag über die religiösen Strömungen der Gegenwart halten, und um sich auch über die theosophische Bewegung gründlich zu informieren, wendet er sich an Michael Bauer als den ihm nächsten maßgeblichen Repräsentanten dieser Bewegung. So nehmen im Jahre 1910 die Freundschaft dieser beiden und Rittelmeyers Beziehung zu Rudolf Steiner ihren Anfang.

In den ersten vier Jahrzehnten seines Lebens hat Rittelmeyer die Voraussetzungen geschaffen, die es ihm ermöglichten, das bis dahin Gedachte und Gelebte mit Hilfe der Anthroposophie so weiterzuentwickeln – «zu läutern bis zum Verständnis des Geistes Christi» –, daß er den Schritt zur Begründung der Christengemeinschaft tun konnte. Mit fünfzig Jahren gab er seine Stellung als angesehener Prediger in Berlin auf, damit auch jegliche äußere Lebenssicherung, und stellte sich der beginndenden Bewegung für religiöse Erneuerung zur Verfügung – mit der Kraft seiner Persönlichkeit, seiner Tatkraft, seiner Erfahrung. Mit diesem Schritt verwandelte er die eigene Bewußtseinsentwicklung in eine kulturstiftende Tat.

Welches waren die Voraussetzungen dafür?

Er hatte sich gewissenhaft auseinandergesetzt mit Philosophie und Religion seiner Zeit und dabei sein Denken zu klarer Schärfe geschult. Er hielt sich immer offen für neue Wege und Aufgaben. Bei seiner Einstellung als Pfarrer hatte er zur Bedingung gemacht: «Immer nur für einen Tag bin ich Diener dieser Kirche. Heute kann ich; ob ich morgen kann, weiß ich nicht!» 2)

Er hat seine religiöse Sehnsucht, die immer eine Suche nach Christus war, durch einen eigenen inneren Weg in Gebet, Meditation und Selbsterziehung so weit vertieft, daß er eine nicht nur anfängliche eigene Sicherheit geistigen Erfahrens gewonnen hatte.

Als Prediger und Seelsorger wirkte er auf einen großen Kreis von Menschen, die bei ihm eine langgesuchte religiöse Aussagekraft fanden.

Je mehr er sich nun mit Rudolf Steiner befaßte, desto deutlicher wurde ihm, daß es sich hier lohnen würde, gründlicher zu prüfen. Dafür nahm er sich mehrere Jahr Zeit. Er las Steiners Grundschriften (Zur «Geheimwissenschaft»: «Sie verdroß mich. Ich konnte nicht durchkommen. Hatte ich eine Weile darin gelesen, so ergriff mich Übelkeit. Wie unverdaute Speisen lagen alle diese ‹Erkenntnisse› mir im Magen. So habe ich wohl ein Jahr gebraucht, bis ich wußte, was drinstand.»)[3)], hörte Vorträge und hatte Gespräche mit Steiner. Als er in ihm einen traf, den er aufgrund eigener Erfahrung als Lehrer anerkannte, war er offen genug, selber zum Schüler zu werden. Er bat um Rat für seinen inneren Weg und brachte auch seine Zweifel vor: «Vor 1 1/2 Monaten sprach ich Steiner, sagte ihm, daß ich an seinen Fähigkeiten zweifle, und bat ihn, mir sozusagen durch Kenntnis meiner Person zu beweisen, daß er mehr sehe als andere. Darauf machte er mir so absolut richtige Angaben über Dinge, die kein Mensch wußte außer mir und meiner Frau und an die ich selbst im Augenblick nicht dachte, daß es für mich nicht mehr möglich ist, an seinen Fähigkeiten zu zweifeln ...»[4)]

Es ging ihm nicht nur darum, Steiners Aussagen auf gedankliche Gediegenheit hin zu überprüfen, sondern es lag ihm vor allem daran, den Weg zu diesen Aussagen durch eigene Erfahrung zu prüfen. «Ich könnte selbst leicht zehn ähnliche Artikel allein über die Christologie Steiners schreiben, mit immer neuen Anstößen, Torheiten und Lächerlichkeiten. Die Frage ist nur die, ob wir nicht endlich darüber hinauskommen wollen, die Anthroposophie von außen her in einigen herausgerissenen Sätzen nach den Denkgewohnheiten einer ganz anderen Weltanschauung zu beurteilen, ob wir nicht endlich dahin kommen, die Methoden, die Steiner angibt, ernstlich zu prüfen und die Wege, die er zeigt, wirklich zu gehen ...»[5)]

In dem Buch «Meine Lebensbegegnung mit Rudolf Steiner» berichtet Rittelmeyer ausführlich von diesem Weg; es ist ein bis jetzt wohl einmaliges Dokument eines mit Sorgfalt gegangenen Weges zur Anthroposophie. Geht man von diesem Buch aus zurück zu den Werken aus früherer Zeit – soweit man ihrer habhaft wird –, sie sind fast vollständig vergriffen, so findet man in Predigten, Aphorismen, Briefen und Tagebüchern überall die Keime dessen, was später die Begründung der Christengemeinschaft und das Wirken als ihr erster Erzoberlenker ermöglichte. Die nachfolgenden Zitate, die aus der Zeit vor der Begründung der Christengemeinschaft im Jahre 1922 stammen, mögen davon zeugen.

Doch was bedeutet das alles für uns Heutige? Ein Stück vergangene, interessante Geistesgeschichte, oder was sonst?

Ich beschreibe, was ich von mir selber kenne:

Irgendwann begegne ich der Anthroposophie und der Christengemeinschaft. Vieles in mir Gärende, Fragende gerät neu in Bewegung, klärt sich, entwickelt sich in ungeahnt weiterführende Dimension. Aber ich habe auch schon eine eigene geistige Biographie, ich bin nicht nur von Geistesrichtungen (bei mir war es der Protestantismus) geprägt, sondern habe in ihnen auch Ideale gefunden, Gedanken, aus denen heraus ich lebe, habe geistige Lebensgefühle entwickelt. Nun entsteht oft ein Konflikt zwischen mir wichtig Gewordenem und dem Neuen aus der Anthroposophie. Wie komme ich da weiter, wo ich zunächst Unvereinbarkeiten erlebe? Ein paar Beispiele, wie ich manches zu Anfang erlebte: In mir ein Glauben, also ein tiefsitzendes Gefühl von einem Gott, zu dem ich Du sage, der mich meint, dem ich verantwortlich bin – und bei Steiner immer verzwickter erscheinende Schilderungen von geistigen Hierarchien «irgendwo jenseits». Ein tiefes Bewegtsein und Erneuertwerden durch einen Abendmahlsgottesdienst – ein Erlebnis von intellektuell-zerhackender Kälte in einer anthroposophischen Arbeitsgruppe. Das Erleben schlichter Wahrheit an einem Choral – die überwältigende Kompliziertheit der Welt der Geisteswissenschaft.

Hier braucht man Helfer, Vermittler, jemanden, der von dort kommt, wo ich auch herkomme.

Rittelmeyer überzeugt und bewegt nicht nur durch gedankliche Darstellungen in befreiender Klarheit, sondern vor allem durch den Hinweis auf eigene Erfahrungen – und seien es erst zarteste Ahnungen. Vor allem aber vermag er bei Menschen, die den Glauben an Gott zur Grundlage ihres Lebens machen, Vertrauen zu wecken, indem er immer aus der Wirklichkeit eines tiefen Glaubens heraus spricht. Er verschweigt nicht, wie er um diesen Glauben immer gekämpft hat, aber sein Leben, Wirken und Schreiben kommt doch immer aus dieser Mitte. Man kann das Erlebnis haben: Auch wenn ich selbst noch nicht geklärt habe, ob die Anthroposophie christlich ist oder nicht, und ihr Wert für mich davon abhängt, ist hier ein wirklicher Anthroposoph, der von der Voraussetzung des Christentums ausgeht; und er sagt dies nicht nur, es leuchtet aus jedem seiner Sätze schon in frühesten Jahren als innerster Lebensimpuls. Es gibt also einen Weg vom christlichen Glauben mit Hilfe der Anthroposophie zu einem vertiefenden Christentum.

Bleibt das Problem, daß Rittelmeyers Stil für viele Menschen kaum zu lesen ist. Das oft Überschwengliche darin, oder daß dem Leser die zu entwickelnden Gefühle immer gleich ausdrücklich mitgeliefert werden, ist uns, die wir das äußern von an geistigen Erfahrungen entstandenen Gefühlen gerade erst wieder zaghaft lernen, fremd bis zuwider. Rittelmeyer war ein Mensch, der mit geistigen Tatsachen sehr intensive Gefühle verband, und da sein Anliegen nicht in erster Linie das eines Geistesforschers war, wie das Rudolf Steiners, sondern ein religiöses, hielt er diese Empfindungen nicht zurück, sondern versuchte, sie mitzuteilen. Vielleicht wollte er so in den Menschen religiöse Gestimmtheiten erwecken, durch die sie einer Berührung mit dem Göttlichen näher kommen könnten. Versteht man dazu, wie sehr Rittelmeyer Begeisterung und große Empfindungen über Jahrzehnte hinweg in sich gepflegt hat, bis er selber völlig davon erfüllt war, und daß er sich dadurch in einer seelisch sehr anderen Lage befand, als wir es meist sind, so kann man aus einem Gefühl für seine große, geisterfüllte Seele heraus vielleicht manches von diesem Stil «verkraften».

Doch weit hinaus über die persönliche Hilfe, die Rittelmeyer für manchen Menschen heute geben kann und die sein Werk lesenswert macht, ist er mit seinem Geistesweg wie mit seinem Lebensweg eine Jahrhundertgestalt. Er hat eine bestimmte Möglichkeit in diesem Jahrhundert, den Aufbruch zu einem erneuerten christlichen Leben in Form der Begründung der Christengemeinschaft, nicht nur erkannt; er hat durch Jahrzehnte an den persönlichen Voraussetzungen geschaffen, durch die er helfen konnte, aus der Möglichkeit Wirklichkeit zu machen, und er hat sich dieser Aufgabe voll zur Verfügung gestellt. Er hinterließ dazu ein schriftliches Werk, in dem alle Schritte auf diesem Weg nachvollziehbar sind, und es bleibt zu hoffen, daß es bald vollständig zugänglich gemacht wird.

Denn indem gerade Rittelmeyer sich für diese neue Bewegung zur Verfügung stellte, verband er sie mit der Geistesgeschichte dieses Jahrhunderts und der Jahrhundertwende, und brachte diese Geistesgeschichte in Beziehung zur Bewegung für religiöse Erneuerung.

ZITATE VON FRIEDRICH RITTELMEYER

Aus den Notizen des Studenten

«Das Ringen jeder Seele enthält ein Stück Weltgeschichte.

Man soll sich seiner gottgeschenkten Individualität stets bewußt bleiben und dessen eingedenk sein, daß man seine ganz spezielle Aufgabe hat, die nur durch uns lösbar ist, und daß wir für sie verantwortlich sind; aber wir sollen uns an eine göttliche Betrachtungsweise gewöhnen, die in jedem Menschen einen Gottesgedanken sieht, die die Menschen nicht nach der Außenseite ihrer Handlungen vergleicht, sondern jeden von innen heraus nach Seiten seiner individuellen Aufgabe und seiner Energie in Erfüllung derselben beurteilt.»

Tagebuchnotizen 1903

«Treue gegen unsere höchsten Augenblicke, das ist die einzige Treue, die zuletzt von uns verlangt werden kann, und der geradeste Weg zu unserer Bestimmung und Vollendung. Kaum ein Mensch, der nicht so hohe Augenblicke erlebt hätte, daß sein Leben hätte bedeutend sein können, wenn es von diesen Augenblicken dauerndes Licht empfangen hätte. Eine Frage, die wir darum keinen Abend versäumen sollten, an uns zu stellen: Welches sind die höchsten Augenblicke gewesen, die deine Seele heute erlebte?

Begrüße deine Gattin, begrüße deinen Freund innerlich nach jeder kurzen Trennung so, als ob sie dir eben von Gott aufs neue geschenkt worden wären.

Sprich über das Böse, wo du mußt, und über das Gute, wo du kannst. Denk an das Böse, wo du mußt, und an das Gute, wo du kannst!

Je mehr ich darüber nachdenke, um so mehr erscheint es mir das Allererhabenste an der Einrichtung der Welt zu sein, daß Gott sich so völlig vor uns verborgen hat. Nun können wir ihn nur in den Dingen und Menschen lieben und die Dinge und Menschen in ihm. Wir können ihn immer nur indirekt lieben, wie die Sonne, in die wir weder fortwährend hineinstarren noch zu ihr hinaufreisen können, sondern sie lieben im Glanz der Herrlichkeit, den sie über alles ausgießt.

Wenn Du nur eine Sekunde lang ein dumpfes Gefühl der Langeweile hast, so verstehe es sofort religiös, d.h. als den Ruf Gottes: Jetzt will ich mit dir reden!

Soll ich versuchen auszusprechen, wie ich Jesus empfinde? Wer das Wesen Jesu beschreiben will, der kommt immer wieder von selbst dazu, ihn in großen Gegensätzen zu schildern. Erschütternder Lebensernst und doch sonnenvoller Freudenglanz der Seele;

majestätische Hoheit und Herbheit und doch wieder eine überwältigende Milde und Güte; flammende Glut, machtvoll feurige Leidenschaft und doch wundervolle Sonntagsruhe im Herzen; wärmste Begeisterung, das ganze Dasein tragend und hebend, und doch ruhigste Geistesklarheit, besonnenster Blick in die Wirklichkeit und eine einzigartige Geistesgegenwart; vollkommenes Aufgehen im Augenblick und doch unerschütterlich stetes und starkes Festhalten der letzten und höchsten Ziele; zarteste Feinempfindlichkeit der Seele und doch eine Heldenkraft ohnegleichen; unbedingte Wahrhaftigkeit bis ins innerste Herz und doch eine äußerste Klugheit und Feinheit in der Behandlung der Menschen; unerbittliche Strenge der sittlichen Forderung und doch innerstes Verstehen und Verzeihen; tiefe unverblendete Menschenkenntnis und doch unerschöpfliche Menschenliebe ohne jede Menschenverachtung; hinreißende Herrschergabe, die fast wie Zauber wirken konnte, und doch volle Freudigkeit und Fähigkeit, allen zu dienen; geniale, ja absolute Sicherheit in allem Tun und Reden und doch die größte Feinfühligkeit in der Rücksicht auf Alle und Alles; königliches Selbstbewußtsein und zarteste Zurückhaltung und ungekünstelte, aufrichtige Herzensdemut – und alles dies in einer Harmonie, die hoch über allen Melodien erklingt, die wir auf Erden jemals gehört haben.»

Literatur

1) Die Christengemeinschaft. Stuttgart, Heft 10/62, S. 305.

2) ERWIN SCHÜHLE: Entscheidung für das Christentum der Zukunft – Friedrich Rittelmeyer – Leben und Werk», Stuttgart 1969, S. 40.

3) FRIEDRICH RITTELMEYER: Meine Lebensbegegnung mit Rudolf Steiner, Stuttgart 1980, S. 22.

4) Die Christengemeinschaft. Stuttgart Heft 1/71, S. 16.

5) GERHARD WEHR: Friedrich Rittelmeyer. Wies 1985, S. 58 (1919, Bezug auf einen Aufsatz von Friedrich Gogarten).

Hilfen zum Verständnis der Christengemeinschaft

Ekkehard Krüger

Beim Lesen einzelner Artikel dieser Ausgabe der FLENSBURGER HEFTE wird manches Interesse erwacht sein, sich mit Fragen der religiösen Erneuerung zu befassen.

«Menschen, die in den bisherigen Formen des religiösen Lebens nicht mehr finden, was sie suchen, und solche, die dem Christentum gegenüber resigniert haben, können sich durch die Begenung mit der Christengemeinschaft zu erneuter Prüfung angeregt fühlen. Sie werden vielleicht zunächst an allem, was in der Gemeinde geschieht, teilnehmen, ohne sich zu binden.» Denn: «Glied einer Gemeinde wird man in der Christengemeinschaft nur durch den eigenen freien Entschluß», d. h. erst, wer «im Gottesdienst und in der Verkündigung einen neuen Quell inneren Lebens gefunden hat, wird dann auch wünschen, sich der Gemeinde anzuschließen.» (Zitate: *Erhard Kröner, «Die Christengemeinschaft, ein Hinweis zu ersten Orientierung», o. O., o. J., 1971)*

Dieses Interesse kann zur Teilnahme an der Menschenweihehandlung und zum Besuch von Abendvorträgen führen. Dabei werden Fragen aufkommen, die über eine erste Orientierung hinausführen.

Hierfür und für ein wiederholtes Einfühlen und tiefergehendes Nachdenken der Mitglieder sind eine Reihe kleiner Büchlein erschienen, von denen einige hier vorgestellt werden sollen. Übrigens ist dies eine Übung, die schon unmittelbar nach Begründung der Christengemeinschaft am 16. September 1922 im Rahmen der Buchreihe «Christus aller Erde» begonnen wurde. 1926 erschien hier von *Friedrich Rittelmeyer: «Die Menschenweihehandlung»* (als Band 21, heute nicht mehr lieferbar). Rittelmeyer führte gleich in die Problematik des Vorhabens ein:

> «Die Menschenweihehandlung bedarf in der Gegenwart noch eines einführenden Wortes. Das hat die Erfahrung einiger Jahre deutlich ergeben. Was davon zurückhielt, war außer dem Bewußtsein, wie mangelhaft das Wort und vor allem ein erstes Wort allein sein kann, vornehmlich die Scheu, den Menschen das unmittelbare Eigenerleben zu nehmen, dort ihnen gleichsam Wegbahnen zu bauen, wo sie eine neue Hochgebirgswelt frei erwandern sollten. Die hier gegebene Erzählung wird nur dann richtig aufgenommen werden, wenn sie wirkt wie die Schilderung eines Höhenaufstiegs, die anderen Mut machen will, sich die Welt dort oben selbst zu erobern ...» (S. 3)

So ist denn auch das einführende Büchlein von *Kurt von Wistinghausen: «Der neue Gottesdienst. Zur Einführung in die Menschenweihehandlung»*, (Stuttgart 1960, wie alle nachfolgend aufgeführten Titel im Verlag Urachhaus, inzwischen in erweiterter und überarbeiteter 3. Auflage) betont sachlich abgefaßt. In neun Kapiteln wird unter anderem «Der Kultus und die Gemeinde», «Die Sprache im Kultus», die Bedeutung des Weihrauchs, der Gewänder, Bild, Wort und Gebärde vorgestellt. Aus dem «Überblick über den Aufbau der Menschenweihehandlung» sei hier der kurze Text zur Opferung wiedergegeben:

«Die Opferung. Zuerst enthüllt (der Priester) den beim Beginn der Weihehandlung bedeckt hereingetragenen und auf den Altar gestellten Kelch. Er tritt nach rechts und spricht das Gebet der Opferung; er nimmt den noch leeren Kelch zur Hand und füllt ihn mit Wein (Traubensaft) und Wasser, die ihm der Ministrant in zwei Kännchen reicht; in die Mitte zurückgekehrt, erhebt er den Kelch; Wort und Gebärde vereinigen sich zu jenem Geschehen, das in der Gemeinde als Erhebung der Seele erlebt wird. Bald reicht der Helfer dem Zelebrierenden das Rauchfaß, und es erfolgt die erste Räucherung in der Mitte des Altars; sie wird unterbrochen durch ein Emporheben der Hände; dann folgt der Abschluß der Opferung. Der Priester bleibt fortan in der Mitte stehen. (...)» (S. 57 f.)

Hier erhebt sich, besonders für Menschen, die evangelisch erzogen wurden, die Frage nach dem Sinn der Handlungen. Hierauf gibt u.a. ein Büchlein Auskunft, daß zuerst 1964 erschien und jetzt in zweiter Auflage vorliegt: *«Vom Kultus-Erleben»*. Verschiedene Autoren widmen sich Einzelthemen wie «Das Heilige Mahl», «Die Geburt des Altarsakramentes», «Wie läßt sich der Vorgang der Transsubstantiation vorstellen?» (gemeint ist die Wandlung des Brotes und Weines in das Fleisch und Blut Christi), «Die Weihehandlung als Geistesweg». Aus dem Kapitel: «Vom Opfer in der Weihehandlung» von Rudolf Frieling sei ein Abschnitt zum Sinn der Opferung wiedergegeben:

«(Christus) brachte als Mensch, mit seinen göttlichen Kräften, die in menschliche umgewandelt waren, das große Opfer der vollen Ich-Hingabe an den Vatergott dar. Gerade derselbe Christus, der so machtvoll sein ‹Ich-Bin› ausspricht, ist zugleich der große Opfernde. (...) Er spricht zum Vater: ‹Alles, was mein ist, das ist Dein.› (...)

Die christliche Altar-Handlung hatte von den ersten Jahrhunderten an einen Opfer-Charakter. Der Protestantismus lehnte das Meß-Opfer ab, weil er glaubte, hier wolle sich ein anderes Opfer neben dem einzigartigen Opfer Christi breitmachen und es dadurch verdunkeln. Deshalb nannte Luther das Meßopfer einen Götzendienst. Er wollte Ernst machen mit dem ‹Ein-für-alle-Mal› des Hebräerbriefes. Aber er konnte nicht erkennen, daß dieses einmalige Opfer übersinnlich fortwirkt und im Menschen-Innern neu aufleben will. Und seine altgläubigen Gegner verstanden ihr eigenes Meß-Opfer ... nicht mehr tief genug, um es mit einleuchtenden Erkenntnisgründen sieghaft verteidigen zu können.

Die Weihe-Handlung ist mit neuem Bewußtsein christliches Opfer. Nicht daß sie eine ‹Werkgerechtigkeit› aufrichten wollte. Sie spricht es klar aus, daß all unser Opfern nur möglich wird durch das Aufleben des einen großen Christus-Opfers in unseren Seelen. Aber eben dadurch, daß Christus mit seinem Opfer in uns einzieht und dieses sein Opfer ‹in uns› und ‹durch uns› weiterwirken läßt, macht er uns, wie die Apokalypse sagt, zu Königen und Priestern. Die Königskraft Christi in uns läßt uns sprechen: Ich Bin. Das Priesterwirken Christi in uns läßt uns dieses Ich dem Göttlichen zur Verfügung stellen.» (S. 65 f.)

Hans Werner Schroeder führt in: «*Vom Erleben der Menschenweihehandlung*» (1981) den Gedankengang in den Erlebnisbereich weiter:

«Im nächsten Teil der Weihehandlung, in der sogenannten Opferung geht nun die Sinnestätigkeit in eine unmittelbare Seelentätigkeit über. Zu dem, was die Sinne, das Auge, das Ohr, erleben, tritt das Opfer, d.h. das *Emporheben* der Seelenkräfte hinzu. Ist im ersten Teil der Weihehandlung mehr ein Wahrnehmen gefordert, d.h. ein Aufnehmen von dem, was von außen an die Seele herantritt als Farbe, Form, Gebärde, Wort und Klang, so erfordert der zweite Teil der Weihehandlung weniger ein Nehmen als vielmehr ein Geben. Opfern heißt im heutigen christlichen Gottesdienst zunächst Hingabe der Seelenkräfte. Denken, Fühlen und Wollen des Teilnehmenden wenden sich der göttlichen Welt zu. Wir lassen etwas von dem Besten, das wir in unseren Seelenkräften haben, in den Bereich der Gottheit überströmen. Wir wenden uns mit unserem Willen dem Vatergott zu, verbinden uns in unserem Fühlen mit dem Wesen des Christus und erheben unser Denken zu der Welt des Geistes.

Niemand sollte meinen, daß hier nicht von einer vollen Wirklichkeit gesprochen wird, die sich in solchem innersten Tun vollzieht. Was sich auf seelisch-geistige Art in der Opferung ereignet, ist wirksam und real. Aus unserer Seele fließt eine ‹Substanz›, ein Strom geistigen Lebens in die Gotteswelt über. Als Bild, das zugleich mehr als nur ein Bild, Ausdruck nämlich dieser Wirklichkeit ist, erscheint diese Tatsache im Kultus in dem aufsteigenden Weihrauch, der – so empfinden wir – unser Gebet in die Höhen emporträgt.» (S. 17 f.)

Das oben genannte Büchlein von Friedrich Rittelmeyer ist leider nicht mehr erhältlich. Dennoch sei auch hier der betreffende Abschnitt zitiert, weil er eine Tiefe des Erlebens offenbart, die – nicht nur historisch – etwas von der Kraft der «Bewegung für religiöse Erneuerung» vermittelt:

«Aber jetzt schreitet der Priester hinüber zur rechten Seite. Das heilige Opfer beginnt. Es versammelt sich die ganze Christusgemeinde, nicht nur, die hier sind, auch alle Fernen, die wahre Christen sein möchten, auch alle Zeitenfernen, die Verstorbenen, die zu Christus gehören. In tiefer Feierlichkeit nennt der Priester den Weltenvater, der sein eigenes Wesen gegeben hat, auf daß wir werden. An der Altarseite taucht der Altarhelfer auf: die Gemeinde, nein, die Menschheit selbst, die dienend ihre Gaben darbringt: den Wein, in dem sie sich zur Reife der Erde bekennt, das Wasser, in dem sie sich zum Segen des Himmels bekennt. Erdenkraft im Wollen, aber Himmelsgeist im Fühlen: das ist der wahre Mensch, der auch im Heiligen Geiste denkt. Ist es nicht, als würde er dort neu geschaffen? Aus Erdenstaub und Gottesodem wurde einst der Mensch. Hinter dem Priestertum erscheint am fernen Weltenhorizont das erhabene Handeln des Weltenvaters selber. Der Kelch hat beides aufgenommen, die Erde und den Himmel, und hat sie zum Menschen geeint. Nun hebt der Priester den Kelch empor. Als ob er ihn aus seinem eigenen Herzen herausnähme, hebt er ihn zur Höhe. Da naht Dir, Weltenvater, alles menschliche Sehnen, das zum Himmel zurück will! Der Priester im heiligen Kleid mit dem hocherhobenen Kelch: in diesem Bild und Bekenntnis schaue Mensch und Gott, wie ich Erdenkind nach dem Himmel rufe!

Aber der Mensch ist gefallen. Was er werden sollte, dazu hat er sich nun bekannt. Aber nicht, wie er es werden kann. Nun hüllt er sich in Christus ein. ‹Wir alle nahen dir mit der Seele, o Christus, auf daß du uns mit dir opferst!› Und wie er sich in Christus einhüllt, so hüllt er den Kelch, das Menschenherz, ein in den heiligen Rauch.» (S. 41 f.)

Diese Tiefe des Erlebens kann man im innerlichen Mitvollziehen der Handlungen des Priesters anstreben, die hier zitierten Schilderungen am eigenen Erleben prüfen und die Sehnsucht nach dem «neuen Quell inneren Lebens» spüren. Da bedarf es keiner Beweise.

Schwieriger ist es da schon, wenn man als Vater oder Mutter das Büchlein von *Johannes Lenz: «Der Gottesdienst für Kinder»* (1982) in die Hand nimmt. Hier bedarf es einer größeren Anstrengung, um den Wahrheitsgehalt der Schilderungen zu erkennen. Nicht mehr die Überprüfung am eigenen Erleben als Erwachsener, sondern das Satz-für-Satz-Nach-Denken und das Einfühlen in das Wesen des Kindes sind hier gefragt:

«Der Kultus entfaltet sich als Bild, Wort und Tat. Der geistige Vorgang erscheint sinnenfällig, er spricht damit den Menschen als Sinneswesen an und führt ihn durch die Sinne zum Geistigen.

Zunächst ist alles Bild. Was das Kind von allein tut, der Erwachsene wird es später lernen und üben müssen: mit offenen Augen und offenen Sinnen am Gottesdienst teilzunehmen. Wünscht man sich schon von einem wachen Zeitgenossen, daß er mit offenen Augen durch die Welt geht und nicht ‹übersieht›, so gehört es zum Vollzug des Kultus, ein erneuertes und vertieftes Sehen zu lernen. Dem Bild einer Pflanze zum Beispiel, die das Geistige sinnenfällig im Reich der Natur zeigt, oder dem Bild als Werk eines Malers, das den Geist der Kunst offenbaren kann, gesellt sich im Kultus ein das Göttliche den sehenden Augen zeigende Bild, das den Menschen zum Schauen leitet.

Ein Kind nimmt je jünger desto mehr das Geistige noch sinnlich, das Sinnliche noch geistig wahr. Die Welt ist noch ungeteilt und rund. Das Pflücken vom Baum der Erkenntnis und damit die Lösung vom Paradies hat erst begonnen. Die Augen trinken das ganze Bild. Der kultisch gewandete Mensch, der handelnde Priester, der am Altar steht, ist lebendiger Teil des Bildganzen. Die Kinder bilden sogar in der inneren Gebärde nach, was vor ihren Augen handeln vollzogen wird.» (S. 26.f.)

Diese in bezug auf die Menschenweihehandlung und die Sonntagshandlung für die Kinder ausgewählten Zitate sollen einen Einblick ermöglichen. Dabei ist es sicher sinnvoll, sich zum Einstieg in die gründliche Beschäftigung das Büchlein auszuwählen, zu dem man beim Lesen am ehesten einen Zugang bekommen kann. Nachfolgend seien noch einige Titel aufgeführt, die in der jeweils angesprochenen Thematik weiterführen: *Kurt von Wistinghausen, «Das neue Bekenntnis»* (1963); *Johannes Lenz, «Die Konfirmation»* (1984); *Johannes Lenz, «Lebensgemeinschaft und Trauung»* (1985) und ein Buch, bei dessen Lektüre uns deutlich werden kann, wie wir, weil wir uns zu wenig um die tatsächliche

Bedeutung des Überkommenen kümmern, Gefahr laufen, für unser Dasein als Menschen wesentliche Elemente unseres Lebenslaufes zu verspielen: *Rudolf Frieling / Wilhelm Hoerner, «Der Sonntag - eine christliche Tatsache, Wochenbeginn und Kalenderordnung»* (1987).

Der Großinquisitor

Bernd Hansen

In den Jahren 1878–1880 schrieb Fjodor M. Dostojevskij (30.11.1821–28.01.1881) eines seiner genialen Mammutwerke: «Die Brüder Karamasoff». In diesem Roman legte er, fast unerträglich detailliert und zerfleischend, die Irrungen und Wirrungen von Menschenseelen und die Verflechtungen von Menschenschicksalen bloß, aufgezeigt an der Sippe Karamasoff und besonders an den vier Brüdern Dimitri, Iwan, Aljoscha und Ssmerdjakoff. Jeder von ihnen könnte für eine Seelenverfassung und ein Wesensglied des Menschen stehen (siehe den Vortrag vom 13.02.1916 von Rudolf Steiner in GA 167, S. 19-24).

In dieses riesige Werk eingegliedert – es stellt eine Zusammenfassung der Menschheitssituation durch den ringenden und konfliktbeladenen Dostojevskij dar – ist die Legende vom Großinquisitor.

Iwan Karamasoff, der die westlich gebildete russische Seele im Zwiespalt zwischen Gläubigkeit und Kritik an der Kirche verkörpert, erzählt seinem Bruder Aljoscha, der einem Kloster beitrat, seine Eingebung – eine Dichtung in der Dichtung, welche als einmaliges Plädoyer für die Freiheit des Menschen durch die Befreiungstat des Christus erkannt werden muß.

Diese Mission des Christus wird tief ergreifend geschildert durch die Anklage an ihn und die Selbstrechtfertigung aus dem bitteren und grausamen Mund des greisen Großinquisitors.

Dostojevskij siedelt seine Legende im sechzehnten Jahrhundert an, zur schrecklichsten Zeit der Inquisition und der damit zusammenhängenden Grausamkeiten; doch die Kritik Dostojevskijs an der Kirche, ihrem Macht- und Totalitätsanspruch, sowie an der Verführbarkeit der Menschheit zur Schläfrigkeit, der Bereitschaft zum Eingelullt-Werden durch materielle Sicherheit und durch Selbstaufgabe in Gruppengefühlen, ist zeitlos aktuell und ein Prüfstein für jeden Leser.

Dostojevskij läßt den Christus in Spaniens Sevilla auf die Erde wiederkommen und erneut Wunder vollbringen. Diese Taten begeistern das Volk, welches gestern noch an Massenverbrennungen teilhatte, und sind dem nach Ketzerblut dürstenden Kardinal-Großinquisitor ein Dorn im Auge; er läßt den Christus inhaftieren. In der folgenden, schwülen Nacht tritt der Großinquisitor – beschrieben als fast neunzigjähriger Greis, groß und aufrecht, mit vertrocknetem Gesicht, eingesunkenen aber funkelnden Augen, einem Leuchter in der Hand und jetzt bekleidet mit grober Mönchskutte – zu dem Christus in die Gruft des Verließes.

Den Christus beschreibt Dostojevskij nur durch seine Wirkung auf den Großinquisitor, der nun einen Monolog beginnt, in welchen der Christus nicht eingreift, den er allenfalls durch seine Ausstrahlung beeinflußt:

> «Bist Du es? Du?» Und da er keine Antwort erhält, fügt er schnell hinzu: «Antworte nicht, schweige. Und was könntest Du auch sagen? Ich weiß nur allzu gut, was Du

sagen kannst. Aber Du hast nicht einmal das Recht, noch etwas hinzuzufügen, was von Dir schon damals gesagt worden ist. Warum also bist Du gekommen, uns zu stören? Denn Du bist uns stören gekommen! Das weißt Du selbst. Aber weißt Du auch, was morgen geschehen wird? Ich weiß nicht, wer Du bist und will es auch nicht wissen: bist Du's wirklich, oder bist Du nur Sein Ebenbild? Aber morgen noch werde ich Dich richten und Dich als den ärgsten aller Ketzer auf dem Scheiterhaufen verbrennen, und dasselbe Volk, das heute noch Deine Füße geküßt hat, wird morgen auf einen einzigen Wink meiner Hand zu Deinem Scheiterhaufen hinstürzen, um eifrig die glühenden Kohlen zu schüren – weißt Du das? Ja, vielleicht weißt Du es», fügt er in sinnendem Nachdenken hinzu, ohne auch nur für eine Sekunde den Blick von seinem Gefangenen abzuwenden.

(...)

«Alles ist von Dir dem Papst übergeben, folglich ist jetzt alles beim Papste, Du aber komme jetzt lieber überhaupt nicht wieder, oder störe wenigstens nicht vor der Zeit ... Hast Du das Recht, uns auch nur eines der Geheimnisse jener Welt, aus der Du gekommen bist, aufzudecken?», ... und er gibt selbst statt Seiner die Antwort: «Nein, dieses Recht hast Du nicht, denn das hieße, Neues zu dem, was schon früher gesagt worden ist, hinzuzufügen und den Menschen die Freiheit nehmen, für die Du damals so eintratest, als Du auf Erden wandeltest. Alles, was Du neu verkünden würdest, wäre jetzt ein Anschlag auf die Glaubensfreiheit der Menschheit, denn es würde nun als Wunder in Erscheinung treten, gerade ihre Glaubensfreiheit aber war Dir doch das Teuerste, damals vor anderthalb Jahrtausenden. Hast Du nicht damals so oft gesagt: ‹Ich will euch freimachen,›? Jetzt hast Du sie gesehen, diese ‹freien› Menschen!», fügt der Greis plötzlich mit sinnendem Spottlächeln hinzu. «Ja, die Sache ist uns teuer zu stehen gekommen», fährt er fort, indem er Ihn mit strengem Blick ansieht. «Aber wir haben das Werk schließlich zu Ende geführt; in Deinem Namen. Anderthalb Jahrtausende haben wir uns mit dieser Freiheit abgequält! Du glaubst nicht, daß es endgültig bewältigt ist? Du blickst mich so milde an und würdigst mich nicht einmal deines Unwillens? So höre denn, daß gerade jetzt diese Menschen mehr denn je überzeugt sind, vollkommen frei zu sein, und dabei haben sie doch selber ihre Freiheit zu uns gebracht und sie gehorsam und unterwürfig uns zu Füßen gelegt. Aber das ist unser Werk. Oder war es das, was auch Du wolltest, war es diese Freiheit?»

(...)

«Es gibt keine unaufhörlichere und quälendere Sorge für den freigebliebenen Menschen, als den zu finden, vor dem er sich beugen kann. Aber der Mensch sucht sich nur vor soetwas zu beugen, das bereits keinem Zweifel an seine Anbetungswürdigkeit unterworfen ist, auf daß alle Menschen sofort gleichfalls bereit seien, dasselbe gemeinsam anzubeten. Denn die Sorge dieser kläglichen Geschöpfe besteht nicht nur darin, etwas zu finden, was dieser oder jener anbeten kann, sondern unbedingt alle zusammen! Gerade dieses Bedürfnis nach Gemeinsamkeit in der Anbetung ist seit Beginn der Zeiten die größte Qual des Menschen gewesen, sei es als Einzelwesen, sei es als ganze Menschheit. Um der gemeinsamen Anbetung willen haben sich die Menschen mit dem Schwert gegenseitig ausgerottet. Sie erschufen Götter und riefen einander zu:

‹Verlaßt eure Götter und kommet und betet die unsrigen an, oder Tod und Verderben euch und euren Göttern!›»

(...)

«Ich sage Dir, der Mensch kennt keine quälendere Sorge als die, einen zu finden, dem er möglichst schnell jenes Geschenk der Freiheit, mit dem er als unglückliches Geschöpf geboren wird, übergeben kann. Aber die Freiheit der Menschen beherrscht nur der, der ihr Gewissen beruhigt.»

(...)

«Anstatt die Freiheit der Menschen unter Deine Herrschaft zu beugen, hast Du sie ihnen noch vergrößert! Oder hattest Du vergessen, daß Ruhe und selbst der Tod dem Menschen lieber sind als freie Wahl in der Erkenntnis von Gut und Böse? Es gibt nichts Verführerisches für den Menschen als die Freiheit seines Gewissens, aber es gibt auch nichts Quälenderes für ihn.»

(...)

«Es gibt drei Mächte, es sind die einzigen drei Mächte auf Erden, die das Gewissen dieser kraftlosen Empörer zu ihrem Glück auf ewig besiegen und bannen können, – das sind: das Wunder, das Geheimnis und die Autorität. Du verwarfst das eine wie das andere und auch das dritte, und zeigtest dies deutlich im Beispiel.»

Es ist erkennbar, daß Dostojevskij mit «Autorität» diejenige des bedingungslosen Machtanspruches meint, und die drei Beispiele beziehen sich auf die dreimalige Versuchung des Christus durch den Widersacher in der Wüste (Neues Testament, Matth. 4, 1-11; Mark. 1, 12 und 13; Luk. 4, 1-13). Diese Vorgänge werden ausführlich geschildert, analysiert und interpretiert – durch den Mund des Großinquisitors in seinem Anklagemonolog vor dem schweigenden, ihn bis ins Innerste wahrnehmenden Christus, der den bitteren Greis damit um so mehr herausfordert. – Und der Großinquisitor ist es auch, der für den Christus antwortet, er erfühlt und erkennt dessen Auftrag und Tat, legt sie dar, um sie zu verdammen:

«... *Du* wolltest den Menschen nicht durch Wunder zum Sklaven machen, weil Dich nach freiwilliger und nicht nach durch Wunder erzwungener Liebe verlangte. Dich dürstete nach der Liebe freier Menschen, nicht nach knechtischem Entzücken vor der Macht, die dem Sklaven ein für allemal Furcht eingeflößt hat.»

Weiter unterstellt der Großinquisitor dem Gros der Menschheit die Freiheitsunfähigkeit, das Fehlen der Durchhaltekraft und der Ich-Stärke – sie wolle sich universal vereinen, welteinheitlich einrichten, jedoch nicht aus Erkenntnis und nicht in differenzierten Bereichen sozialen Miteinanders, – sondern in einer diffusen Gesamtheit sich verwässernd und auflösend.

Dostojevskij bringt nun eine Psychologie der Kirche, die, wie im Bilde zusammengefaßt werden könnte, sich auf ihre Fahne geschrieben hat:

«Rettet die Menschheit vor sich selbst!»,
auf ihr Schwert: «Friede!»,

auf ihren Kelch: «Geheimnis»,
auf ihr Brot: «Freiheit»
und auf ihr Kreuz: «Glaubet ohne wissen zu wollen!»

Denn die Kirche, welcher der Großinquisitor angehört, folgte nicht dem Christus, der den drei Versuchungen widerstand, sondern verschrieb sich dem Widersacher und folgte *ihm*, hätte seine Angebote auch nicht ausgeschlagen, um die Menschheit in Unterwürfigkeit abhängig zu sehen. Als Zugeständnisse werden die kleinen Sünden erlaubt, doch nur wenn vorher die Erlaubnis eingeholt wird und die Beichte hinterher die quälendsten und intimsten Geheimnisse des Gewissens bloßlegt. Die Kirche als Herr über die kindliche Schar der Menschheit, welche Freiheit und Glück in kleinen Dosen auf Antrag zugeteilt bekommt, auf den Wink entweder zitternd oder frohsinnig reagiert – der Verantwortung aber ledig ist –, so bringt Dostojevskij seine Kritik und Erkenntnisse durch den Mund des Großinquisitors in die Welt.

> «... Es wird Tausende von Millionen glücklicher Kinder geben und nur hunderttausend Leidtragende, die den Fluch der Erkenntsnis von Gut und Böse auf sich genommen haben. Still werden sie sterben, still werden sie erlöschen in Deinem Namen und jenseits des Grabes nichts als den Tod finden.»

Und der Greis schließt seinen Monolog der Verblendung, der Menschenverachtung und der Abkehr vom Guten mit den Worten:

> «... Und ich sage Dir nochmals: morgen noch wirst Du diese gehorsame Herde sehen, die auf meinen ersten Wink zu Deinem Scheiterhaufen stürzen wird, um das Feuer zu schüren. Denn auf den Scheiterhaufen bringe ich Dich dafür, daß Du uns stören gekommen bist. Und wahrlich, wenn es einen gegeben hat, der vor allen anderen unseren Scheiterhaufen verdient, so bist Du es. Morgen werde ich Dich verbrennen. Dixi!»

Er, der Christus, blickt dem Großinquisitor schweigend tief in die Augen und dieser wartet, immer bedrückter werdend, auf Entgegnung, auf etwas Bitteres, Furchtbares. Doch sein Gefangener nähert sich schweigend und küßt ihn auf die «blutleeren neunzigjährigen Greisenlippen». Irgendwie erhebend öffnet der Großinquisitor das Verließ und schickt den Christus hinaus, von einer Angst berührt und um ihn nie wieder zu sehen, zu spüren und sich an ihm nicht zu erkennen und sich von ihm nicht erkannt fühlen zu müssen.

Der Kuß brennt auf seinem Herzen, aber er bleibt bei seinen früheren Ideen, muß somit an seiner erstarrten Freiheit weiter leiden und leiden lassen.

Dostojevskij siedelt seine geballte Kritik an der (katholischen) Kirche zur Zeit der «heiligen» Inquisition an, um sie kraß und radikal aussprechen zu können, doch seine Hauptaussagen besitzen heute dieselbe aktuelle Gültigkeit. Seine Fragen zur Menscheit in bezug auf die Freiheit und die Religion, der Wunsch, sich dem Christus zu nähern, aber die Wege verbaut zu sehen durch das Geflecht des Materialismus, führten in Dostojevskijs Zeit zu Maximen wie «Religion ist Opium für das Volk», welche für ganze Staatengemeinschaften heute gelten. Die Tendenz vieler Menschen in unzähligen Gemeinschaften und Gruppen ihre Wahrhaftigkeit zu verlieren und ihr Ich-Bewußtsein abzudämpfen sowie sich durch Konsum und Unterhaltung aus sozialer Verantwortung zu entziehen, ist in unserer Zeit akuter denn je.

Die Theologie der Befreiung

EINE SKIZZE

Rüdiger Lunkeit

Der sozialrevolutionäre Umwälzungsprozeß unter Anwendung der christlichen Erlösungsbotschaft zur Überwindung unvorstellbaren sozialen Elends, zur Befreiung von politischer und wirtschaftlicher Unterdrückung und zur Gestaltung menschenwürdiger Lebensverhältnisse vollzieht sich heute in allen Teilen der Welt.

Drei Gesichtspunkte, die vor dem Hintergrund der lateinamerikanischen Verhältnisse skizziert werden, sollen in den Mittelpunkt der Betrachtung gestellt werden:

- Hintergründe, Anliegen und Selbstverständnis der Theologie der Befreiung;
- Auseinandersetzung um die Theologie der Befreiung in der katholischen Kirche;
- Gesichtspunkte aus der Anthroposophie Rudolf Steiners zur Wahrnehmung und Gestaltung der heutigen sozialen Verhältnisse.

Die breitgefächerte und vielschichtige Problematik um die Theologie der Befreiung macht es unmöglich, alle zu berücksichtigenden Aspekte in dieser Skizze zur ersten Orientierung aufzuzeigen.

Hintergründe, Anliegen und Selbstverständnis der Theologie der Befreiung

Eroberung, Kolonisation und Missionierung Lateinamerikas im 16. Jahrhundert durch Spanier und Portugiesen sind aufs Engste miteinander verwoben. Die mit der Kolonisation entstandenen Macht- und Gesellschaftsstrukturen wurden von der Kirche gefördert und legitimiert. Die politische Emanzipation Lateinamerikas von Spanien und Portugal im 19. Jahrhundert vollzog sich gegen den Willen der Kirche und brachte keine wirkliche politische und wirtschaftliche Unabhängigkeit. Im Sog des aus weltwirtschaftlichen Machtkämpfen resultierenden Neokolonialismus im 19./20. Jahrhundert gerieten die Länder Lateinamerikas in die politisch-wirtschaftliche Abhängigkeit der USA und Englands. Dieses neokolonialistische System mit seinen Auswirkungen auf die sozialen Strukturen und gesellschaftlichen Machtverhältnisse wurde durch die Kirche legitimiert, und noch heute sanktionieren und sakralisieren kirchliche Würdenträger Militärdiktaturen (z. B. in Chile).

In einem 1968 verfaßten Brief des lateinamerikanischen Komitees der christlichen Gewerkschaften, dem etwa fünf Millionen katholische Mitglieder angehören, an Papst Paul VI. heißt es: «Nimm Dich in acht! Bruder Paul, Religion und Kirche sind in Lateinamerika fortwährend dazu benutzt worden, Ungerechtigkeiten, Unterdrückung, Ausbeutung, Verfolgung und Mord an den Armen zu rechtfertigen und zu stützen ...»[1] Die von den Eliten Lateinamerikas mit Hoffnung aufgenommenen Anstrengungen, durch Schaffung zentraler Institutionen wie der Weltbank, der Internationalen Entwicklungsgesellschaft, des Internationalen Weltwährungsfonds u. a., das Ziel zu verwirklichen, die Dritte Welt durch den Transfer von Technologie, Kapital und Management in die Wohlfahrtsgesellschaften der Ersten Welt zu überführen, scheiterten. Im Gegenteil, die Kluft zwischen entwickelten und unterentwickelten Ländern vergrößerte sich zunehmend. Das Bewußtsein vieler Menschen Lateinamerikas erwachte an den katastrophalen sozialen und gesellschaftlichen Verhältnissen.

Die Menschen Lateinamerikas erkannten den ursächlichen Zusammenhang der zunehmenden Polarisierung von armen und reichen Ländern: die Erste Welt prosperiert auf Kosten der Dritten Welt. Investitionen ausländischer und multinationaler Konzerne brachten den Investoren mehr Gewinne ein, als sie den Entwicklungsländern Nutzen brachten. So investierten die USA von 1950–1965 3,8 Mrd. US$ in Lateinamerika, um im gleichen Zeitraum Gewinne von 11,3 Mrd. US$ in die USA zu transferieren. Auch heute noch ist die Dritte Welt Lieferant von billigen Rohstoffen und Betätigungsfeld zur Durchsetzung machtpolitischer Interessen. Bestätigt wird durch eine Untersuchung des Auswärtigen Ausschusses des nordamerikanischen Kongresses aus dem Jahres 1970, daß die USA zwischen 1798 und 1969 über 150 (!) offizielle militärische Interventionen in Lateinamerika durchgeführt haben. Das Bewußtsein von der Situation in Lateinamerika beschreibt J. M. Bonino, ein Vertreter der Theologie der Befreiung, folgendermaßen:

«Lateinamerika hat die grundlegende Tatsache seiner Abhängigkeit (dependencia) entdeckt ... Die lateinamerikanische Unterentwicklung ist die Schattenseite der nordatlantischen Entwicklung. Die nordatlantische Entwicklung ist auf der Unterentwicklung der Dritten Welt gegründet. Die grundlegenden Kategorien, in denen unsere Geschichte verstanden werden muß, heißt nicht Entwicklung und Unterentwicklung, sondern Herrschaft und Abhängigkeit.»[2)]

Die Folgen der jahrhundertelangen Pressionen charakterisieren die gegenwärtige Situation Lateinamerikas:

- politische Unterdrückung im größten Teil Lateinamerikas, die den Menschen, wenn überhaupt, nur Scheinmöglichkeiten einer Mitwirkung an der Gestaltung der sozialen und politischen Verhältnisse ermöglicht;
- Verletzung der Menschenrechte, kaschiert mit der Ideologie der «Wahrnehmung der nationalen Sicherheit», welche Verfolgung, Inhaftierung, Folter und Ermordung unzähliger Menschen legalisiert;
- ökonomische Unterdrückung durch eine kleine, in Reichtum und Luxus schwelgende Oberschicht, die sich auf Kosten einer unvorstellbaren Armut fast des ganzen Volkes auslebt und mit diktatorischer Gewalt ihre Pfründe sichert;
- rassische Unterdrückung, von der nicht nur die Indios, sondern auch die Mischlinge und Schwarzen betroffen sind, die, an den Rand der Gesellschaft gedrängt, von den Weißen in vielerlei Hinsicht mißachtet und benachteiligt werden;
- ausgeprägt patriarchalische Gesellschaftsstruktur, in der die Frauen das größte Elend zu tragen haben, und erniedrigt und ausgebeutet werden;
- Unterdrückung, wie bereits angedeutet, im internationalen Zusammenhang;
- kulturelle Abhängigkeit, die den Völkern Lateinamerikas zunehmend kapitalistische Wertemaximen brachte, nachdem, beginnend mit der Kolonisation, ihre eigene kulturelle Identität zerstört wurde.

Viele, insbesondere in Europa ausgebildete Priester gerieten durch die Konfrontation mit der Realität Lateinamerikas in einen Konflikt mit der traditionellen theologischen Auffassung, die die Trennung von Profangeschichte und Heilsgeschichte betont. Dieser dichotomischen Geschichtsauffassung setzten die Theologen der Befreiung, unter Berufung auf speziell das Alte Testament, die Auffassung entgegen, daß Gott in und durch den Menschen wirke, es also nur eine Geschichte gebe, «mit Christus als ihrem Ziel».[3] Dabei beziehen sich die Theologen der Befreiung insbesondere auf den Auszug des israelischen Volkes aus Ägypten: ein geschichtliches Ereignis der politischen Befreiung des auserwählten Volkes und somit eine Heilstat Gottes an den Menschen. Wir können diesen Gedankengang nachvollziehen, wenn es auch für uns schwerer nachvollziehbar ist, welche Wirkung und welche Kraft für Menschen in elendster, hoffnungsloser Situation davon ausgeht, sich in der Geschichte des israelischen, von Gott auserwählten Volkes wiederzufinden, und damit von ihrer Befreiung durch Gott und ihrer Sendung zu wissen. Zum Ausdruck kommt diese, die Menschen erfüllende Herzenskraft, in der «Botschaft an die Völker Lateinamerikas»:

«Gott hat trotz unserer Pflichtverletzung mit seinem Volk einen unverbrüchlichen Bund geschlossen. Es ist ein bewegendes Gefühl zu beobachten, welch ein überschäumender geistlicher Reichtum an Glaube, Hoffnung und Liebe in der Seele des Volkes lebt. In diesem Sinn ist Lateinamerika ein Vorbild für die anderen Erdteile und wird morgen womöglich seine erhabene Missionsaufgabe über seine Grenzen hinaus ausdehnen können. Deshalb sagen wir: ‹Sursum corda – Empor die Herzen›, liebe Schwestern und Brüder in Lateinamerika.»[4]

Ein weiterer alttestamentarischer Bezug liegt im Hinweis auf die Propheten, die soziale Mißstände anprangerten und sich mit den Unterdrückten solidarisierten. «Dieser prophetische Aufschrei des lateinamerikanischen Christentums angesichts der großen Armut und des unendlichen Elends ist die wahre Mitte der Theologie der Befreiung.»[5] – Die Vertreter der Befreiungstheologie sehen sich in der prophetischen Tradition der Kirche. «Löscht den Geist nicht aus! Verachtet prophetisches Reden nicht!» (1. Thess, 5,19,20)

Im Unterschied zu den Aposteln, die als «amtliche» Zeugen sprachen, sprachen die Propheten aus der Eingebung des Geistes, um für die konkrete Situation den Menschen die Richtschnur des Handelns zu geben. «Was ihr für einen meiner geringsten Brüder getan habt, das habt ihr mir getan.» (Matth. 25, 40) In der Konsequenz der Auffassung, daß es nur *eine* Geschichte gibt, muß die Situation der Unterdrückung, Ausbeutung und Verelendung als Sünde gesehen werden. «Somit ist Sünde nicht nur ein Hindernis für das Heil im Jenseits. Sünde als Bruch mit Gott ist vielmehr eine geschichtliche Wirklichkeit, Verbrechen an der Gemeinschaft der Menschen untereinander, Abkapselung des Menschen in sich selbst und Bruch mit den Menschen in vielfacher Hinsicht. Da Sünde eine innergeschichtliche, persönliche und gesellschaftliche Wirklichkeit ist, die bis in das tägliche Geschehen des Menschen hineinwirkt, hemmt sie auch und gerade das menschliche Leben in seiner Entwicklung auf die Vollendung hin, die wir Erlösung nennen.»[6] Somit ist der Kampf gegen die Unterdrückung nicht nur als politische Angelegenheit, sondern auch als Aufforderung an alle Christen zu verstehen. «Der Kampf gegen die Unterdrückung und die Befreiung von Abhängigkeiten ist dann in Richtung auf die Verwirklichung des Reiches Gottes zu sehen und zu interpretieren.»[7]

Dabei verstehen sich die Vertreter der Befreiungstheologie nicht als «Klassentheologen». Ihre Berufung auf biblische Quellen zur Parteinahme für die Armen gegen die allgegenwärtige Unterdrückung ist gleichzeitig auch im Hinblick auf eine Befreiung der Unterdrücker zu verstehen: «... von ihrer Abhängigkeit zu herrschen, von ihrer Angst, von ihrem Leistungszwang, von dem Hunger nach mehr Reichtum und Einfluß.»[8]

Zur wissenschaftlichen Analyse und Interpretation der Verhältnisse in Lateinamerika gehen die Vertreter der Befreiungstheologie von marxistischen Theorien aus. Sie sind der Auffassung, daß die Theorien des Marxismus sich als das beste verfügbare Mittel für eine erfolgreiche und rationale Verwirklichung menschlicher Möglichkeiten im Ablauf der Geschichte erwiesen haben und erweisen. In dieser Konsequenz sehen die Theologen der Befreiung die Überwindung der lateinamerikanischen Klassengesellschaft durch einen authentischen lateinamerikanischen Sozialismus, der bisherigen Formen des Sozialismus kritisch gegenübersteht und das kapitalistische Wirtschaftssystem konsequent ablehnt.

Die Auseinandersetzung um die Theologie der Befreiung in der katholischen Kirche

Das Bild der römisch-katholischen Kirche ist weitgehend durch strammen Antikommunismus gezeichnet und vom in kapitalistischen Strukturen, insbesondere Europas, etablierten, zentralistisch von Rom aus gelenkten Machtzentrum. – Insbesondere die katholische Kirche in der BRD hat sich, im Gegensatz zur biblischen Tradition, an der Arbeiterklasse vorbei, eng an die bürgerliche Mittelschicht gebunden. Das Urteil von Papst Pius XI. aus dem Jahre 1925 hat auch heute noch Gültigkeit: «Es ist der größte Skandal der Kirche im 19. Jahrhundert, daß sie die Arbeiterklasse verloren hat.»[9] Durch diese enge Bindung und die Institutionalisierung der Kirchen im gesellschaftlichen Machtgefüge mit allen daraus folgenden Privilegien – zum Beispiel wird in der BRD die Kirchensteuer über den Staat erhoben und eingezogen – ist die katholische Kirche Mitgarant und Nutznießer des Status quo gesellschaftlicher Verhältnisse. So beträgt das Vermögen des Erzbistums Köln, der reichsten Diözese der Welt, DM 800,6 Mill. (zum Vergleich: Vatikan DM 160,7 Mill.). Vor diesem Hintergrund sind die Geißelungen der Befreiungstheologie durch den Essener Bischof Hengsbach, Ehrendoktor der Opus-Dei-Universität in Pamplona, zu verstehen: «Die sogenannte Theologie der Befreiung führt ins Nichts. In ihrer Konsequenz liegt der Kommunismus. Revolution ist kein Weg zur Besserung der Verhältnisse.»[10] Er ist auch Mitherausgeber des Buches «Utopie der Befreiung», in dem L. Bossie im Vorwort schreibt: «Europäische Christen haben daher die Verpflichtung ... einen Beitrag zu leisten, um Lateinamerika vom Trauma der Befreiungstheologie zu befreien.»[11]

Zur Finanzierung des deutschsprachigen und lateinamerikanischen Studienkreises «Kirche und Befreiung», dessen Mitbegründer Bischof Hengsbach ist, führt Frau Hildegard Lüning aus:

«Aber es ist nicht schwer, sich vorzustellen, daß auch bundesrepublikanische Wirtschaftskreise Interesse daran haben, daß die letzten Funken des Aufbegehrens in Lateinamerika erlöschen. Die Kirche dort, die mit der Theologie der Befreiung arbeitet, setzt sich für die Abschaffung von ausbeuterischen und ungerechten Verhältnissen ein. Wer aus diesen Verhältnissen heute Gewinn zieht, ist wohl daran interessiert, sie aufrechtzuerhalten. Möglicherweise auch mit Hilfe von deutschen Theologen und Sozialwissenschaftlern, deren Arbeitsergebnisse einem guten Teil der befreienden Kirche die Rechtgläubigkeit absprechen und so mitwirken, sie lahmzulegen.»[12)]

Der Kölner Kardinal Höffner war Gegner der Befreiungstheologie und bemüht, die vielfach ins Gerede gekommene katholische Sekte «Opus-Dei» aufzuwerten, die zu den einflußreichsten religiösen Gemeinschaften gerechnet werden muß. In ihren in lateinischer Sprache abgefaßten Statuten heißt es unter anderem:

«Das Institut als solches will verborgen bleiben, um sein eigentliches Ziel zu erreichen ... Die Mitglieder müssen sich gut merken, daß sie immer die Namen der anderen Mitglieder verschweigen sollten, und daß sie niemandem die eigene Zugehörigkeit zum ‹Opus-Dei› verraten dürfen, nicht einmal mit dem Ziel, dieses Institut bekanntzumachen, es sei denn mit Erlaubnis des lokalen Direktors ... Unser Institut ist zweifellos eine Familie, aber außerdem ist es auch eine Miliz. Eine Familie ohne die Unannehmlichkeiten der körperlichen Liebe; und eine Miliz mit der besten Kampfeskraft und Disziplin.»[13)]

Die Geisteshaltung, die im «Opus Dei» kultiviert wird, spricht aus den Worten von Carlos Osandon, einem der «Opus-Dei»-Ideologen, anläßlich eines Besuches in Chile:

«Die katholische Kirche war einmal aufrichtig. Sie erklärte die Inquisition für heilig. Wenn wir das ungeheuerlich finden, ist das ein Beweis für die Schäden, die der Krebs der Demokratie in uns verursacht hat. Gebe Gott, daß die Freiheit für Verbrecher, die Demokratie und das Parlament nie wieder nach Chile zurückkehren. Von Ewigkeit zu Ewigkeit.»[14)]

Das 1928 von dem spanischen Priester Jos Maria Escriva de Balaguer y Albas gegründete «Opus-Dei» umfaßte 1983 ca. 73.000 Mitglieder in 87 Ländern. Die Mitglieder sind an 475 Universitäten und Hochschulen tätig, in über 600 Zeitungen und Zeitschriften, in 52 Fernseh- und Rundfunkanstalten, in 38 Presse- und Werbeagenturen, in 12 Filmgesellschaften und in über 500 Diözesen (aus: SPIEGEL, 04.09.83). Der Einfluß des «Opus-Dei» auf Politik und Wirtschaft kann gar nicht hoch genug eingeschätzt werden. Bedeutungsvoll für seine Stellung in der katholischen Kirche ist die Erhebung des «Opus-Dei» in eine Personalprälatur im November 1982 durch Papst Johannes Paul II. Das bedeutet, daß das «Opus-Dei» jeglichem Einfluß der Diözesenbischöfe entzogen und direkt dem Papst unterstellt ist.

Diese Aufwertung des «Opus-Dei» und seine brachiale Gegnerschaft zur Befreiungstheologie steht im Gegensatz zum vehementen Eintreten zahlreicher Jesuiten für die Theologie der Befreiung. Das legt die Vermutung nahe, daß vor dem Hintergrund des Konfliktes um die Theologie der Befreiung die scharfe Auseinandersetzung zwischen Jesuiten und dem «Opus-Dei» um die Vorrangstellung in der katholischen Kirche tobt. – Die Problematik um die Theologie der Befreiung ist nur verständlich unter Vergegenwärtigung der Tatsache, daß es sich dabei nicht um eine unterschiedliche Auslegung von Bibelzitaten handelt, die auf der Grundlage einer «correctio fraternata», einer brüderlichen Zurechtweisung, geregelt werden könnte, sondern um einen, auf theologischer, politischer und wirtschaftlicher Ebene geführten Machtkampf, der unerbittliche, unchristliche Härte offenbart.

Im deutlichen Gegensatz dazu nimmt sich das «Memorandum westdeutscher Theologen zur Kampagne gegen die Theologie der Befreiung» aus, deren Erstunterzeichner die namhaften Theologen Walter Dirks, Norbert Greinacher, Johann Baptist Metz, Karl Rahner, Herbert Vorgrimler und Hans Zwiefelhofer waren. Das Memorandum schließt mit den Worten:

«Wir können nicht ruhig hinnehmen, daß gerade die deutsche Kirche wieder einmal in den bösen Verdacht gerät, es mit den Mächtigen zu halten und bewußt oder unbewußt das menschenfeindliche Verhalten sich christlich nennender Diktatoren zu übersehen oder aus taktischen Gründen umzudeuten. Wir fordern daher auf das Entschiedenste einen sofortigen Abbruch jeglicher Unterstützung gegen die Theologie der Befreiung.»[15)]

Die Tatsache, daß in wenigen Jahren über die Hälfte aller katholischen Gläubigen der Welt Lateinamerikaner sein werden, offenbart, daß es in der Auseinandersetzung um die Theologie der Befreiung um die Zukunft der katholischen Kirche geht. Der ständig zunehmende Einfluß der Katholiken aus der Dritten Welt stellt die römisch-katholische Kirche vor große Probleme, die im folgenden kurz charakterisiert werden:

- Die ökumenische Dimension
  Die in den Basisgemeinden Lateinamerikas praktizierte ökumenische Zusammenarbeit von Christen geht über die von den Führungen der Großkirchen (z.B. der BRD) getroffenen Vereinbarungen weit hinaus und konfrontiert die Kirchen zunehmend mit der Forderung, das «Christ-Sein» über die Konfession zu stellen sowie die Teilung der Christenheit zu überwinden.
- Die Stellung der Laien in der katholischen Kirche.
  Die katholische Kirche stellt sich als eine hierarchisch organisierte Gemeinschaft von Hirten dar, die – um im Bild zu bleiben – der Schafe nicht bedarf. Die Theologen verstehen die biblischen Urkunden, legen sie aus und verkünden sie den Gläubigen, welche dann – gestärkt durch die Kraft ihres Glaubens und gestützt auf die Einsichten der Theologen – zur Gestaltung der Gesellschaft beitragen sollen. In den lateinamerikanischen Basisgemeinden ist der Priester mehr Mitglied denn Hirte. Die Gemeindemitglieder reflektieren gemeinsam ihr Christ-Sein an ihrer individuellen und sozialen Situation und finden von daher eine eigene Auslegung und ein eigenes Verständnis der biblischen Urkunden. In diesen Entwicklungsprozessen sind die Priester integriert – als Gebende und Nehmende.
- Die Gestaltung der Gottesdienste
  Im Gegensatz zu den oft steril anmutenden Gottesdiensten unserer Kirchen stehen die lebendigen Gottesdienste der Basisgemeinden Lateinamerikas. Das Bemühen, im Gottesdienst das individuelle und soziale Leben zum Ausdruck zu bringen, ist Zeichen des Bemühens zur Durchchristung des Lebens und Bestandteil eines lebendigen, intensiven Gemeindelebens. «Wenn ihr zusammenkommt, trägt jeder etwas bei: einer einen Psalm, ein anderer eine Lehre, der dritte eine Offenbarung; einer redet in Zungen und ein anderer deutet es. Alles geschehe so, daß es aufbaut.» (Paulus, 1. Kor. 14, 26). Angesichts rückläufiger Teilnehmerzahlen an den Gottesdiensten werden die Kirchen mit der Frage nach der Integration lateinamerikanischer Erfahrungen zur Verlebendigung des Gemeindelebens konfrontiert.

- Das Verhältnis der Kirche zu Macht und Gesellschaft
  Das vehemente Eintreten der Befreiungstheologen für die Armen steht in diametralem Gegensatz zu der in den gegebenen Gesellschaftsstrukturen fest eingebundenen Kirche, die damit zum Status quo gesellschaftlicher Verhältnisse beiträgt.
- Die radikal konsequente Auslegung der biblischen Urkunden durch die Befreiungstheologie
  Das «Seid unter einander so gesinnt, wie es dem Leben in Christus Jesus entspricht» (Phil. 2,5) ist immer eine Herausforderung für die Kirchen gewesen.
- Das Verhältnis von europäischer Schultheologie und lateinamerikanisch kirchlicher Praxis
  Hierbei geht es um die Frage, inwieweit eine gegenseitige Befruchtung und Durchdringung möglich ist und damit die konträren Entwicklungen in eine Kirche neuen Selbstverständnisses integriert werden können.

Die am 4. April 1985 beschlossene vatikanische «Instruktion über die christliche Freiheit und die Befreiung» gibt Hinweise auf den gegenwärtigen Stand der Diskussion in der römisch-katholischen Kirche und dokumentiert den Einfluß von Befreiungstheologen auf das Abschlußdokument. Im dritten Kapitel «Befreiung und christliche Freiheit» heißt es: «Das wichtigste und grundlegende Ereignis des Exodus hat ... zugleich religiöse und politische Bedeutung.»[16] Die Berufung der Befreiungstheologen auf das Wirken der Propheten und ihr Einsatz für die Armen findet so ihren Ausdruck: «Die Ungerechtigkeit gegen die Kleinen und Armen ist eine schwere Sünde, die die Gemeinschaft mit Jahve zerstört.»[17]Und: «Die schlimmen Ungleichheiten und die Unterdrückungen aller Arten, die heute Millionen von Männern und Frauen treffen, stehen in offenem Widerspruch zum Evangelium Christi und können das Gewissen keines Christen gleichgültig lassen ... Eine große Zahl von Christen hat jedoch seit den Zeiten der Apostel ihre Kraft und ihr Leben für die Befreiung von jeder Form der Unterdrückung und für die Förderung der Menschenwürde eingesetzt. Die Erfahrung der Heiligen und das Beispiel so vieler Werke im Dienst am Nächsten sind Ansporn und Licht für die befreienden Initiativen, die heute gefordert sind.»[18]

Demgegenüber findet die Rolle des internationalen Kapitalismus mit seinen weltweiten Auswirkungen der Unterdrückung und Verelendung nur am Rande und in gelehrtabstrakten Hohlformeln eine Erwähnung.

Gesichtspunkte aus der Anthroposophie Rudolf Steiners zur Wahrnehmung und Gestaltung der heutigen sozialen Verhältnisse

«Es ist der Satz, von dem Sie sich mehr und mehr überzeugen werden, daß Not, Elend und Leid nichts anderes sind als eine Folge des Egoismus. Wie ein Naturgesetz haben wir diesen Satz aufzufassen, nicht so, daß etwa bei einem einzelnen Menschen, wenn er egoistisch ist, immer Not und Leid eintreten müssen, sondern daß das Leid - vielleicht an einem ganz andern Orte - doch mit diesem Egoismus zusammenhängt. Wie Ursache und Wirkung hängt der Egoismus mit Not und Leid zusammen. Der Egoismus führt im Menschenleben, in der sozialen Menschenordnung, zum Kampf ums Dasein.»[19]

Der Mensch ist heute, im Gegensatz zu früheren Zeiten, nicht mehr nur Bürger eines Dorfes, einer Stadt, eines Staates, sondern Weltenbürger. Von daher betreffen die sich in den gegenwärtigen Verhältnissen unserer Zeit aussprechenden Forderungen nach Freiheit und Selbstbestimmung und der daraus hervorgehenden Forderung nach einer Umgestaltung der sozialen Verhältnisse jeden Menschen und jede menschliche Gemeinschaft. Die Vergegenwärtigung der Tatsache, daß unterdrückende soziale Strukturen und Verhältnisse nicht aus sich heraus, sondern durch den Menschen gestaltet sind, führt zu der Einsicht, daß eine menschengemäße Gestaltung sozialer Verhältnisse nur aus der wirklichkeitsgemäßen, intimen Kenntnis des menschlichen Wesens resultieren kann. Die notwendige, aus der Geisteswissenschaft hervorgehende, wirklichkeitsgemäße Auffassung des Menschen bedingt die Einsicht in die geistigen Grundlagen des Menschen, in das Wirken kosmischer Kräfte auf Mensch und Erde und in die Menschheits- und Erdenentwicklung mitbeeinflussenden Gesetzmäßigkeiten von Reinkarnation und Karma.

Für die Gestaltung der sozialen Verhältnisse im 5. nachatlantischen Zeitraum, unserer heutigen Zeit, ergibt sich daraus die bedeutsame Tatsache, daß der Mensch eben – entgegen allen hehren Hoffnungen, Wunsch- und fast schon Mußvorstellungen vieler für das soziale Wohl Engagierter – nicht nur ein soziales, sondern genauso auch ein antisoziales Wesen ist.

«Welches ist denn die tiefste Eigentümlichkeit gerade unseres Zeitraumes und der Entwickelung der Bewußtseinsseele? Die tiefste Eigentümlichkeit für diesen Zeitraum ist diese, daß der Mensch am gründlichsten, am intensivsten Bekanntschaft machen muß mit den der Harmonisierung der Gesamtmenschheit widerstrebenden Kräften. Deshalb muß in unserer Zeit sich allmählich eine bewußte Erkenntnis der dem Menschen widerstrebenden ahrimanischen und luziferischen Mächte verbreiten. Würde der Mensch durch diese Entwickelungsimpulse, an denen die luziferischen und ahrimanischen Mächte mitwirken, nicht hindurchgehen, so würde er nicht zum vollen Gebrauch seines Bewußtseins, also nicht zur der Ausbildung seiner Bewußtseinsseele kommen. Wir haben aber in diesem Sicheingliedern der Bewußtseinsseele in die menschliche Natur einen im eminentesten Sinne antisozialen Trieb zu erkennen.»[20)]

Die Auffassung des zwischen luziferischen und ahrimanischen Mächten um seinen Gleichgewichtszustand ringenden Menschen erfordert die Überwindung der Gedankenknechtschaft eines dualistischen Welt- und Menschenbildes, das nur die Unterscheidung zwischen Gut und Böse kennt und das insbesondere von der römisch-katholischen Kirche vertreten wird. – «Man muß sich eben klarwerden darüber, daß der Mensch mit seinem Leben einen Gleichgewichtszustand darstellt zwischen einander widerstrebenden Mächten. Jede Vorstellung, die etwa darauf ausgeht, bloß eine Zweiheit vorzustellen, sagen wir ein gutes und böses Prinzip, die wird niemals das Leben durchleuchten können. Das Leben kann man nur durchleuchten, wenn man es im Sinne der Dreiheit darstellt, wo das eine der Gleichgewichtszustand ist und die zwei andern die beiden Pole, nach denen der Gleichgewichtszustand fortwährend hinpendelt.»[21)]

Im Hinblick auf die Gestaltung der sozialen Verhältnisse drückt der Schrei nach Sozialismus die Sehnsucht nach harmonisierten sozialen Verhältnissen, das innere Verlangen nach einem Korrektiv für die Folgen der aus dem innersten Wesen des Menschen herausquellenden Entwicklung des individuellen Bewußtseins aus. Aber ohne die Überwindung von Gedankenknechtschaft und ohne die Miteinbeziehung kosmischer Wirkungen auf Mensch und Welt ist eine Harmonisierung des sozialen Lebens nicht möglich. «Nur dann kommt man zurecht im Wechselverkehr von Mensch zu Mensch, wenn man den Menschen ... auffaßt als ein geistiges Wesen, jeden Menschen als ein geistiges Wesen. Das kann man aber nur, wenn man die ganze Welt mit Bezug auf ihre geistige Grundlage auffaßt. Diese drei Dinge sind eben auch voneinander untrennbar: Sozialismus, Gedankenfreiheit, Geisteswissenschaft.»[22)]

Vor dem Hintergrund der Vitalität der antisozialen Instinkte durch die Entwicklungsnotwendigkeiten im 5. nachatlantischen Zeitraum ist kein Mensch im Wachbewußtsein aus sich heraus ein soziales Wesen, sondern er kann es nur durch Selbsterziehung werden, gründend in einer wirklichkeitsgemäßen intimen Kenntnis vom Menschen als einem geistigen Wesen. Das Gleichgewicht zwischen den Wirkungen der luziferischen und ahrimanischen Mächten wird umso eher erreicht, je mehr der Mensch Einsicht in seine geistigen Grundlagen gewinnt und sich der Wirkungen seiner Handlungen und seiner Seelenhaltung bewußt wird. – «... Geisteswissenschaft kann nicht anders, als den Menschen verweisen, daß man fortwährend etwas werden muß, daß man nicht irgend etwas durch dies oder jenes fertig sein kann.»[23)]

Von daher darf es nicht zu einer vom Papst zur Gesundung der lateinamerikanischen Verhältnisse geforderten Erziehung auf Grundlage einer letztlich doch kapitalistisch instruierten Arbeitsethik kommen. Die nur durch den Menschen zu entwickelnde Heilkraft zur Harmonisierung der sozialen Verhältnisse hängt davon ab, inwieweit Raum und Möglichkeiten zur Erziehung und Selbsterziehung durch das Erarbeiten eines in seinen geistigen Grundlagen zu greifenden Menschenbildes angestrebt und verwirklicht werden. «Denn wenn durch eine ins Geistige gehende Weltanschauung die Seelen veredelt und geschärft sind, dann werden die Zustände und äußeren Verhältnisse, die immerdar ein Spiegelbild sind dessen, was der Mensch denkt, nachfolgen.»[24)]

Literatur

Alle Bibelzitate in der Übersetzung aus: Einheitsübersetzung der Heiligen Schrift. Das Neue Testament. Hrsg. Katholische Bibelanstalt und Deutsche Bibelstiftung, Stuttgart 1980

1) Norbert Greinacher: Die Kirche der Armen. München/Zürich 1985, S. 9
2) ebd., S. 8
3) G. Guittierez zit. nach N. Greinacher, a.a.O., S. 13
4) ebd., S. 107
5) K. Lehmann zit. nach N. Greinacher, a.a.O., S. 32
6) G. Guitterez zit. nach N. Greinacher, a.a.O., S. 19
7) ebd., S. 19
8) ebd., S. 35
9) ebd., S. 34
10) KNA, 13.05.1977, zit. nach N. Greinacher, a.a.O., S. 72
11) ebd., S. 72

12) ebd., S. 73

13) Jürgen Roth: Opus Dei - Eine heilige Mafia auf dem Vormarsch? aus: Welt Aktuell. Hamburg 1986, S. 394

14) ebd., S. 397

15) Norbert Greinacher, a.a.O., S. 76

16) Verlautbarungen des Apostolischen Stuhls: Instruktion der Kongregation für die Glaubenslehre über die christliche Freiheit und die Befreiung. 22.03.1986. Hrsg. Sekretariat der Deutschen Bischofskonferenz, Bonn 1986. Kap. 3: Befreiung und christliche Freiheit.

17) ebd.

18) ebd.

19) Rudolf Steiner: Die Welträtsel und die Anthroposophie. GA 54, Dornach 1983, S. 96

20) Rudolf Steiner: Die soziale Grundforderung unserer Zeit. GA 186, Dornach 1979, S. 111 f.

21) ebd., S. 112

22) ebd., S. 106

23) ebd., S. 94

24) Rudolf Steiner: Die Welträtsel ..., a.a.O., S. 102

Flensburger Hefte

ISSN 0932-5859

AUS UNSEREM VERLAGSPROGRAMM

Sonderheft Nr. 1 – PARTNERSCHAFT UND EHE
3. Auflage, 180 Seiten, kart., DM 12,80

Gesetzmäßigkeiten einer Lebensgemeinschaft. Menschenkunde der Geschlechter. Mann und Frau in der Partnerschaft. Liebe und Ehe sind erlernbar: Das Soziale schaffen anstelle von Kampf und Flucht! Krisen und Brüche im 27. Lebensjahr. Notwendige Ich-Entwicklung der Frau. Sexualität und Liebe. Ehe-Idee, Ehe-Vorbereitung, Ehe-Pflege und Ehe-Alltag. Praktische Tips und Beispiele aus der Ehe-Beratung. Ein zeitgemäßer Ratgeber für die Gestaltung von Partnerschaft und Ehe. Interviews mit Wolfgang Gädeke und Klaus Thoma. Vorträge von Klaus Fischer und Wolfgang Gädeke. Weitere Artikel und zahlreiche Abbildungen. Nicht im Abo erhältlich. **In einem Jahr 10.000 verkaufte Exemplare!**

ISBN 3-926841-04-4

Sonderheft Nr. 2 – DAS GEHEIMNIS DER EAP
212 Seiten, kart., DM 12,80

Eine kenntnisreiche Hintergrundanalyse der Europäischen Arbeiterpartei – eine politische Gruppierung, die unter verschiedenen Tarnnamen Schlagzeilen macht. Die EAP: Idee, Geschichte, Programm, Praxis, Hintergrund. / «Ich hätte einem Monster zur Geburt verholfen» – Erstmalige Enthüllungen eines ehemaligen EAP-Mitgliedes. Wenn die EAP an die Macht käme … / Helga und Lyndon LaRouche. / Der Weg von der ersten Kontaktaufnahme zum selbständigen Kader. – So etwas haben sie noch nie gelesen! Text von Wolfgang Weirauch; Interview mit Herbert Knoblauch. Zahlreiche Abbildungen. Nicht im Abo erhältlich.

ISBN 3-926841-05-2

Heft 14 – ERNEUERUNG DER RELIGION. DIE CHRISTENGEMEINSCHAFT
Erweiterte 3. Auflage, kart., DM 12,80

Inhalt und Umfang siehe vorliegendes Heft.

ISBN 3-926841-07-9

Heft 15 – WALDORFSCHULE UND ANTHROPOSOPHIE
2. Auflage, 108 Seiten, kart., DM 5,–

Wie sollte, kann oder darf die Anthroposophie in der Waldorfschule leben? In welchem Verhältnis stehen der Waldorflehrer und die Waldorfschule zur Anthroposophie und zur Anthroposophischen Gesellschaft? / Die spirituellen Grundlagen der Waldorfpädagogik und die inneren Aufgaben des Lehrers. / «Zusammenklang im Gesamt» – Die Waldorf-

schule im Beziehungsgefüge der sozialen Wirklichkeit. Zur Sozialgestalt der Waldorfschule. / «Lebendige Quellkräfte» - Zur Esoterik des Waldorflehrerberufes. Die Freie Hochschule für Geisteswissenschaft und ihre Gliederung in Sektionen. / «Kritik, wo ist dein Stachel?» - Kritiker und Gegner der Waldorfpädagogik. Der Vorwurf der Dogmatik. Interviews mit Johannes Kiersch, Stefan Leber und Jörgen Smit sowie zahlreiche Artikel.
ISBN 3-926841-00-1

Heft 16 - KULTURVERGIFTUNG: RAUSCHGIFT, SUCHT UND THERAPIE
182 Seiten, kart., DM 7,80

«Das vergiftete Jahrhundert» - Neue Impulse durch die Jugend. Verschüttete Ideale. Der karikierte Himmel. / «Auf fremden Pfaden» - Über die Wirkung verschiedener Drogen. / «Der Kampf mit der Hydra» - aus der Arbeit des Rauschgiftdezernats Hamburg. / Aus der Praxis der anthroposophisch orientierten Drogentherapie - «Hilfe zur Selbstentwicklung» - «Kulturtherapie!»
Interviews mit Ron Dunselman und Jaap van der Haar, Dr. Olaf Koob, Kurt Burghard und Peter Fischer (Heilstätte Sieben Zwerge), Elliot Hiller (Lebensstudien-Gemeinschaft Melchiorsgrund), Aalt van den Berg (Stichting Arta), Bodo Franz und Hans Bergmann; weitere Artikel und zahlreiche Abbildungen.
ISBN 3-926841-01-X

Heft 17 - KULTURVERGIFTUNG: ALKOHOL
168 Seiten, kart., DM 7,80

«Der mürbe Becher» - Die historische Mission des Alkohols. / Über die physischen, seelischen und geistigen Wirkungen des Alkohols. Alkohol und Meditation. / «Seele im Schatten» - Gespräch mit Anonymen Alkoholikern. / «Alfred» - Selbsterfahrungsbericht. / «Wer zahlt die Zeche?» - Therapie im sozialen Verbund. / «Im Schatten des Räderwerks» - Alkohol in der Arbeitswelt. Interviews mit Günter Mazur, Rita Rußland (IG Metall), Dr. Olaf Titze und Dr. Heinz Hartmut Vogel; weitere Artikel und zahlreiche Abbildungen.
ISBN 3-926841-02-8

Heft 18 - BIOLOGISCH DYNAMISCHE LANDWIRTSCHAFT, ÖKOLOGIE, ERNÄHRUNG
220 Seiten, kart., DM 12,80

Die Grundlage und die Methoden der biologisch-dynamischen Landwirtschaft. Beispiele aus Praxis, Erkenntnisbemühung und Forschung. / Saatgut und Pflanzenveredelung. / Der landwirtschaftliche Hof als Organismus, Individualität und Kulturstätte. / Konflikte oder Ergänzung zwischen Landwirtschaft und Naturschutz. / Degenerierte und vollwertige Ernährung. / Zusammenhänge zwischen Radioaktivität und AIDS?
Interviews mit Hellmut Finsterlin, Prof. Dr. Berndt Heydemann, Dr. Manfred Klett, Prof. Dr. Herbert H. Koepf, Dr. Udo Renzenbrink und Georg W. Schmidt, weitere Artikel und zahlreiche Abbildungen.
ISBN 3-926841-03-6

Heft 19 – MUSIK
208 Seiten, kart., DM 12,80

Entwicklung der Musik; Musik der Gegenwart. / «musica humana» – Was ist Musik? Die Verständnisschwierigkeiten für den Laien. Anthroposophie und Musik. / «Wo Dir der liebe Gott den Bleistift hält» – Durch Musik zum Selbst. Musik und Meditation. / «Jazz – Ausdruck des Zeitgeistes oder Magie?» / «Höre, so lebt Deine Seele jetzt!» – Wege zu einem neuen Hören. / «Ich kann mich verpuppen, sooft ich will» – Kosmische Klänge und Wiedergeburt. / «Wo Musik lebendig ist ...» – Karlheinz Stockhausen. / «Schräge Töne» – Impressionen außereuropäischer Musik. / «Urmusikalisches» – Die Bedeutung des Zahlenhintergrundes der Musik im Wandel der Musikepochen. / Arvo Pärt. / Bob Dylan. / Terje Rypdal. / Frank Zappa. / «Natas – Satan» – Rückwärts gesprochene Texte auf Rock-Platten.
Gespräche und Interviews mit Pär Ahlbom, Prof. Joachim Ernst Berendt, Peter Michael Hamel, Diether Rudloff, Dr. Ingo Schultz und Karlheinz Stockhausen; weitere Artikel, u. a. von Prof. Dr. Hermann Pfrogner, und zahlreiche Abbildungen. ISBN 3-926841-06-0

Heft 20 – SEXUALITÄT, AIDS, PROSTITUTION
Ca. 220 Seiten, kart., DM 12,80

Anthroposophische Grundlagen der Sexualität. Instinkt, Trieb, Begierde. Der Unterschied von weiblicher und männlicher Sexualität. Die Paradoxie der Sexualität in sich selber. Perversionen der Liebe. / Geschlechtserziehung. AIDS in der Schule. / AIDS-Aufklärungskampagnen des Sozialministeriums von Schleswig-Holstein. Ein Besuch in den AIDS-Kliniken San Franciscos. / Gesprächsrunde mit einem HIV-Positiven über die Arbeit in Beratungsstellen. / «Die Lady mit der Peitsche» – Gespräch mit einer Domina über Prostitution und sadomasochistische Praktiken. / Gespräche mit einer minderjährigen Prostituierten, Mitarbeiterinnen des Café Speergebiet (Beratungsstelle für minderjährige Prostituierte) sowie Mitarbeiterinnen der Kaffee-Klappe (Treffpunkt für Frauen in St. Pauli). / Sexuelle Gewalt in der Familie.
Interviews mit Sozialministerin Gräfin Ursula von Brockdorff, Christina, Martina Funke, Wolfgang Gädeke, Marianne Kipp, Stefan Leber, Hilde Müller, Liliane von Rönn; weitere Artikel. ISBN 3-926841-09-5

RESTEXEMPLARE

Heft 5 – Sommer 1984 – 68 Seiten, DM 4,--

Initiativtreffen aller anthroposophischen Einrichtungen. / «Der Soziale Narr» / Anthroposophische Gesellschaft im Wandel. / Der SPIEGEL und die Anthroposophen.

Heft 7 - Advent 1984 - 64 Seiten, DM 4,--

Der Wandel des Menschenbildes von der Gotik zur Hochrenaissance (I). / Anthroposophie in Polen. / Aktion Volksentscheid. / Was ist eigentlich ein Zombie? Video-Horror und Voodoo-Kult.

Heft 8 - Frühling 1985 - 72 Seiten, DM 4,--

Die Nordische Universität - Interviews mit Knut von Oertzen und Günter Jansen. / Aktion Dritter Weg. / Das Schiller-Institut der EAP. / Der Wandel des Menschenbildes (II).

IN VORBEREITUNG

Heft 11 - TOD UND STERBEN

Erweiterte 2. Auflage im Herbst 1988; kart., ca. DM 12,80 ISBN 3-926841-11-7

Heft 13 - HEXEN, SCHAMANEN, OKKULTISMUS

Erweiterte 2. Auflage im Frühjahr 1988; kart., DM 12,80 ISBN 3-926841-08-7

Heft 21 - AIDS

Erscheint im Mai 1988; kart., DM 12,80 ISBN 3-926841-10-9

Sonderheft Nr. 3 - COMPUTER UND MEDIEN

Erscheint im Juni 1988; kart., DM 12,80 ISBN 3-926841-12-5

Notizen

Notizen